The city as interface

How digital media are changing the city

智慧城市译丛

作为界面的城市

——数字媒介如何改变城市

[荷兰]马汀·德·瓦尔 著

毛磊 彭喆 译

中国建筑工业出版社

著作权合同登记图字：01-2017-6471号

图书在版编目（CIP）数据

作为界面的城市——数字媒介如何改变城市/（荷）瓦尔著；毛磊，彭喆译.
—北京：中国建筑工业出版社，2018.8
（智慧城市译丛）
ISBN 978-7-112-22417-3

Ⅰ.①作… Ⅱ.①瓦…②毛…③彭… Ⅲ.①数字技术–传播媒介–影响–现代
化城市–城市建设–研究 Ⅳ.①C912.81

中国版本图书馆 CIP 数据核字（2018）第 147502 号

The City as Interface: How Digital Media are Changing the City/Martijn de Waal
Copyright © 2014 nai010 publishers, Rotterdam

Chinese Translation Copyright © 2018 China Architecture & Building Press

责任编辑：李成成 李 婧
丛书策划：李成成 李 婧
责任校对：王 瑞

智慧城市译丛
作为界面的城市——数字媒介如何改变城市
[荷兰] 马汀·德·瓦尔 著
毛磊 彭喆 译
*
中国建筑工业出版社出版、发行（北京海淀三里河路9号）
各地新华书店、建筑书店经销
北京光大印艺文化发展有限公司制版
北京中科印刷有限公司印刷
*
开本：787×1092毫米 1/16 印张：11¼ 字数：219千字
2018年10月第一版 2018年10月第一次印刷
定价：49.00元
ISBN 978-7-112-22417-3
（32187）
版权所有 翻印必究
如有印装质量问题，可寄本社退换
（邮政编码 100037）

目 录 |

内容简介

　　这本书展现的是一个关于技术与城市的互动关系，事实上，技术本身并不是这本书探讨的重点，而作者所关注的更多是，技术是如何被社会所塑造的，以及技术又怎样反过来影响和重塑我们的社会。

　　近年来，数字与移动媒介正在大幅度的改变我们日常的城市生活。同时，也改变了我们如何体验我们周遭的城市环境。我们越来越多的通过移动数字工具，或者数字屏幕来体验不同的城市，甚至，我们通过不同的算法来体验城市，这些算法也能来自于商业机构，也有可能来自于非政府组织，甚至可能来自于某个市民本身。

　　表面上，这只是一个操作层面的事情，我们甚至要感谢这些技术能够让我们的生活更加便捷。但是"城市媒介"的发展同样将一个重要的哲学命题摆在了我们面前：它是如何影响到城市作为一个社群的功能的。

　　借用一些新媒介的使用案例和历史案例，作者想展现新媒介在某种程度上对未来的更加个体化和更加自由化的城市社会有怎样的贡献。有一个可能的未来图景，在这幅图景中，数字媒介构建了一个关于城市公共范畴的新定义。同时，数字媒介也赋予了"城市作为一个开放、民主的陌生人社群"这一经典共和理想城市概念以新的生机。

　　作者更多的是在论证这样一个观点，我们似乎应该多考虑考虑空间与功能，毕竟这些空间是城市各处的人们聚集的地方，他们在这里互相看见，互相认识，互相了解，互相讨论足球、电影、戏剧甚至政治。简单来说，问题就是：作为公共领地的广场，功能到底是什么。虽然这个议题几个世纪以来一直被理想化，并被不停探讨。然而，作者是如何将那些产生于18世纪伦敦咖啡馆的理论化的浪漫主义与瓦尔特·本雅明，汉娜·阿伦特，尤尔根·哈贝马斯的理想化的理性、中性的公共范畴关联起来的，是更加重要的。

　　在书中，作者探讨了公共领地的转变，以及新媒介如何促进或减缓这些转变。特别是移动科技，它允许使用者超越空间的界限并且以虚拟的方式出现在某一空间，就如使用者身体所处的空间位置已经可以忽略不计了一般。这对于城市的塑造和转变有怎样的意义？对于公共领地又有怎样的意义？

多年以前，我偶然看到了一篇微软创始人比尔·盖茨（Bill Gates）发表在美国杂志《信息周刊》（*Information Week*）上的专栏文章。为了庆祝这本杂志发行二十五周年，他们邀请了许多计算机行业的先锋人物来回顾过去并畅想未来：在过去的二十五年中，人类有哪些最重要的突破，更为重要的是未来又蕴藏了哪些可能。

盖茨的那篇专栏文章让我大开眼界，不仅是因为他所描述的场景，更是因为他描述这些场景的方式。几乎是可以预见的，开始，他概括了电脑在过去二十五年所经历的巨大发展：从只有专业人员能够操作的、昂贵的、如一个房间一般巨大的主机，演变为人人都在使用的、便宜的、几乎每家每户都拥有的常见设备，然而，计算机令人惊叹的表现却来自常人难以捕捉的、独特的计算单位：从千赫与比特到千兆赫与兆字节。"令人印象深刻"，盖茨总结道。但是，他继续说道，这"只是开始……"

> 我相信我们正在进入一个软件将会完全颠覆我们所做的所有事情的时代。不断增长的处理能力、存储、网络和图像让我们可以想象和创造任何设备。但是软件的魔术让所有这些设备联系在一起，形成一个无缝的完整体，让它们成为我们日常生活中不可或缺的部分。[1]

在一些语句中，盖茨描绘了一个构成本书基础的至关重要的技术发展：在计算机从巨大的主机演变成我们桌边的米色盒子这个时代之后，现在我们进入了一个新的阶段。当下，计算机正变得越来越隐形，并且将会缓慢而坚定地渗入我们日常生活的方方面面。

这是一个许多人都将会意识到的景象。我们裤子口袋里随身携带的移动电话的计算能力已经远高出最早的巨型主机好多倍了。这种状况让我们的日常作息产生巨大的改变：一个短信息会让我们在最后一分钟重新安排会议，我们也会在正在进行许多活动的空隙发一条快速的私人信息给所爱之人；智能手机让我们可以很方便地查阅周边事物的信息（最近的咖啡、餐厅、ATM

在哪？）；感谢导航系统，我们可以很快找到目的地，尤其是当软件同步了实时路况信息时，它会重新导航让我们避开拥堵；如推特（Twitter）或者脸书（Facebook）这样的移动社交网络让人们可以随时知道他们的朋友们在哪里，在做什么，他们在想些什么。

这些都是一些关于"都市媒介"的例子：本书中，我用这个通用术语来表达媒介技术以这样或那样的方式影响我们对一个物理空间的体验。如果让盖茨和他的同事们来说，数字技术将会与我们的日常生活更加紧密交织。领先的跨国电脑公司们如 IBM 和思科（Cisco）当前正在为城市的未来发展基础设施：他们预想了一个充满摄像头和高速交流网络的城市；各种"智能"技术将会监控城市的各种进程——从交通循环到空气污染——并且在不需要人工干预的情况下用搜集的数据进行升级改造。在他的专栏文章中，盖茨预言"软件可以到达它从未到达的地方。"工厂的清货单，抽屉里的零钱数量，你房屋周围潜在的窃贼，冰箱里的牛奶数量——在他的专栏文章中，盖茨承诺微软将很快可以为我们监管上述所有的东西。

盖茨所描述的景象确实很有意思，但是让我真正开始思考的实际上是他在文章最后一句话中所选择的用词：感谢他的软件的**魔法**，我们的生活很快会更加方便，更加愉悦，更加高效并且更加宜人。在这短短的一句话中，我突然意识到一个我曾经遇到多次的更大的主题。当我们谈论新科技时，常常是关于它们的实际应用：科技被展现为一种处理真实或假想问题的方便的解决方案，它承诺会将我们的生活变得更加愉悦和便捷；同时，我们的城市将会变得更加安全、舒适和高效。简而言之，科技是一个将会改进城市、社会的几乎无法回避的魔法力量。但是对于那些不相信这一魔法的人来说，这些景象徒增疑问。可以肯定，布满移动数字媒介的城市基础设施为繁忙的都市居民提供了便利，以此将他们的生活实践组织的更加高效。但是我们容易忽略的是，这也改变了城市作为一个"社会"的属性。研究表明，由于移动媒介的增长，我们访问的地点、我们赋予它们的意义和我们与他人的联系都在发生改变。

这绝不只是一个只发生在我们身上的具有魔力的进程。作为一个社区（community），无论我们的身份是设计师、普通市民、政策制定者还是消费者，我们可以选择我们想要的操纵科技的方式。这些选择反过来又与我们认为一座城市应该起到社区的作用相关联：是意识形态而非魔术，才是科技改变我们生活方式的背后的核心驱动力。然而，我们很少在艺术与科学的专业领域之外去面对这一哲学层面的反思，而这恰恰是本书的主题。"科技在当下是隐蔽的哲学"，美国的通信研究学者菲尔·艾格瑞（Phil Agre）秉持这一观点，"目的就是让科技的哲学意义公开化。"[2] 一方面，科技包含这样一个理念，即理想的世界应该是怎样的；另一方面，同样的科技也能干涉我们日常的世界，并且大幅改变我们对于日常世界的经验和理念。随着城市媒介在我们的都市日常生活中扮演越来越显著的角色，对于上述情况的思考也就显得非常重要。隐蔽在科技中的潜在的城市理想到底是什么？这些新的通信工具对城市社会来说有着怎样的重要性？

总的来说，这场辩论目前主要由两种情况主导："智慧城市"（smart city）和"社会城市"（social city），两者都有各自的支持者和反对者。智慧城市体现了比尔·盖茨的设想：城市里塞满了传感器、软件和网络，这些都能使交通循环和能源使用达到最佳状态。智能手机成为智能指南针，引导城市居民度过日常生活的喧嚣和混乱。移动电话被用于将城市体验个人化，例如通过软件为用户推荐符合用户个人背景的餐馆或商店。这听起来像是对未来的美好愿景。然而，这种情况有其批评者。美国建筑评论家保罗·戈德伯格（Paul Goldberger）说，那些让个人消费者的生活变得更容易的媒体和通信技术，对作为整体的城市社会的持续存在构成了威胁。城市居民还会和他们周遭的物质环境建立关系吗？他们是否还会参与到社区生活中，还是会完全退入他们用手机创造的"茧"中，从而将城市变成他们私人领域的延伸？戈德伯格声称，那些在大街上一边走一边用着移动电话的人已经不再参与街区生活了：他们的身体在那里，而精神上则不是。正是这种态度威胁到城市作为一个民主社群的作用：

> ……街道是终极的公共空间，而在街道上行走则是具有决定性的城市体验。我们所有人，都是不同的人，过着不同的生活，我们来到城市混合空间。但是，如果有半数的人都如出一辙地身在此处，心在别处，那又会怎样呢？[3]

并非所有人都如此悲观。另一些人则认为数字和移动媒体的崛起提供了一系列的帮助，它们使不仅作为消费者，而且是公民的城市居民对城市生活有更多的控制，从而加强了与当地社区的联系。这些人是社会城市场景的支持者。美国的随笔作家安德鲁·布郎姆（Andrew Blum）就是其中一个，他希望，那些写关于邻里生活的博客的博主们能增加社区感。一方面，媒体技术可以将我们与全球网络连接起来，另一方面，本地博客可以在我们和邻里的联系方面发挥作用。根据布郎姆的说法，"在一个公共关系以电子支持的社区中，我们或许能够在不牺牲中密度社区的地方关系的前提下，收获高密度生活的全球环境效益。"[4]

重要的不是上述两种观点的对错，而是他们所体现的城市基本理念。这些关于作为一个社区的城市应该如何运作的观点蕴藏着怎样的哲学理想呢？我区分了三种观念：自由主义（libertarian）的城市、共和主义（republican）

的城市和社群主义（communitarian）的城市。自由主义城市以城市作为市场这一理念为基础。城市是人们自由生活的地方；在这里，城市居民几乎没有相互的责任和义务。城市居民首先是各种服务的消费者，因此城市主要是一个可以满足各种不同领域的供给和需求的平台。在这一愿景中，城市生活在政治和文化方面逐渐淡出人们的视野，或被视为私人事务。许多但并非全部的智慧城市的场景与这种理念吻合。

然后是共和主义的城市理念（来源于拉丁语 res publica，指公共利益，而非引用美国政党的名称）。在这里，城市也提供了自由的选择，在不同的生活方式之间作出选择，但同时城市居民也要为整个城市承担责任。然而，自由主义者认为，城市居民完全可以在他们的私人世界中完全隔离自己，或者在一个封闭的社区的围墙后面生活，而共和党人则不赞成这种行为。城市居民首先是公民，不应从城市社会中完全退出。许多关于社交城市的哲学合法性是建立在这些概念的基础上的。

最后，还有一种社群主义的城市理念，它是建立在和谐的地方社区的理念上的，在这个社区里，所有的城市居民或多或少都有相同的生活方式。在这一愿景中，强调的是集体而不是个人的共同身份。如今，社群主义城市的理念主要在怀旧的回顾中，充满了类村落的社区的感觉。这一类别包括少量的社交城市方法，这些方法主要是利用数字媒体来加强或创造明确的当地社区。

但这可能是违反直觉的，许多智慧城市场景也与这个城市理念相吻合。在一些问题上，自由主义和社群主义的原则是惊人地相关。毕竟，那些利用自由主义的自由来孤立自己的人，最终可能会落脚在一个明确的社群主义世界中。值得注意的是，类村落的社区理想和在城市规划中长期扮演主导角色的现代主义思想之间也有一定的联系，这也偶尔会在本书的背景讨论中被提及。虽然在他们最极端的情况下，现代主义者想要摧毁旧的传统秩序，他们也提出了一个新的（现代的）集体经验来作为替代。建筑师使用科学的方法来确定理想的社会关系，并将其转换成物质形式，以此为城市居民提供一个新的集体经验：一个不会对归属感产生怀旧的经验世界，在其中，产生了一种拟合了移动性、速度和现代技术的新生活的新式集体感。

上面提到的三个理念并不是明确的类别。它们可能是重叠的，所有的中间形式也是可能的。在这里，它们被用来讨论科技在城市中的角色，这是一个哲学问题。我用这三个理念作为衡量数字媒介和城市理念的实际应用的标准。

本书的中心论点是，许多城市媒体主要支持自由主义城市理念。随着他们对效率和个性化的重视，他们将城市居民作为个体消费者来对待，并增加了他们根据自己的见解来组织生活的自由；同时，这些媒体也减少了城市居民之间的相互参与。然而，这并不是一个必然的结论：其他一些城市媒体的例子都是基于共和主义理念的。他们成功地将个人化、高效的智慧城市理念与公民的、广泛联系的社交城市理念结合了起来。

这本书也可以被解读为对共和主义城市的捍卫。我认为，现代的民主城市社会得益于社群主义和自由主义之间的中间立场。社群主义社会强调一个明确的共享文化，该社会的城市过于强制，仅仅提供少量的个人自由；将市场作为城市的主要功能则提供了大量的自由，但这种自由也是免于承诺的自由最终可能导致文化和经济上的严重的碎片化和种族隔离。在自由和相互参与之间找到一个平衡点是共和主义城市的中心。这本书的主要目的是研究城市媒介如何或能不能为这一任务作出贡献。为了做到这一点，我不仅要考虑未来，还要考虑过去。在今天的城市里，这三个城市理念能在多大程度上被挖掘？哪些更广泛的社会发展在这里起了作用？城市媒介又是如何适应这些发展的呢？

把这个复杂的问题保持在可控范围内的一个好方法是观察城市公共范畴（public sphere）的现象——作为不同背景的城市居民的聚会场所的城市场地的集合。这些公共空间的组织在这三个城市理念中扮演着虽然非常不同但都同样重要的角色。在社群主义理念中，城市公共空间体现了集体的身份：其建筑和设计是这种身份的表达，主要用于仪式（游行、节日、纪念活动），允许城市居民参与共同的文化。

在自由主义理念中，城市公共空间是市场。根据定义，城市由城市居民组成，他们有不同的需求、背景、偏好、目标和信念。在城市的公共空间里，不管卖家是否在寻找买家，信徒是否在寻找宗教领袖，艺术家是否在寻找灵感，还是特定的亚文化成员是否在寻找志趣相投者，他们都会以供求关系的机制为基础来会面。共和主义的理念处于两者之间：在自由主义的理念里，城市公共空间是来自不同背景的城市居民见面的地方，但是这些空间并不是不必负责的市场；相反，这些空间是这些个体的城市居民可以被吸收进一个更大的整体的地方，尽管他们之间有分歧。它们是城市居民的会面地点，在这里可以发展相互信任，可以解决冲突，在这里城市居民最终必须试图以这样或那样的方式相互联系。

因此，城市公共范畴的组织、使用和体验可以被看作是一个城市如何作为一个社区来运作的标志。因此，城市媒介介入这一过程的方式也决定了城市社区发展的方向。为了正确地研究这一问题，我们必须首先更深入地研究城市公共领域的现象。

城市公共范畴和城市公众

城市公共范畴是一个复杂的概念，它通常意味着一个会面的场所——"城市混合空间"（the urban mixing chamber），正如保罗·戈德伯格所言。但是，在这些空间里究竟应该发生怎样的会面，以及在城市混合的问题上，人们意见不一。有时在这空间里发生的是一场政治辩论，不同的观点会发生冲突。一个完美的例子是由德国哲学家尤尔根·哈贝马斯（Jürgen Habermas）和美国社会学家理查德·桑内特（Richard Sennett）所描述的17世纪的英国咖啡馆。城市居民在咖啡馆会面，讨论共同关心的问题。

当然，并非所有城市公共空间的例子都是建立在理性辩论场所的基础上的。在他们对19世纪末巴黎林荫大道上的公共空间的描述中，查尔斯·波德莱尔（Charles Baudelaire）和瓦尔特·本雅明（Walter Benjamin）主要关注的则是不同世界之间的物质对抗。在大街上闲逛的新兴中产阶级，跌跌撞撞地和生存在豪斯曼闪亮的新建筑表皮背后的贫民窟的乞丐碰在一起。对于美国城市研究员和社区活动家简·雅各布斯（Jane Jacobs）来说，公共空间是与更平凡的日常互动有关的：在她的著作《美国大城市的死与生》中，她描述了通过社区居民经常在街上的见面、短暂地互致问候及偶尔的短暂聊天，信任感得到日积月累的发展过程。

上述例子的共同点是，在例子中提到的地方，城市居民之间的互动总是能促使现代城市公众的发展：一群人（暂时）团结在一个共同的目标或实践上。"公众"一词的使用方式与它在日常语言中的两种含义密切相关：一方面，公众是一群人（碰巧）有共同的经历或共同的兴趣。这可能是一种空间体验，例如，像字面意思所说，人们在剧院（或大街上）会呈现出公众性，或产生一种媒介体验，如同电视节目前的公众。此外，"公众"还有第二个意思，即"使公开化"：那些"公众"之物是对他人公开的。[5]

当我们看到城市公共空间的公众是如何出现的时候，这两个方面是结合在一起的。通过将他们生活中的某些方面公众化（让他人可接触到），许多城市居民能够一起形成一群公众（一群人）。再来看看17世纪的咖啡馆：市民们去那里喝咖啡，读报纸，但最重要的是讨论报纸上的话题。换句话说，通过让他们自己的想法公开（可被他人接触），他们为彼此创造了一群公众（群体）。

因此，公众在"受众"的意义上并不是一个被动的集体。公众的成员是交替的听众和表演者。[6] 在类似的意义上，马歇尔·伯曼（Marshall Berman）使用了波德莱尔和本雅明的当代语汇来将19世纪的林荫大道描述为19世纪的"共同的会见场所和交流之线"：因为中产阶级和穷人一起来到林荫大道上，使得这里成为不同群体的城市居民能够注意到彼此的一个场所。[7] 通过他们的衣着、习惯和礼仪，城市居民展示了他们是谁，以及他们属于哪个群体。同时，他们共同组成了一群公众。这条大道就是舞台，巴黎和圣彼得堡的居民在这里，他们同时是表演者和观众。

他们不仅意识到了彼此的关系，对伯曼来说至关重要的是，由于在林荫大道上的这种互动，可能会出现新的公众群体。在一个有点浪漫化的叙述中，他描绘了圣彼得堡的林荫大道是如何促成了日益增长的阶级意识的，因为在外出散步时，工人和无产者认出了与自己相似的对方。这种相互认同可能会产生一种团结感，甚至可能是政治行动。

在英国的咖啡馆和圣彼得堡的主干道涅瓦大街（Nevski Prospekt）的公众是典型的城市公众。随着时间的推移，这两种公众的行为都显现出与特定的城市地点的关联。17 世纪的英国咖啡屋和 19 世纪的林荫大道都有一套文化体系：一系列相互关联的角色和行为，而这些角色和行为被认为是适合某一特定地点的。这些规则和体系在一定程度上与城市的具体情况有关，其本质是公民需要不断地与陌生人相关联。就如简·雅各布斯所写：

> 大城市不像城镇，城镇只是大；它们不像郊区，郊区只是密度更高。从根本上的一些视角来说，它们与城镇和郊区不同，其中之一就是，从定义上来说，城市是充满陌生人的。对任何一个人来说，陌生人在大城市比熟人更常见。[8]

简而言之，城市的本质意味着我们总是被不同于我们自己的人所包围，而我们城市中的大多数居民也将对我们保持陌生。然而，在某种程度上，我们必须找到一种相互共存的生活方式。

这个"城市作为一个陌生人的集合"的概念在 19 世纪晚期和 20 世纪早期的大城市发展了起来。芝加哥学派（Chicago School）的社会学家们描述了当时有多少城市居民是从农村迁移到城市的。无论是从事实上还是象征意义上来说，这对很多人来说都是进入了一个新世界。他们离开了乡村的紧密团结的传统社区，来到了这个大城市，这里的常态是，到处是无名之士。在这里，他们周遭是不计其数的其他城市居民，而这些人往往拥有多种多样的背景。根据路易斯·沃思（Louis Wirth）的说法，现代大都市的密度和异质性导致了新城市公众的诞生。城市居民开始差异化，他们也开始成为不同社区和不同生活层面的公众的一部分。[9]

城市公共范畴在这一过程中扮演着至关重要的角色。这是一个城市居民展示他们自己是怎样一个人的舞台或平台（让他们的生活方式公开化），因此，他们认识了其他人的生活方式，并将自己与他们进行比较。公共范畴就像一个文化或政治市场城市居民可以认识志趣相投的人，并和其他人一起被吸收到新的集体（新的公众）中，或者实际上把自己与其他城市居民区分开来。为了研究当今社会的城市公共领域，我们必须关注城市居民是如何在我们当下的"舞台"上将他们的生活从林荫大道到脸书公共化的，而这一过程是怎样导致或者不导致新的公众的发展的。

地方领域和公共领域

这也成了我们在关于城市公共空间的意识形态辩论中最重要的话题。在现代城市，居民不断被其他城市居民包围，他们不仅互不认识，而且也互不相同。然而，在某种程度上，他们必须找到一种与其他城市居民相关联的方式。但是，正确的相互关联方式是什么呢？自由主义者认为，如果城市居民愿意将自己孤立起来，同时公众主要是由志趣相投的人组成的，那是完全可以接受的。共和主义者则希望城市居民能够以某种方式相互联系，尽管他们之间存在差异，事实上，他们积极地形成了由来自不同背景的城市居民聚集在一起的公众。社群主义者则要求每个人都明确地将自己视为是一个包罗万象的文化社群中的成员。

事实上，仔细地考虑表明，这个问题围绕着两个不同领域的协调：私人领域（the private domain），人们可以做任何他们想做的事情，而城市公共范畴则是不同背景的城市居民聚集在一起，并且必须需要相互关联的地方。然而，私人和公众之间的这种明确的区别过于清晰，无法让我们深入理解城市中发生的社会进程：简单将大门之后的世界（私人领域）和街道的世界（公共领域）区别为两个世界的方式过于粗糙。在我们经历公共领域（the public domain）的过程中，有各种各样的层次。在城市的某些地方，我们感到自己在家里，感觉自己是城市公众的一部分，我们认清自己，甚至与公众中的一部分人有私交。在其他一些地方，我们不认识其中的任何一个人，我们只是一群具有不同生活方式的城市居民所组成的公众。

为了对这一现实进行公正的评判，美国社会学家林恩·洛夫兰（Lyn Lofland）引入了第三个领域——介于公共和私人之间的中间领域："地方范畴"（parochial sphere），她指的是在城市里我们主要与志同道合的人相聚的那些地方。它可以通过"熟人和邻居之间的共性被认出来，这些人都是'社群'内的人际网络的一部分。"[10] 地方领域（parochial domain）的例子包括某个荷兰城市里的一个土耳其咖啡厅、运动俱乐部里的食堂、一个同性恋酒吧、一个阿姆斯特丹乔丹社区的当地酒吧、一张已经成为一群青少年聚会场所的广场上的长椅等等。外来者常常被认为是可以进入本地领域的，但是也有一些怀疑者不这么认为。洛夫兰将公共领域与地方领域进行了对比。公共领域包含这样一些城市中的地点，在这些地方，我们主要会遇见那些我们完全不认识的或者只是在作为某个类别的成员而认识的陌生人："在这些城市居住区，个人之间的共处方式倾向于私底下并不认识或者只是同类型的相互认识。"[11]

　　地方领域和公共领域两者都是城市公共范畴的一部分，它们包括了城市居民聚会、相遇并共同组成公众的全部地方。然而，它们显然有一个不同的特征：地方领域所组成的场所往往被特定的群体所使用；在公共范畴中，城市居民主要遇见的是他们不认识的人们。因此，这两种领域都有一个重要的功能：在地方领域中，城市居民可以被各种各样的集体吸收，在公共领域中它们则必须互相关联。

　　近几十年来，地方领域和公共领域之间的关系发生了重大变化，这种变化在本书中扮演了重要的角色。城市公共空间的传统观念往往把19世纪的城市理想化，比如维也纳或巴黎：城市中心的广场和大道构成了公共领域，周围是各种整齐排列的社区，这些社区都是当地社区的地方领域。如果这一场景曾经真的存在过的话，我将在各种各样的研究中表明它已经不再有效。由于流动性的增强和生活方式的个性化，地方领域和公共领域开始出现越来越多的重叠。过去常规意义上的阿姆斯特丹人不再住在乔丹区（Jordaan）附近；他已经搬去了博莫德（Purmerend）或者阿尔默尔（Almere），在霍夫多普（Hoofddorp）工作，周末在福沃伯德（Flevopolder）的一个批发中心购物，在拜尔莫的阿纳（Bijlmer ArenA）的巨幕影院看电影；在周六的晚上，他喜欢短暂地回到他的旧址，因为那里有一个最宜人的咖啡馆。他的城市包括一个广泛的地方领域网络，这对其他群体也是如此。事实上，是否仍有一个明确的公共领域，一个所有城市居民见面的地方，是值得商榷的。在这一点上，我与马尔腾·海耶（Maarten Hajer）和阿诺德·雷恩多普（Arnold Reijndorp）一致，他们在《寻找新的公共领域》（In Search of New Public Domain）一书中坚称，我们不应该生搬硬套地坚持19世纪的城市的理想。他们认为，公共领域也可能是属于不同城市居民的地方领域的短暂重叠的产物。

　　这就提出了以下问题：城市媒介如何让我们以新的方式塑造这些不同的领域？新技术的出现如何改变了地方领域和公共领域之间的平衡？新技术的出现是否强化了地方领域，新技术是否能让城市居民更容易地撤回到自己的"地盘"（turf）？或者他们是否真的能强化公共领域，其中哪些才是由相互交流所主导的？

数字媒介与城市公共空间："经验标志"与"地域装置"

　　这让我们想到了以下奇怪的事实：关于城市媒介在城市公共范畴（表示

本地领域和公共领域的集合）中的作用的讨论，它不断地让人想起许多历史的原型。伦敦 17 世纪的咖啡馆，巴黎的林荫大道，简·雅各布斯的西村（West Village）的街头生活也在这里被提到。共和主义的城市理论捍卫者倾向于以这样两种方式之一来看待数字媒介：它们是我们的一种解脱，恢复了几十年来显然一直处在压力之下的城市公共范畴，或者，它们是共和主义"开放社会"（open society）理论的丧钟，即一种虽然市民们不尽相同，但相互开放并试图相互达成和解的民主社会的终结。

然而，如果我们使用过去的术语来描述未来，我们将面临偏离讨论目标的风险，尤其是数字媒介的出现削弱了历史案例的一些重要方面。上述案例中的城市公共范畴总是基于同时使用的空间。公众是通过身体接触或与他人面对面接触而发展起来的，然而这种互动有时是微不足道的。因此，在尤尔根·哈贝马斯的伦敦的劳埃德咖啡馆（Lloyd's Coffee House）、在瓦尔特·本雅明的巴黎的圣日耳曼林荫大道（Boulevard Saint-Germain）或者在简·雅各布斯的曼哈顿下城的哈德逊街（Hudson Street），城市公众的出现是由那些互相注意到对方、相互争吵、相互聊天或者只是相互观察到了对方的城市居民组成的。从本质上说，这是城市公共范畴的功能：它将城市居民在空间上聚集到了一起，之后他们一同组成了（临时的）公众。这可能是一群陌生人的公众，在这种情况下，我们面对的是公共领域，或者这也可能是一群志趣相投者组成的公众，在这种情况下我们面对的是地方领域。

然而，这是数字媒介与移动媒介崛起的一个特点，即是否形成公众不再局限于一个发生在城市物质公共空间的一个空间过程。五十年前，简·雅各布斯认为"在公共属性与街边生活缺乏的地方，交流不会发生。"[12] 在她看来，如果没有街头生活以及与之相关的短暂邂逅，由"熟悉的陌生人"所组成的当代城市公众就无法发展。但是，如果交流能够脱离街道而存在，又会发生什么呢？因为这正是由于城市媒介的出现所发生的事情：当我们通过博客、推特发帖来发表我们的体验时；当我们用智能手机查询我们身边的各种信息时；当我们通过电话、短信或者通过 whatsapp（一款即时通信软件—编辑注）与那些物质上并不在场的人交流时，我们就是部分媒体、部分物质的公众的一部分。

在这里，我们不可能对所有类型的城市媒介进行全面的概述——发展如此之快，这样的名单很快就会过时。此外，还有一个错综复杂的技术标准，以及不同的利益群体和软件开发者，他们都参与了城市媒介的发展，每个群体都有自己的想法、目标以及对于城市生活的诉求。[13] 政府希望通过闭路电视摄像头使城市更安全；政客们期望新的数字服务能够弥补公民和政府之间的鸿沟；电话服务提供商希望通过个性化的定位服务获得更大的利润；社会工作者希望，公共空间的数字干预能够加强不同人群之间的相互理解和信任；

艺术家们利用这些技术来批评事实上由这些技术产生的"老大哥社会"（big brother society）；而公民、公司和消费者反过来也会使用这些技术，而这些使用通常是完全无法预见的。

我在这里不是要细致地描绘整个领域，而是要考虑城市媒介在属性上改变城市公共范畴的经验。在这本书中，我的主要兴趣在于它们潜在的可能性：媒体技术具有一定的特点和可供性（affordances），但它们最终是否被使用，取决于各种情况。举个例子：在1920年代，当收音机开始投放到美国市场，这个新设备（通常是一堆组装件，所有者必须自己拼装在一起）被视为一种交流工具：用户可以通过无线电波进行长距离的相互通信。因为法律法规的限制，广播最终发展为大众传播媒介，只有少数机构可以装备广播，而我们其他人，作为公众，只被允许收听广播。通讯工具代表了无线电技术的潜在可能性，在这里，广播公司的游说团体发挥了重要作用，但最终法律决定了新技术的使用方式，而不是技术本身的可供性。我倾向于以类似的方式考虑城市媒体：它们包含哪些可能性和希望？城市媒介的发展正如火如荼地进行着，观察它们对城市社会可能产生的影响将是一件非常有趣的事。更有意义的是，这些媒介仍处在发展中，这意味着我们可以通过政策、监管、设计或使用来影响它们的发展。

考虑到以上这些情况，如果我们去思考城市媒介的潜在可能性，我们就能分辨出两种可能的应用，同时，这两种应用本身又可能具有多种不同的形态。首先，我们可以利用城市媒体作为"经验标记"（experience markers）：它们可以用来记录城市的经验，并与他人分享。社交媒体或博客使城市居民能够在特定地点与不在场的朋友、熟人甚至陌生人分享他们的经历。他们可以拍一些照片，然后用GPS标签上传，这样就可以在地图上看到了。各种媒体文件都可以配置地理坐标，这样它们就可以链接到特定的位置。因此，公众对某一特定经历或行为的关注不再局限于物质上在场的公众。其他技术可以自动记录在空间中发生的事情。传感器和照相机可以记录在特定位置的人或者是其他在场的东西，例如，在人脸识别软件或RFID芯片的帮助下实现。因此，城市的经历、记忆、故事和事件可以被有意或无意地记录下来，储存在数据库中，并以各种方式公开，无论是即时的还是后来的。[14]

第二种潜在的可能性使数字和移动媒介作为"地域装置"（territory devices）被使用，这是一种能够影响城市地区体验的设备或系统。首先，在特定的位置，与该位置链接的数据文件可以再次被打开；然后，我们可以看到昨天谁在那里，现在不在场的其他人在那里有什么故事或记忆，等等。因此，对于一个地方体验的延伸可以超越时间和空间。而借由移动电话的帮助，使得与不在场的朋友或熟人进行联系成为可能。日裔美国人类学家伊藤瑞子（Mizuko Ito）和冈部大辅（Daisuke Okabe）把手机视为一种"膜"：

在他们的研究《个人、便携、行人：日本人生活中的移动电话》（Personal, Portable, Pedestrian : Mobile Phones in Japanese Life）中，他们声称，在日本人的生活中，移动电话不是一个将我们从一个物质环境传送到虚拟环境的端口，而是一层让我们将媒介化的关联附着在我们周遭的环境里的膜，并且将不在场的其他时间地点以及媒介文件与我们所处的时空进行管理调节。[15]日本人类学家藤本（Fujimoto）声称，这同样意味着我们可以从本质上改变城市的状况：在一个公共空间与一个朋友打电话意味着临时性地退回到了私人空间："Keitai（一款日本手机数据服务）是一种阻截工具，它可以即刻创造出一个领地——一个个人的 Keitai 空间——在自己周围建立起一个看不见的小堡垒。"[16]因此，城市居民可以允许物质上不在场的其他人进入这个物质地点，从而改变这个地点的体验。

反过来也一样：一些数字媒介系统可以调节一些地点的物理进入方式——智能卡可以用来开办公室大楼的门或一座建筑的公共内部空间，或在有轨电车配备摄像头面部识别软件，当身负使用公共交通工具禁令的人试图上车时，释放某种信号。科技系统也可以以更微妙的方式改变一个地点的体验——想象一种以城市互动界面形态出现的广告牌，它们的广告目标是每个路过的个体：这是完全可能的，因为只需要一个具备人脸识别系统的摄像头来"分析"目标群体（男人或是女人，年龄等）来区分每个路人属于哪个群体；不同的路人将会看到专门为了吸引不同的人而持续变化的内容。

这使我们得出结论，城市公共范畴不再被视为纯粹的物质结构。如果我们继续这样看待公共空间，我们就会错过一些让城市居民聚在一起、互相关注并形成城市公众的重要的新方式。因此，与其关注物质地点，不如关注过程本身：在何种情况下，城市居民如何看待彼此，从而形成城市公众？

作为界面的城市

如果我们用过去的术语来展望未来，我们就有可能在城市公共空间研究中错过一些重要的发展。但是，如果我们从另一端来看事物，考虑用于描述未来的概念是否能用来解释过去的进程；来调查新技术是否确实会引起重要的社会变革，以及在多大程度上引起这种变革。

当我们从数字媒介的角度考虑城市公共空间时，我们很快就会遇到"界面"（interface）这个术语，这是一个相当专业的术语，根据韦氏词典，"界面"指的是"独立的、通常不相关的系统可以在其上进行相互作用、相互交流的地方。"在计算机领域，"界面"要么用来描述不同计算机系统相互协调的环境，要么用于将计算机的二进制数据转换成人类可理解的应用程序的环境。比尔·盖茨的视窗操作系统（Windows）就是一个界面：它将计算机的逻辑转换成人们能够理解的图标，使用户能够操作他们的计算机。TomTom 的屏幕是另一个界面：地理数据和有关交通流量的信息被转换为动态地图，使我们能够在交通中导航。脸书（Facebook）和推特（Twitter）等社交网络也是界面：它们为我们提供了一种特定的可能性和限制，使我们能够相互交流。

我们是否也可以用这个词来研究城市公共空间呢？我们因此将不再关注城市媒介的界面和算法对城市物质公共空间的威胁程度。相反，我们将关注城市公共空间如何一直具有界面的功能，以及数字媒体的新界面在多大程度上会对它产生影响。

对这个问题的简短回答是：是的，我们可以。首先，城市生活的动态总是由各种各样的交换过程的积累组成。在很大程度上，日常生活总是在围绕着协调个人和集体的身份，协调当前与过去，协调不同城市公众的关注和利益。从这个角度看，城市公共范畴一直都是一个"界面"的功能。这种将城市作为界面的方式可以在曼纽尔·卡斯特尔（Manuel Castells）的研究中找到：城市是社会关系的物质反映，并因此创造了个人能与这些社会再现相联系的地点。

城市一直都是交流系统，这个系统基于个人和公共身份以及共享的社会再现之间的界面。它们有能力以形式、节奏、集体经验和可感知的方式来组织这个界面，使城市成为社交能力的生产者，以及具有破坏性创造力的整合者。[17]

更具体地说，具体的社会、文化和经济实践、传统和权力关系在城市中得到了一种物质形式：市场、教堂、市政厅，以及举办各种各样的活动的广场。通过使用这些城市空间，城市居民学会如何"亲自"掌握这些不同社会系统的逻辑。他们可以将个人的生活方式与集体的习惯和实践相适应，或者尝试着调整集体的节奏来适应个人的愿望。他们可以用城市社会的节奏来辨别自己，或者抵制这种节奏。物质城市是一个"界面"，在那里，集体实践形成了，当这些集体实践发生改变时，物质环境的形式和意义就会随之改变。因此，咖啡馆、林荫大道和西村的城市街道也应被视为"界面"：不同的城市居民聚集在一起，在随着时间发展而变化的社会习俗的框架下协调他们的生活。

此外，"界面"是一个特别贴切的词，因为它将注意力从空间方面（如咖啡馆、林荫大道、街道）转移到关系本身的问题上。谁与谁有关？这些群体是如何聚集在一起的？谁又被排除在外？哪一种原则适用于现在的人们之间的交流？谁又决定了这一原则？这一过程可能会产生什么样的新公众或社区？这些新公众或社区所立足的共同点又是什么呢？

使用界面"框架"观察城市生活的优势在于，我们的分析可以包括各种非实体的结构和实践。此外，这一术语还迫使我们关注界面本身的作用：界面不是中立的环境；它们在一定程度上决定了一个可能的交换或协调是如何产生的。这一术语让我们不仅可以看到这些过程的"结果"——移动媒介如何使用，以及如何改变城市社会，还有界面主体本身：它实际上体现了什么样的城市理念？

平台，程序，协议

当我们把城市看作一个界面时，我们将不再关心某些地点是否可以被视为地方领域或公共领域；相反，我们关注的是城市居民如何将自己组织为公众以及这些公众的本质：他们是否主要由志同道合的人相互链接而成？或者说，那些生活方式不同的城市居民之间是否真的有交集？

如果我们希望对这一过程进行更深入的分析，我们可以考虑五个相关方面：平台、程序、协议、过滤器和话语权（agency）。所谓平台，我指的是城市居民聚集在一起的环境，这使他们的生活公共化并且相互协调。这可能是一个物质环境——街道或广场可以起到一个平台的功能，但它也可能是一个软件环境，比如智能手机的"操作系统"。

一般来说，一个平台要变得有用，要归功于它背后的程序：即平台的特定用途。这可能是一种建筑程序（一条街道可以被设计为布满底层商业或被指定为专属住宅区），也可能是一种社会程序（一个可以组织活动的社区中心）或者一个软件程序（苹果手机上的脸书应用程序）。这样的程序总是会给它所创造的公众赋予一定的秩序。例如，通过脸书的应用程序的沟通是由程序中固有的可能性和限制所塑造的。例如，脸书允许一个人通过脸书发明的一系列分类中填写"标签"来揭示他的身份。城市设计和社会政策也根据特定的逻辑对城市居民进行分类。设计里总是会包含关于城市公众的特定概念，同时这个贴标签的过程（以及相关势力的问题）在互动发生的方式中起着重要的作用。

与上述功能直接关联的即是界面作为过滤器的功能。这个界面使得协调来自不同世界的特定元素并排除其他元素成为可能。最后，界面根据"协议"来起作用。协议是一种特定的行为规范，它通常适用于特定的社会环境。如果我们再看一下脸书，我们会发现状态更新和"赞"按钮的使用已经发展成为使用脸书的重要协议。在城市生活中，协议更与各种日常行为相关，这些行为随着时间的推移而逐渐成为习惯。有时，这是一种心照不宣的共识，即邻居把车停在某个停车位上，或者某人坐在公园里的某个特定长椅上，有时这些协议甚至涉及那些已经写入规定或法律的行为。

综合起来，平台、程序、过滤器和协议在城市公众的塑造方式上发挥了一定的作用。在这种情况下，一个会不断出现的潜在问题则是关于话语权的。谁有机会影响城市作为一个界面的形成方式？是建筑师和决策者决定城市程序的吗？是科技公司塑造了城市居民相互沟通的协议吗？是否可能让城市居民自己作为个人或集体被赋予更多的可能性，用手机对城市空间进行"重新编程"？这是一个很重要的问题：所有的协议都可以在计算机算法中建立，但是谁能准确地确定哪些法律和文化编码能写入软件计算机的代码中？正如埃里克·克鲁滕伯格（Eric Kluitenberg）写道：

> 如果主动权只掌握在这些丰富的空间的建造者、生产者和他们的客户手上的话，那么我们所居住的空间就有可能是完全处于专制控制中的，即使没有能够立即辨别出具有独裁主义的历史特征的空间的观察方法。只有主动权更广泛地分布在生产者和消费者之间，更多的决定才会在"节点"（网络的末端，被使用者所占据）被做出，而不是在"中心"（网络的汇聚点）被做出，这样对于一个空间来说，具有主权的主体才能够有更多的机会塑造他或者她自己的自治。[18]

换句话说，谁塑造了 21 世纪的城市界面？谁决定了城市作为界面起作用的方式？我们未来的城市界面是封闭的吗？或者它们实际上是由开放平台组成的？用黑白分明的术语来说，公民是处在国家和商业团体所制定的协议的怜悯下，还是说他们有机会直接对协议施以影响？

测试案例：未来城市社会的场景

作为城市媒介涌现的结果，城市作为一个界面的功能目前尚不清楚。我们正处在一个城市媒介正在形成的时代：智能手机、导航系统、定位服务、传感器、RFID 芯片、"智慧城市"协议都是目前正在开发、实现并逐渐成为日常生活的一部分的产品和服务。这就是为什么在不失去历史连续性的情况下，探索可能的未来场景是如此重要。

与此同时，这也很困难，因为数字媒体的兴起和使用还没有经过提炼。也可能出现不同的场景，这在一定程度上取决于在城市规划中使用数字媒介的方式，以及政策措施和用户接受这些媒介的程度。为了避免这一困难，我用大量的"测试案例"研究了城市媒介在城市公共空间中的作用。这些测试案例是多种多样的，其中包括一种艺术作品，它传达了一种交互设计的特定观点，一款苹果手机应用程序，它指导城市居民以一种特定的方式来看待城市，以及针对特定公众的商业实践的涌现。这些测试案例让我们窥到了一个可能的未来；它们向我们展示了"城市作为界面"可能会继续发展的不同方向。

这种方法是基于"文化探索"的理念，它是从设计世界借鉴而来的。作为设计过程的一部分,设计师们有时会使用文化探测器——作为研究项目的一部分来展示给评审小组的客体。有时,这个客体是一个用来测试功能的原型,有时它是一个不打算被生产出来的客体,而只是通过它得到评审小组的反馈,从而设计师可以以此作为灵感。

设计师用文化探测器来刺激想象;设计师扮演"煽动者"的角色,收集的信息是"鼓舞人心的数据……用来获得对人们的信仰和欲望、审美偏好和文化关注的更深刻的印象。"[19]

测试案例类似于"哲学量表",我可以用它来衡量在数字媒介和城市争论中的感受,甚至是作为一种"哲学挑衅",目的是引发一场辩论。对于那些已经明确指出哪些事物可能已经处在危险中的讨论来说,测试案例始终是一个契机或跳板:城市媒体的崛起如何改变城市公众的出现方式?一座城市以一个社会的方式来运作会产生什么样的后果呢?本书将遵循两条线路进行调查研究:在前三章中,本书将探讨地方领域是如何建立的;在最后三章中,本书将会探讨公共领域。

在这两种情况下,重要的是在不丧失历史连续性的情况下探索未来的场景。通过观察城市作为界面的运作方式的历史案例,我们可以证明城市媒介界面对城市公共空间的影响的重要属性和规范的转变。毕竟,城市媒介软件并不是一种如比尔·盖茨的妄言中所说将会改善城市里每个人的生活的魔法力量。根据计算机科学家和人类学家保罗·杜里西(Paul Dourish)的说法,软件是一种试图在计算机代码中建立一种特定的现实或社会愿景的尝试:

> 它创造并操纵人们和行动的现实样式。每一个软件都反映出无数的哲学承诺和观点,如果没有这些哲学承诺和观点,这些软件都是不可能被创造出来的。[20]

一个具有两面性的发展正在出现:一方面,数字媒介影响着城市的经验和城市公众可能的塑造方式;另一方面,这些数字技术的设计是基于特定的历史概念的,即城市和其中的城市生活的理念是什么。[21]

因此,本书关于城市媒介在城市社会中的角色的研究,首先从回归过去开始:为了探索未来,我们前往 1954 年在鹿特丹的马斯河(Maas river)南岸建造的潘德里赫特(Pendrecht)区。潘德里赫特发展成荷兰建筑史的标志,尤其是因为洛特·斯塔姆 – 毕斯(Lotte Stam-Beese)的城市发展规划:与当时流行的邻里规划理念相一致,她的规划是为了促成一种全新的城市社区的出现。虽然城市媒介是这个场景中最不重要的因素,但它提供了第一个线索,让我们了解到一个城市设计师是如何作为一个"界面设计师"在一个共和主义城市理念的基础上工作的。

第一章

潘德里赫特区：一个地方领域的简史

Pendrecht:
a Brief History of the Parochial Donmain

马里奥·博施（Mario Bosch）几乎一辈子都住鹿特丹的潘德里赫特区（Pendrecht district）。1964年，在他五岁的时候，博施从荷兰东部的阿尔默洛（Almelo）搬到了后来成为新区的马斯河（Maas river）南岸的鹿特丹。他在博客上以一种冷漠的眼光记录了那片区域自21世纪之初的历史。他记得在潘德里赫特旁边的港口铁路线上隆隆作响的重型内燃机车的吱吱声和呻吟声、他和父亲在该区边界的沟里抓到的水蚤以及他还是个小男孩时经常帮父亲买手卷烟的烟草店的小门铃。

他的记忆中最引人注目的是20世纪60年代初的那种小尺度的邻里生活。面包师和送奶工仍然能在家中联系到，其他的购物可以在附近完成。在当地商店的街角处有许多烟草店、蔬菜水果店、理发店和杂货店都在附近。那时，潘德里赫特是一个受人尊敬的社区，不是一个时髦的住宅区，而是那些在鹿特丹码头和造船厂工作的工人们的体面邻里。虽然没有中央供暖并且窗户往往在冬季被霜冻所覆盖，但潘德里赫特被认为是一个理想的、拥有彼时的豪华住宅的现代邻里。那时的人们不能轻松地移居到潘德里赫特：由于巨大的住房短缺，每一所住宅在分配前都会有一位调查员会访问可能的新居民，以检测他们是否满足"合乎国内的文明标准"。[1]俱乐部和社团蓬勃发展，博施仍然记得潘德里赫特的水族馆俱乐部。当一周一次的垃圾收集时，居民们把他们的锌皮垃圾桶放在街边，整齐地排成一条线。

博施在这一地区生活了一辈子，现在，他经常给那些被他博客激起兴趣的人们提供导游服务。许多人对此感兴趣：潘德里赫特区由于其巨大的城市规划模式举世闻名，由洛特·斯塔姆－毕斯（Lotte Stam-Beese）于20世纪50年代设计。在经历了动荡的生活之后，这位建筑师最终在20世纪30年代中期定居荷兰。在此之前，她曾在包豪斯（Bauhaus）学习，并在那里和当时的校长汉斯·迈耶（Hannes Meyer）有过一段外遇。当迈耶因同情共产主义而被解雇时，斯塔姆－毕斯跟他去了俄罗斯。通过她的情人，她参与了各种城市规划项目，并给当时流行于俄罗斯的系统而科学的城市规划方法留下了深刻的印象。[2]

这一经验可以追溯到斯塔姆－毕斯为潘德里赫特开发所作的方案。由于参与了许多俄罗斯的住宅项目，她在潘德里赫特的方案包含了一个重复的模式——住宅街区成组地围绕一个公共花园，以此创造了一个类似"图章"的样式：一个单元在这个区域中不断重复。"图章"是马里奥·博施在他的导游中所指出的潘德里赫特基本面貌中的一点。从一块足球场大小的场地上，他指出了单元内各个独立的元素：左侧是一座长长的四层公寓楼，右侧是三层的街区。垂直于这些的是三组有露台的住宅建筑，位于"图章"的前方和后方，其中之一是专门为老年人设计的。整个地区由这个基本模式不断重复组成。

　　住宅区之间的花园是作为居民的聚会场所：它的目的是发展成为一个居民可以经常见面的地方领域。这一想法符合斯塔姆－毕斯从鹿特丹市议会收到的指示：在南鹿特丹建造的新区的设计将会遵从"邻里概念"的精神，这是由博斯委员会（Bos committee）在第二次世界大战期间制定的城市规划愿景。在这份名为 *De stad der toekomst, de toekomst der stad: Een stedebouwkundige en sociaal-culturele studie over de groeiende stadsgemeenschap*（字面意思为："未来的城市，城市的未来：一份关于增长的城市社区的城市规划和社会文化研究"）的报告中，委员会认为，战前的鹿特丹的快速现代化和工业化导致了异化和社会孤立。这座城市已经变成了一块"砖头沙漠"，在那里不再可能真正与其他人相遇。现代城市居民已经成为"游牧民"，有些人缺乏身份认同以及同当地社区的联系，有人"认为他的房子是一个露营点，今天也许他很满意，但明天他可以轻松地换成另一个"。[3]

　　博斯委员会在其报告中提出的邻里概念，承诺通过创造新的居民区，扭转现在的局面，使当地社区能够再次蓬勃发展。这不仅是一个建筑的演练，更为重要的是，这是一个哲学的实践：鹿特丹的战后重建不仅需要重建物质上的城市本身，而且首先要恢复失去的城市社区。重新关注社区生活能否成功消除对现代生活的不安？在邻里层面上应该建立什么样的社区？设计师又是如何达成这一目标的？换言之，邻里如何可以作为一个界面、作为一个让居民互相协调他们生活的平台，以此使他们能够自然而然地融入当地社区？要什么样的方案来实现这一目标，什么样的协议会被认为是可取的？

　　博斯委员会有一个社群主义式的理念：该区必须再次成为存在于在那里的社区的地方领域。我们将看到，斯塔姆－毕斯对此有不同的看法：她的出发点更接近共和主义的理念，试图将潘德里赫特发展成为一个这样的城市：一个有不同社区融入彼此间生活空间的地方。博斯委员会与洛特·斯塔姆－毕斯确实有一个共同点：他们都希望建筑师能够通过在邻里一级的设计创造一种新型的社会。

　　这个理念没有完全实现，在马里奥·博施的导游过程中愈发清晰。在接下来的两条街道上，边廊式公寓（the gallery flats）被栅栏封闭，后面有推土机和有拆卸球的起重机正在工作。过时的公寓正在拆除，为现代住宅让路。为了保留设计的巨大格局，它们将整齐地建造在现有"图章"的轮廓之内，尽管在某些街区内公共花园现在将被关闭：以前曾被打算作为开放进入的地方领域现在将被私有化。

这种重组是20世纪90年代早期开始的衰退的结果。潘德里赫特的常住居民开始大量离开这个地区其中大部分是老人。马里奥·博施自20世纪60年代起于此定居的那些邻居几乎全都不在这个区域居住了，他们的孩子宁愿住在距离几公里外的巴伦德雷赫特（Barendrecht）的新郊区住房发展区。另外还有一个原因是20世纪80年代以来鹿特丹港就业机会下降导致的经济不景气。

由于所有这些事态的发展，从20世纪90年代初以来空缺的住房主要吸引了贫困居民，其中包括刚到抵达荷兰的许多移民。老潘德里赫特居民在该区中家的感觉越来越少：他们认为出现在建筑立面上卫星碟形天线是新居民不适应邻里的证明。此外，自20世纪60年代末以来，很多老居民也对周边的地区越来越不感兴趣。随着现代生活及其汽车、电视和电话的到来，使他们免除了作为当地社区一部分的责任，他们对发展的最初热情也在20世纪90年代随着对这种发展所产生的问题的不断增长的关注中消失了。居民通过媒体与其他地方的志同道合的人群相联系，斯塔姆－毕斯的公共花园丧失了当地的地方领域的功能，最终，许多居民失去了对当地社区的归属感。

在这个世纪之交，这些问题又回到了政治议程中：各种方案旨在恢复邻里的社区意识。指向20世纪70年代在共和甚至自由主义概念上的摆锤现在已经回到了20世纪50年代的社群主义理念：邻里必须再次成为一个社区，尽管这一次不是那些希望通过他们的物质界面达成此目的的建筑师和城市规划师，而是决策者和他们的社会计划。

在自20世纪50年代以来影响潘德里赫特的发展中，一些有趣的主题在今天看来是关于邻里，更确切地说，是关于利用空间与城市公众之间的相互作用的讨论的核心。空间的共享（如在城市邻里）能否导致社区或城市公众的发展？如果可以，如此的公众会是什么样以及其中的成员应该如何相互关联？还是现代城市的动力实际上是相反的呢？是公众适应城市某些地区，创造自己的"邻里"？简而言之，这个地方领域的问题，其起源可追溯到20世纪40年代末引入邻里概念的潘德里赫特。

新计划的时代："邻里概念"

将社区概念的出现与社会现代化的不安感联系起来并不困难。在一份1948年的旨在普及邻里概念的彩色文件中，W·F·格林（W.F. Geyl）写道：

"过去，生活更加和谐；工作与生活方式之间，庆典、宗教和知识之间存在着联系，一个人的工作成果和意义是明确的，社会问题并不是压倒性的，城市更易于管理，人们对生活的理想没有被质疑。"[4] 20 世纪的发展扰乱了这个理想：科学的兴起和工业革命导致了"精神贫穷，失去了一种更简单和更平衡的生活方式"。经济规模的增长和政府的集中化导致了异化、社区感的下降和公民与国家之间日益扩大的差距。这就需要一个新的计划："必须做一些事情，以促进社会政府、公民之间的联系……我们绝不允许进一步陷入混乱！"[5] 格林认为现代城市必须在"邻里概念"中寻求解决问题的方法，城市规划的愿景是传播小型、方便管理的区域的设计。[6]

　　邻里概念的基础于第二次世界大战中由鹿特丹公共住宅主任 A·博斯领导的委员会提出。据他乐观的说法，城市规划可以解决已经出现的问题。他的委员会委托规划师们创造这样的环境："这里能成为人与社区的框架，为个人发展提供机会，邀请人们参与许多不同形式的合作和社区。"[7]

　　在他的宣言中，博斯强调拒绝当时有影响力的受现代主义者勒·柯布西耶启发的城市规划方案，这些方案试图通过分区来治理城市的混乱。在博斯看来，由于机动车交通量的增加，独立住宅区、商业区和购物中心的发展成为可能，而这又实际上造成了他们应该解决的问题：城市生活的恶化。这种大规模的设计使得凝聚力和秩序的丧失，导致住宅区只是提供了"切断的生活"。[8] 博斯认为，作为这种城市现状的替代，地方社区可以通过各种日常行为的促进来创造；例如，随着邻里商店的出现，偶然的接触会自然而然地增长。在接下来的一段话中，他强烈地让人联想到简·雅各布斯十五年以后出名的见解，他写道：

　　妇女可以身着她们做家务时的衣服出门购物（虽然也许没有穿着围裙）……在这种情况下，人与人之间的接触对她们来说是最重要的，她们对每天遇到的人的圈子感兴趣，她们寻找商店和邻里居民之间的联系和争议。[9]

　　博斯说，邻里并非为伟大和重要的事情所设置，而是一个服务于小规模的、人性化的、也许是微不足道的会议的平台，是一个可以让社区居民公开他们日常生活的场所。所有这些当地的互动加起来将导致城市居民考虑他或她自己的邻里，这对于博斯来说至关重要。由于这些原因，博斯还争取兴建其他会议场所，如可供学校和青年组织使用的"社区礼堂和手工艺中心"。

　　但是，一个造成当地居民世界重叠的空间方案还不足以实现这一点。邻里概念只有在社会计划到位的情况下才能成功实施。受到政府刺激的俱乐部和协会扮演了重要的角色。博斯经常强调社会控制的重要性："很大程度上取决于那些在建筑物中作为领导的人：他们必须能够争取当地居民以各种形态和形式参与到社区生活中。"[10]

　　博斯的想法并不独特：类似的想法在美国已经有所发展，在规划师克拉伦斯·佩里（Clarence Perry）和社会学家霍顿·库利（Horton Cooley）的研究中可以看到类似的想法。[11] 在第二次世界大战前的几年，库利发展了一套社会学理论，该理论认为，面对面地接触在团体形成过程中起着重要的作用。佩里将这一理论转化为规划原则，即"邻里单元概念"，它的核心信条之一是建设使社区得以出现的公共空间。[12] 他捍卫了可以举行仪式的中心广场的重要性："在这里（广场上），国旗将在独立日时升起，独立宣言将被传诵，市民则会强烈要求雄辩的演说家来讲述爱国事迹。"[13]

强调建立一个包含了全部生活的地方社区并不意味着博斯毫无保留地向往一种过去的传统形式的社区生活——他很清楚现代城市的积极方面。邻里概念的基本原则是社会必须是分层的：城市不应该成为"都市村庄"（不相关的地方领域）的集合；相反，地区层面的社区必须是整个城市的一部分。邻里是一个地区的一部分，而地区又是构成作为整体城市的都市环节的一部分。大多数与日常生活相关的设施应设置于地区这一层级，但特别的都市生活功能应当在城市的层面上来组织。博斯和他的委员会当然意识到在城市中心层面发展起来的匿名的城市公共空间带来的好处。一个人会在匿名的大众中失去自我：

> 在这里，一个人（会体验）一种在其他地方无法体会到的独特的自由（……）它满足了人们的轻浮倾向，创造了一种对于其他人的相对的独立，并将一个人从挑剔和怀疑的目光中解放出来，而这种令人厌烦甚至有时无法忍受的目光通常出现在小的社区中。[14]

然而，公共生活的魅力只能在作为当地根深蒂固的存在的补充时才能被享受："现代都市的诸多特性，如复杂、古怪与陌生，只有在城市为居民提供有序、熟悉的环境时，才能产生吸引力并令人向往。"[15] 公共领域只有在城市居民也可以回到当地社区的地方领域内的情况下才有魅力。

在博斯委员会的手册中，城市社会的问题以社群主义的眼光为主导。最重要的是，理想的城市得是这样一个地方，在其中，个人可以发展成一个包罗万象的社区的一部分，以此与自由散漫的"大众文化"和原始人相区别。这样的城市公众可以通过强调小尺度的城市发展并结合混合的功能和有针对性的社会方案而形成。但在二战后不久，当洛特·斯塔姆－毕斯被委托在一项后来被称为潘德里赫特的方案中实现这些关于邻里的想法时，她把重点放在了自己的设计理念上，从而转向了共和主义的计划。

作为"民主家园"的城市

潘德里赫特意图在南维克（Zuidwijk）之后成为鹿特丹的第二个以邻里概念为原则的区域。在南维克，邻里概念已经导致了重要社会突破。根据其社群主义的理念，博斯的目标不仅在于扭转现代城市的异化，而且还要打破被称为 zuilen（字面意思是"支柱"：根据社会政治界限而导致的社会分离）的分层的社会结构，而这种状态自十九世纪以来在荷兰已经成为常态。不同的团体，从社会主义者和自由主义者到天主教徒和新教徒，彼此隔离，而社会生活——从体育俱乐部到住宅公司——几乎都与那些与"支柱"相连的组织息息相关。因此，在第二次世界大战后不久，市议会允许一个不与任何现有"支柱"相关联的住宅公司来开发南维克地区的决定是革命性的：特别成立的 Stichting voor Volkshuisvesting Tuinstad Zuidwijk（字面意思是：花园城市南维克公共住房基金会）。[16] 在南维克，每个房客自动被强制成了"南维克联合会"的成员：这是该协会如何形成使居民在其中必须发展自己的集体性。[17]

这个理念在开发潘德里赫特时受到了压制。首先，建筑师洛特·斯塔姆－毕斯赞同在她的设计中充分阐释邻里概念：她将在博斯《未来宣言》（De stad der toekomst manifesto）中所呈现出的社群主义的思考转变为一种关于当地社区的共和主义愿景。虽然博斯强调社区意识在地区居民中的重要性，但是斯塔姆－毕斯所看重的却是个人的自由。斯塔姆－毕斯认为，潘德里赫特必须成为一个城市而非村庄。在她看来，一个城市最重要的品质是它为其居民提供了选择不同生活方式的可能性："城市在住房、工作、休闲、交流等各方面所提供的选择是城市社会的根本要素，而这一点彻底区分了城市与乡村。"[18] 对她而言，城市居民是被允许塑造他们自己的生活的现代人，而这意味着选择的自由是重要的。因此，现代工业大都市的问题与其说是现代性的特征，倒不如说是其单调和选择与多样性的共同缺失：

> 现代城市……应当是通过空间的组织来为不同的城市居民提供场所；在这点上，一个城市的开放程度、街道的宽度都是无关紧要的……重要的是，与空间多样性相关的差异与改变向处于流动中的人们呈现，并出现于一个人有从多种选项中进行选择的自由感觉之中。[19]

然而，这种选择的自由并不意味着城市居民被允许无视他没有选择的其他选项。斯塔姆－毕斯主张城市居民也自动地是民主城市社区的一部分："我们的民主制度最好排除例外，排除任何的'不属于'。我们存在于一个空间中并成为它的一部分。"这也意味着城市居民必须与其他城市居民联系起来：

> 城市居民与许多其他人分享他的房子所在的那片土地，在那里，他行走与休息。他使用的东西和机构被无数的其他人使用。他不是一个人，而是存在于一个有许多其他人的框架之中。因此，他的幸福将在很大程度上取决于他与周围环境及同胞们的关系。毕竟，这种关系的本质意味着要么他自己作为个体的发展和富足，要么是他自己的毁灭。[20]

对斯塔姆－毕斯而言，城市因此是"民主家园"，[21]而建筑师也因此必须首先设计这样一种空间环境：它能够表达自由选择与成为更大的整体的一部分之间的不稳定的共和式平衡。

这也是她在潘德里赫特方案中所采取的做法。她不认为设计一个拥有优雅的大道和不朽的建筑物的美丽住宅小区是她的任务。斯塔姆－毕斯认为，不应该在建筑物中寻找潘德里赫特的身份特征；相反，该地区的特征将会存在于她对潘德里赫特在社会层面上的塑造："主要目的不是为了追求一个附带的审美解决方案；社会网络本身也被用作设计元素。在最终呈现的一套'网格'中，这些推论可以以它们自己的方式发展。"[22]根据本书中使用的术语，斯塔姆－毕斯将自己首先看作界面设计者。

在潘德里赫特，她的想法转化为设计重复的住宅单元：围绕着一个公共花园的"图章"式建筑很容易被重复。潘德里赫特的最终方案包括了许多相邻的"图章"复制品。相邻的住宅单元被镜像以避免单调——她也试图避免在住宅单位内雷同：住宅单元内的不同类型的建筑物是为有不同生活方式的居民所准备的。

在斯塔姆－毕斯看来，混合不同的生活方式的目的在于两点：一方面，不同类型的城市居民的混合将提供避免令人窒息的社会控制的机会。她认为，在不同的环境中混合生活方式，尤其是不稳定的接触，会更好地满足他们（城市居民）自由选择的需求。[23]另一方面，斯塔姆－毕斯希望在住宅单元内形成一种社会团结，部分原因是所有居民都共享公共花园。最终，住宅单元内社会关系的发展将会赋予潘德里赫特新的特征。每个住宅单元中七十至八十户家庭之间的社会联系将会在新邻里的砖头和砂浆中增长，斯塔姆－毕斯如此认为。在她对潘德里赫特方案的阐释中，她写道：

> 因此，我们需要作出慎重的选择来拒绝建立基于外部形式的毫无意义的创造，相反，我们相信居住群体的内在社会多样性将

浮出水面，并在住宅和公共花园的使用中，在居民的活动和他们的相互关系中体现出来，从而抵消明显的统一性和单调感。[24]

因此，建筑师的任务是以空间为手段连接不同的生活方式，以此使社会关系得到发展。

但哪些生活方式在这个方案中得到或没得到安置？如何在设计中将不同的生活方式归类及编纂？这种归类本身在何种程度上影响了社会关系的形成？这些讨论在两个层面上与潘德里赫特相关：在个人居住单元的层面及作为整体的地区的层面。这值得详细考虑，因为这类似于目前正在进行的关于数字媒体的讨论：是谁在为界面设计中出现的不同生活方式（无论是为邻里或手机屏幕）进行归类？这些不同的生活方式是如何排列的？

为了实施她在潘德里赫特的住宅单元，斯塔姆－毕斯详细调查了鹿特丹市政厅统计部门的数据。她把人口分成了处于生命中五个不同阶段的人群：单身、老年人、没有或只有一个子女的家庭、小家庭和大家庭。她为每一类人群设计了一到两种居住类型，从独户别墅和公寓到高层街区不等。她准确地计算出了每个群体在鹿特丹人口中所占的比例，这些数据反过来又形成了她住宅单元的设计：彼时，鹿特丹的老年人人口占鹿特丹总人口数量的百分之六，而每个住宅单元中也有百分之六的空间来安置老年人。她为其他群体作了类似的计算。城市中不同生活方式的组合因此集中在一个最小的可能单元——居住单元——之中。拥有七十至八十户家庭的住宅单元因此必须是城市的代表和反映——一个"微缩版本"的鹿特丹成组环绕于一个公共花园。[25]

在地区层面，南维克对生活方式的安排完全不同：在那里，一个团结了所有南维克居民的住房公司成功地开发了该区域。但当潘德里赫特进行开发时，这种方式在政治上是不再可行的。地区被划分为了九个邻里，每个邻里都用罗马数字标记出来。这些邻里（从潘德里赫特 I 区到潘德里赫特 IX 区）被分配到属于各个"支柱"的住宅公司。此外，部分地区也由私人开发商接手。潘德里赫特被划分成许多邻里，而它们中的每一个都获得了自己的特征：潘德里赫特 I 区和潘德里赫特 VII 区被分配到了社会主义者掌控的奥兹·翁宁住房公司（Onze Woning housing corporation），属于天主教的乌·海·惠格新住房公司（Voor het Huisgezin housing corporation）开发了潘德里赫特 V 区，属于新教徒的帕特里莫宁住房公司（Patrimonium housing corporation）开发了潘德里赫特 IV 区，而潘德里赫特 VIII 区则由鹿特丹干船坞工会（Rotterdamse Droogdokmaatschappij）开发，主要为这家公司的雇员提供住房。因此，潘德里赫特的不同邻里发展成了属于不同"支柱"的人群的分离的地方领域。在特定的节假日，这种区别变得格外明显，例如，在五一节时，潘德里赫特的部分区域会因为社会主义的旗帜游行而变为红色的海洋——一项 20 世纪 50 年代关于当地居民的调查显示出至少是当地的一部分居民在彼时的感受："这里的一部分变成了红色和黑色，而我们属于后者。在五月一日那天，我们被我们的生活所震惊，因为这里看起来像一个共产主义者的村庄。"[26]

为了平衡这一地理划分，斯塔姆－毕斯在总体设计中对区内不同部分的公共空间给予了相当的重视。多条绿色大道沿四个方向从潘德里赫特中心向外辐射，诸多的城市设施，如学校、教堂等，就坐落在这些绿色大道上。这些绿色大道创造了不同邻里之间的边缘，联系了场地和在另一边环绕地区的南方人公园（Zuiderpark）。通过将它们放在彼此相邻的位置上，斯塔姆－毕斯希望不同的群体在那里相遇。此外，她在地区的中央，同时也是绿色大道和主要道路的交汇处，建造了一个大广场。这一广场容纳了大尺度的、地区级别的城市公共设施，并有意通过所有居民对此的使用来发展成中央区。"这意味着这里是一个充满了不同活动的城市广场，同样的，作为居住区的潘德里赫特将会成为一个城区而非一个宿舍城。"[27]斯塔姆－毕斯目的是让所有潘德里赫特的居民定期在这个中心广场见面，从而融入当地社区。

邻里观念的希望是，在潘德里赫特等地区的规划中所进行的经过深思熟虑的干预将会创造一个使所有地方社区都可以发展的平台。步行距离内的当地商店和不同群体使用的公共场所将确保居民经常相遇。公共设施，如潘德里赫特的共享花园，旨在创造一种"主人翁意识"以及一种团结感。然而，现实并非如此容易实现：并不是所有居民都希望成为当地社区的一部分；此外，当这个地区最终完工时，电视和汽车的数量也在上升，这意味着许多居民的地方领域开始远远超出他们所居住的地区范围。

"距离之死"与作为"空无地带"的邻里

邻里概念的一个最引人注目的方面也许是社区和邻里相一致的原则：生活在某一特定街区的每个人都被期望成为当地社区的一部分。正是在地方领域和城市邻里之间的联系立马使得邻里概念备受争议。在 20 世纪 50 年代末，新一代的学者公开拒绝了邻里概念的这一地理原则。他们认为，在邻里概念难以被发现的现代媒介和交通手段实际上预示了一个新时代。他们坦言，作为一个有意义的社会实体，邻里是过时的：从现在起，公众将在电视屏幕前形成，同时由于汽车的到来，他们将不再被拴在一个固定的地理位置。这与人们在关于城市社区的哲学辩论中更加关注个人的愿望是携手并进的。20 世纪 50 年代的社群主义与共和主义的理念现在不得不与自由主义的观点进行竞争。

这一发展首先在 20 世纪 50 年代的潘德里赫特与附近的南维克的各种居民调查中变得明显，这清楚地表明许多新居民在这些地区都感到很快乐。这是不足为奇的：由于住房短缺，他们直到最近都是与他们的父母或公公婆婆住在一起，他们中的有些人甚至在婚后的很长一段时间都保持这种状况。[28] 然而，大多数居民并没有体验到这里是一个清晰的社区，不同群体的人口数量之间存在的巨大反差证实了这种状况。潘德里赫特和南维克的居民都报告了地区内发现的区域性对比："我对这个地区最大的异议是形形色色的人都住在这里。你与其他八户家庭共用一台电梯，他们来自印度尼西亚、格罗宁根、弗里斯兰和鹿特丹。他们无法相处——这种环境实在不起作用。"[29] 在邻近的南维克作调研的巴伦斯（Barends）和德·普雷（De Pree）得出结论说，这种多样性导致邻里接触得很少。仅靠物质上的接近是不够的：短暂的相遇主要是在邻里居民共享了一些文化接触点之后才能发展起来。然而，值得注意的是，其他荷兰省份如布拉本特和弗里斯兰的人群之间的文化差异明显随着时间的推移而消退。

调查中最重要的问题是居民是否对地区设计中的集体性感兴趣。在对邻近的南维克的调查显示许多居民对相互接触或社区所有权的兴趣不高。他们宁愿选择自己的社会关系，而不愿被迫参与其中。巴伦斯和德·普雷在 20 世纪 50 年代末的一份报告中写道：

> 这种类型的住房的居民是一个反对他们意志的团体的一部分（……）一些居民反对这样做：他们更喜欢大量的住宅中产生的家庭的匿名性，而这种匿名性导致了更少的社会控制。这些居民不是在他们的住房环境中寻找联系，而是通过俱乐部、社会和类似的社会组织——也就是说，有选择地接触。[30]

在潘德里赫特，许多居民对深入参与邻里关系并不感兴趣。有些人甚至认为，正是单元住宅和通廊公寓使他们可以愉快地生活而不必与其他人产生任何接触：[31] 正如一份关于居民的调查中所显示的那样，"各种各样的人住在这里，但多亏了单元住宅和通廊公寓，你才能忽视这一切"，以及"我认为住在通廊公寓是愉快的，因为你不需要为其他人做任何事。你甚至不知道你楼上和楼下的邻居是谁。"[32] 很多邻里，居民表示他们宁愿与邻居建立一点而非深入的联系，因为他们担心社会控制是紧密的地方社区的必然组成部分。[33]

结果是与博斯委员会将邻里作为社区的社群主义愿景截然相反的，那时，并不是每个人都愿意面对这种现实。在 20 世纪 50 年代中期，研究者范·多恩－杨森（Van Doorn-Janssen）得出了这样的结论，认为南维克的居民对强加的社区感也不一定感兴趣；她的报告被扣留，直到一九六五年才得以公布。[34] 但她的调查结果并非完全出乎意料。[35]

当年轻的社会学家 J·A·A·范·多恩（J.A.A. van Doorn）在一次会议上

对提倡邻里概念的理论家提出异议时引起了轩然大波，她认为城市邻里本质上是由具有完全不同背景的人组成的。一个可以从这些不同的生活方式中建立的新的、包罗万象的社区只是一厢情愿的想法："这些新区的社会异质性（……）意味着或多或少地组织地区生活的可能性是一场失败的尝试，这无非是一种幻觉。各种社会群体于其中行动的社会领域并没有接触点。"[36]

在国际上，类似的转变可以在不同的学科中观察到。美国和英国的"社区研究"在 20 世纪 50 到 60 年代之间的社会学思想中占有重要的位置。学术界对城市社会对清晰的、可识别的社区的容纳程度十分感兴趣；例如，传统的工人去是否仍然形成了当地的社区？[37]然而，这种对当地社区生活的关注逐渐失去了基础。例如，德国学者汉斯·保罗·巴尔哈特（Hans Paul Bahrdt）在《现代格罗施塔德》（Die moderne Grosstadt）中指出，现代城市居民发现当地社区实际上令人窒息。他将把邻里作为社区的想法与把城市作为市集的想法相比较。城市是作为相互作用的焦点而存在：它是那些所有行动服从利己主义，以及行动服从自己的想法的人之间发生的交易的总和。巴尔哈特所说的"交易"不仅是经济上的交换，同时也指文化上的交流过程。[38]作为一个整体的城市像一个城市居民协调他们的生活界面而非邻里那样工作。不存在清晰的、至高无上的社区，而这不一定是一种损失。

这种以个人而非当地社区为基础的自由主义方法在 20 世纪 50 和 60 年代的荷兰同样也得到了实践。在这里，现代交通工具和通讯技术——如电话的兴起使每个人能够独立地在地理层面上组织自己的生活。媒体（电视的兴起）可以使这种参与感在更大的（国家）的规模上得以感知。年青一代的学者认为邻里只不过是一个"空无地带"，这是人们碰巧居住的地方，而人们实际上对那里并没有更多的兴趣。这种"距离之死"的想法在当时的城市研究者格罗曼（Groenman）的作品中能够看到。在一篇于 1971 年发表于《周报》（Intermediair）的文章中，格罗曼瞄准更大的公众，他写道：

> 人类对他所处的环境的定位有这样一个规律，此规律可以在地理上被确定，同时也可以被社会学解释。一个人十分关注关于内部的事物，即是说，他专注于他的家庭，他的房子和它的紧邻区域。周围的空间对他来说只是个"空无地带"。他只会工具性地使用这里，例如，他开车经过这里而不用对这个地方产生任何了解。他知道有一个更大的整体存在，但这个整体对他来说仅仅只有轮廓。具体而言，这可能是一个大城市及其周围环境，或者甚至是大众媒体不断灌输的那个他能够参与讨论的整个国家……政党的改革、格罗宁根东部的骚乱、矿井关闭、三角洲计划、外交部部长伦斯的条纹套装等。[39]

有趣的是，格罗曼对城市的讨论包括媒体在城市中所扮演的角色，直到那时，关于邻里的讨论几乎都不会涉及这个话题。大众媒体的出现扩大了城市居民的世界，使每个人现在都能参与到一个更大的社会单位中。城市居民只参与其周边的环境，因为他不过是碰巧住在那里。但邻里、地区乃至城市不再是他认为与之相关的区域单元，这些地方也不会再给予他社区的归属感。大众媒体的崛起使他的眼界扩大到整个国家。对于城市居民来说，正是在媒体公众之中"更大的整体"才得以显现。其中的参与是模棱两可的，给予每一城市居民的只是粗糙的轮廓（格罗宁根东部的骚乱），偶尔会有一些细节（伦斯的条纹套装）。

这样，作为集体的一部分的感觉从一个地理位置（邻里）中分离出来，并与媒介景观中符号的循环相连接。城市居民变得如此自由自在以至于他变成了一个"游牧民"：没有一个能带给他家的感觉的特别的地方。虽然博斯委员会认为"游牧民"是一个表示不能扎根的人否定的词语，但现在这个词有了积极的含义。现代人是可以选择加入社区和公共空间的游牧民。这并不意味着他是完全无根的——这只意味着他不再把树根放到地下，而是以在房顶传播的电视天线的形式放置于空中。[40] 随着大众媒体开始充当文化交流的背景，距离和地点似乎不再重要了。根据这一理论，电视屏幕已经成为最重要的界面，而城市街道只是我们偶尔驾车经过的地方。

媒体的兴起和移动性的增加为第二次世界大战后几十年来发展新型公共事业作出了贡献。虽然人们在邻里之间的接触较少，但这并不意味着他们是孤独的，而是他们组织自己的环境发生了社会性的转变。城市居民加入的集体越来越多地建立在共同的兴趣和职业关系的基础上，而与他们所居住的邻里的联系越来越少。这并不完全与邻里概念相左。洛特·斯塔姆－毕斯还强调了选择自由的重要性：城市居民应该得到选择的机会，但同时，在邻里层面上最低限度地相互参与也是作为一个社区的城市继续存在的必要条件。在她看来，邻里扮演了这样一个重要角色，处于不同网络的居民在这里能够相会。这一职能在更广泛的辩论和城市政策中逐渐消失了。[41]

这并不意味着邻里完全失去了它的功能：虽然它不再是城市居民必须设法居住在一起的专属地点，在 20 世纪 60 年代以后，邻里仍然[42]是地方许多城市居民相当一部分日常生活的发生之处。虽然城市居民的生活方式不同，但也偶尔重叠。这个意义上说，邻里不是一个全能的集体。相反，美国学者萨特尔斯（Suttles）观察到"有限责任社区"在美国的邻里层面上的发展。在他的论著《社区的社会建设》（*The Social Construction of Communities*）中，他描述了来自不同背景的邻里居民共同生活在一起的情景。他们没有形成关系密切的社区，但有一些居民仍然参与地方事务，经常在地方机构（如学校或咖啡馆）附近组织活动。然而，他们经常是在自愿的基础上这样做，而且经常在不同程度上参与到其他社区中。对当地社区的参与往往有些不明确——人们也可以选择退出。而公众之间的关系往往只有存在外部威胁或邻里存在问题时才会变得坚实。[43]

这种将邻里作为潜在的公共场合而非首要的社区的发展最初被许多人认为是好事。然而，从 20 世纪 90 年代中期开始，它逐渐成为一个令人担忧的问题。当邻里作为各种发展的结果而陷入停滞时，将其作为"界面"的想法便回到了议程之中。到了 20 世纪末，邻里在城市社会中的作用也逐渐再次成为焦点。然而直到那时，选择的自由和城市居民的游牧生活一直是人们关注的焦点，而现在重点转向了现代城市社会所需要的共同参与。但是，这种参与究竟是由什么组成的？以及邻里是否是塑造这种共同参与的最佳场所？

邻里：从地方领域到公共领域

在 2007 年的 1 月 16 日，一些来自圣 - 阿纳兰德街的居民在潘德里赫特会面，制定了一些"街道规则"。这是会议是鹿特丹市政厅"人民制造城市"（Mensen maken de stad）项目的一部分，这个 2002 年开始实施的项目试图通过街道层面的干预来提升城市内大量邻里的生活水准。这次活动包含了一个噱头：如同一桶在火上烧开的水——在街道的居民之间达成协议显然是困难的，但当他们看见沸腾的水时会得到警醒，以此振作起来渡过难关。在活动的最后，一些规则确实被制定出来：居民承诺互相打招呼，保持街道整洁，在适当的地方停车，并确保他们的孩子不会造成麻烦；他们还同意定期组织活动。[44] 自 2002 年以来，类似的街道规定在许多鹿特丹街道都开始实施，并成为在新成立的"宜居鹿特丹"党（Leefbaar Rotterdam party）选举获胜后政府行政部门执行的带头政策之一。行政部门的计划书声称，"鹿特丹已发展成为一个世界级城市"，但所有这些变化的结果是，一些人不再觉得城市会带来家的感觉：

> 这些变化所带来的结果中有一点还未引起人们的注意，即鹿特丹人和他们的城市之间缺乏联系：新来者还未体验到家的感觉，原来的居民所得到的家的感觉也越来越少。许多鹿特丹人认为城市是一个居住的地方，而不是他们共同生活的地方。[45]

鹿特丹市政厅在这里表示的关注并不孤立：这是关于这个城市的讨论的巨大转变中的一部分。对个人选择自由进行歌颂的现代解释越来越受到抵制，原因在于，社区联系开始重新得到关注。全球化、移民和灵活的新自由主义政治使社会中不同群体之间关于经济和文化的不安日益增强。2005 年，政策

科学委员指出，这些事态发展导致了"社会凝聚力"的衰退：[46]

> 最近，人们对社会的普遍满意已经被时日益增长的对荷兰国内社会和民主制度的担忧取代。人们的相互参与（社会信任）和他们的民主体制（政治信任）有明显的下降。这种不断下降的社会凝聚力产生了消极的社会后果，如匿名、疏远、缺乏安全感、犯罪以及日益减少的幸福感（或许也包括繁荣）。[47]

这些变化在 20 世纪 80 年代的潘德里赫特变得可见。在此之前，潘德里赫特直是中下阶层居民普遍满意的地区。但这一情况逐渐改变：鹿特丹港的就业机会下降，部分原因是鹿特丹干船坞公司（RDM）造船厂破产，并将造船工作转移到韩国等国，该船厂曾经是该地区的主要雇主之一；此外，许多原住居民开始衰老，从他们的公寓迁往其他更舒适的住所。他们的孩子现在更喜欢住在新的郊区住房开发区，如巴伦德雷赫特的卡尼赛兰德（Carnisselande）——曾经潘德里赫特的现代住宅现在被认为狭小而嘈杂，主要吸引移民和社会的最低阶层的租户。另外，邻里正迅速变得更加文化多元化，许多荷兰居民越来越感受不到家的感觉。越来越多的居民正在考虑迁出这个邻里。[48]

阿诺德·雷恩多普（Arnold Reijndorp）在其论著《城市地区》（Stadswijk）中描述了这些发展的潜在机制：新来者，通常是移民，并且在有些情况下包括"都市新居民"（来自"创意阶层"的受过良好教育的年轻人），在过去的 20 到 30 年内，在大量的荷兰邻里间留下了他们的印记。[49]这让许多长期居民感到邻里不再属于他们。在过去，许多原住居民认为旧城邻里是他们的地方领域，现在他们觉得正在慢慢对其失去控制。雷恩多普认为，"强烈的社会变革导致了规则缺乏明确性。新的团体显然不准备遵守现有的规范，而是遵循他们自己的规则。"[50]

这是相互不理解和冲突的潜在根源。迪特克·范·德·瑞（Dieteke van der Ree）通过对毗邻潘德里赫特的鹿特丹南维克地区居民调查阐明了这一过程。她观察到，那里的居民从 20 世纪 90 年代起就不那么满意了，部分原因是那些不熟悉此处日积月累的潜规则的、有的甚至是不会说当地方言的新居民的到来。"熟悉环境的变化往往意味着人们感受到的社会空间变小了，"范·德·瑞如此说，"越来越多的陌生人成为其中一部分，熟悉的感觉也慢慢瓦解掉了。"[51]外国人的到来尤其会导致一种"被征用"的感觉，例如，"因为其他团体接管熟悉的地方。"[52]就如其中一个居民所说的：

如果你在天气很好的时候来到公园，你所看到全是土耳其人、摩洛哥人或其他什么移民。他们围坐在公园里烧烤。这个公园不再属于南维克人了，就你（受访者此时对她丈夫点了点头）过去常做的事情来说，比如去可以划独木舟的池塘或其他什么地方。这些事情你都不必再试着去做了，因为这一切都被外国人接管了。在那里，你再也不会有家的感觉了。当你独自一人对抗一个更大的群体时，平衡就消失了。[53]

在 2007 年，当时的一体化和住房部长艾拉·沃格拉尔（Ella Vogelaar）总结了这种不仅在潘德里赫特和南维克呈现出的发展："许多留在该地区的居民看到了他们的地区变化，他们所体验到新的状态是一种威胁。因此，他们与其他居民的接触也越来越少。"[54]

这种由于此种状况所导致的所谓的社会凝聚力不足其实可以在邻里这一层级加以修补。这一次，是政策制定者和政客们，而非建筑师和城市规划师们，把邻里视为一种"托辞"，[55] 作为他们干预的适当地点。例如，在 2002 年，一项为了解决四十个出问题的权力区（krachtwijken）的国家项目成了大城市新政策的代表之一。同时，一个目的在于"社会复兴"的特别项目也被推出。这些项目的中心议题，通常都包括了潘德里赫特，是将邻里"转化"成为界面。如何才能恢复社会信任和社会凝聚力？与社会的"联系"的明显缺乏也因此被简化为缺乏与邻里的联系。我们也在这方面看到了用来干预邻里"计划"的不同策略。这些激活策略试图让邻里居民参与社区活动，并使他们遵守集体协议。在邻里的实际项目中使用干预措施进行重组，是为了吸引新的居民群体到期望提高"社会凝聚力"的邻里中来。第三组研究人员和政策制定者认为，所有这些试图在邻里层面创造一种新的社区意识的努力都应摒弃，应采取较小尺度的、可能会刺激邻里居民之间的短暂接触的干预措施，以此希望促进居民间相互信任的发展。

在潘德里赫特等地区实施的"人民制造城市"项目是"激活"策略的一个例子。这一项目包括激活和呼吁鹿特丹的居民在街道层面达成协议。市议会还呼吁"城市礼仪"：居民们制定的一些基本规则试图使街道上的共存成为可能。"城市礼仪"是作为行为守则或协议而存在的；没有这一基础，不同背景的城市居民就不可能共存。值得注意的是，该方案认为，仅仅是预设的协议本身是不够的。邻里应该鼓励集体组织并参与到活动中，以此让他们感觉到他们是其物质和社会环境的"共同所有者"，并对其许下承诺。承诺是市议会所称的"社会和规范凝聚力"。社会凝聚力是指居民相互认识并参与社会活动；规范的凝聚力意味着居民分享一套规范、价值观和行为模式。如果街道不自然而然地成为使日常见面转化为社会和规范凝聚力的"界面"，那么国家必须进行干预，并提供一个使这些事仍然能够发生的框架。对这种积极的"计划"的反应是不同的：在对"人民制造城市"项目的评价中，社会学家杜文达克（Duyvendak）与乌特马克（Uitermark）观察到一些地方取得了"令人印象深刻的成果"；他们强调，认为在"权力区"（中央政府在大城市政策中对衰落街区的委婉说法）中居民会开始自发地提出各种事情是十分幼稚的，激活的方案因此显得重要。同时，他们强调不是每个人都想参与其中：

> "社会凝聚力并不意味着街上的每个人都了解对方并与其他居民保持友好关系。在'人民制造城市'项目的实施过程中，街道似乎仅是使少数居民维持社会关系的框架。"但事实上，正是这些少数居民在管理邻里方面担当着重要的角色。[56]

另一个改善邻里社会凝聚力的方法是"重组"：让新的人口群体对一个地区许下承诺。"重组"包括局部拆除和重建一个地区。通过将邻里比喻为界面的比喻，我们可以将"重组"看作是一个确定哪些城市居民群体需要在邻里和地区两个层面聚集起来的过滤机制的提炼。新住宅的目的是吸引新的、往往是受过良好教育的和富裕的目标群体搬到该地区。正如斯塔姆－毕斯在住宅单元中通过空间来组织不同的生活方式一样，现在的目标是在地区层面上混合社会群体。对支持不同生活方式的空间组织的积极干预将给受教育程度较低的居民新的"见面的机会"，使他们有机会扩展他们可以依赖的社交网络。与此同时，新的人口群体的出现可以提高一个地区的消费能力，从而确保诸如商店、咖啡馆和餐馆等使见面得以发生的场所继续存在。这一重组政策的部分依据是邻里，至少是那些在问题地区，不能够成为单一构成的区域：如果那里成为一个（弱势）群体的专属空间，所带来的危险可能是排外的出现。

常被援引的美国的相关研究表明，"贫困文化"（culture of poverty）已经在一些邻里开始发展：因为几乎没人有得到报酬的工作，邻里之间的规范发生了变化，认为失业是正常的。此外，与其他网络的偶然接触的缺乏排除了通过这些渠道找到工作的可能性。邻里因此概念化为一个地方领域，在其中，规范和价值是可互换的。由于缺乏与更广泛社会的接触，异常的价值观和规范愈发壮大。[57]

一些政策制定者和批评者对激活和重组颇有微词。例如，地理学家穆施塔德（Musterd）和范·克姆蓬（Van Kempen）认为，生活方式的物质上的"混合"不会自动导致不同群体之间的接触和社交网络的扩大。更有可能的是，不同的社会群体在邻里层面上的发展并不依赖于彼此之间的关系。[58]在邻里这一层面也存在着对激活的批评：由许多社会问题在邻里发生，但这些并非源自于邻里的问题，而是需要以其他方法解决的关于社会经济的结构性问题，例如，通过培训项目。

此外，一些评论家认为，强调激活和参与与城市居民的自由选择的理念背道而驰。为什么某条街道上的邻居会被迫一起组织社会活动呢？阿诺德·雷恩多普认为，城市政策中的"凝聚力"和"和谐"被过分强调了。在他看来，真正的任务不是创造一个新的团体，而是创造一个异质性的框架。[59] 只要它是不同的居民可以互相信任的地方，邻里就不必成为一个地方社区。一个共和主义而非社群主义的理念应该成为目标：邻里是一个其中不同的世界相互重叠的公共领域，而不是一个当地社区的地方领域。

我们因此了解到，拥有不同城市理念的城市规划师们都试图以不同的方式，通过"计划"中的干预，在邻里这个范围建立具体的成员。然而，城市居民已经从这些愿景中消失了。那么，在城市居民日常使用的空间中，地方领域究竟是如何发展的呢？这个问题需要一种不同的、更"自下而上"的方法，而这些方法我们可以在像简·雅各布斯这样的学者的研究中找到。

第二章

日常生活中作为界面的邻里

The Neighbourhood

as an 'Interface' in Everyday Life

当20世纪50年代中期一个决议委员会召开会议讨论罗伯特·摩西（Robert Moses）关于修建一条贯穿曼哈顿南部的公路的计划时，这位纽约的"建筑大师"失去了冷静沉着。他当时提出延长第五大道并在此过程中大规模拆除华盛顿广场公园，但这一提议遭到了格林尼治村附近居民的反对：他们不希望家门边是一条现代化的十车道水泥公路。他们宁肯保留邻里的公园，这样还能遛狗，孩子们也能在安全安静的环境下玩耍。摩西，伟大的城市规划者，无法忍受这些古怪的小镇思想阻止自己发展的愿景。他试图说服委员会成员，其实并没有人反对自己的计划，"没有人反对——没人，没人，没人，只是一群……母亲！"[1]

这群母亲的领头人是简·雅各布斯，一位记者、作家，被《纽约书评》评价为一位拿破仑式的社区活跃分子，能够调动一队武装居民民兵。自20世纪50年代早期，她便成功地通过猛烈抨击权威建筑师和现代城市建造者的大型规划以捍卫邻里生活的"日常性"。雅各布斯认为，虽然他们承诺提供发展，但事实上企图消灭传统的城市街区和与其相连的都市活力。她在一篇文章中指出，诚然，他们设计的康庄大道与优雅的树木、对称的布局和纪念性建筑看起来华丽壮观，但这些无有一个与城市生活相关。她在这些溢美之词后话锋一转，一针见血地说道："这倒更像一个整洁庄重的墓地。"[2]

正是类似的言论让雅各布斯成名，并令其著作《美国大城市的死与生》（*The Death and Life of Great American Cities*）成了一部在初版五十年后仍广为阅读的经典之作。但这部著作不仅仅是对于既有秩序的反抗，其有趣之处在于雅各布斯尝试解释为何城市街道在都市生活中作为一种"界面"而举足轻重。她认为邻里感可以来自日常互动无序积累。这不是一种共产的、村落式的邻里团结。相反，它促成一群熟悉的陌生人组成共和派的甚至是自由主义的城市公众。

雅各布斯并不是唯一注意日常的人。20世纪50年代开始，人们对城市居民如何通过一系列琐碎的日常行为赋予其生活意义产生了更加广泛的兴趣。社会学家戈夫曼（Erving Goffman）在1959年的著作《日常生活中的自我呈现》（*The Presentation of Self in Everyday Life*）中描述了人如何在不同的环境中呈现出不同的举止，并将一些特定的礼节和行为与特定的地点联系起来。不久之后凯文·林奇（Kevin Lynch）在其经典著作《城市意象》（*The Image of the City*）中描绘了城市居民如何在其日常生活中赋予不同场所以象征意义。十年后林·罗弗兰（Lyn Lofland）研究了诸多这些现象的相同之处。其著作《陌生人的世界：城市公共空间的秩序与行动》（*A World of Strangers：Order and Action in Urban Public Space*）探讨了不同组群的城市居民如何分别占有特定的城市空间。

这些研究的共通点在于他们都直接或间接地将城市比作了"日常生活的剧场"。[3] 城市是一个我们在不同时候出演不同角色的舞台，我们既是演员同时也是公众。正是由于我们的自我呈现使得我们能够将自己与他人对比，从而认同或区别于别人。而我们这样做的地方还将在此之上附加情感和象征的意义。每日的惯例创造出一种参与感——我每天走过的广场成了我的广场。从长远来看，这些每日的行为还将成为一个集体的象征意指过程：这个长椅是老年人早上喝茶聊天的地方；这个广场是年轻人炫耀改装摩托车的地方；这条街是时髦女士逛街的地方；这个街区是同性恋群体中知名的夜生活场所。长椅、广场和街道便成了他们的长椅、他们的广场或他们的街道：地方领域是日常行为的总和。

在雅各布斯、林奇、戈夫曼和罗弗兰的著作付梓半个世纪之后，他们的观察对于理解促成地方领域发展的过程仍然十分有用。当然，自当年罗伯特·摩西的推土机威胁铲平简·雅各布斯的邻里至今很多方面都发生了改变。之后最为重要的社会学发展是美裔加拿大学者巴里·威尔曼（Barry Wellman）所命名的"网络个人主义"（networked individualism）的出现：个体化并不代表我们越发封闭并与他人脱离联系。相反，它意味着我们对于我们所在的不同群组更有发言权？这反过来说明许多城市居民隶属于诸多只有部分交集的关系网。

在空间上这促成了两方面的发展。从一方面来说，地方领域在各方面都获得了重要性：特定的城市居民选择定居在城市的特定区域，以便和自己相似的人生活在一起。一个单一民族或者生活方式集中的社区就是例子。另一方面，许多地方领域已经不能被定义为清晰划分的区域。相反，他们由跨城市或地区的一系列场所组成。来自约丹（Jordaan）或者派普（Pijp）邻里的传统阿姆斯特丹工薪阶层，现在住在普莫德（Purmerend）或者阿尔梅尔（Almere）郊区。但是在周六晚上他们依然会回到老社区的酒吧。同时，酒吧旁边还开了土耳其茶馆，这旁边也许还有时髦年轻人喝卡布奇诺的咖啡店，因此不同的地方领域得以在空间上交叠。地理上来说，这些不同世界——酒吧，茶馆和设计师咖啡店之间的距离很近，然而从象征意义上而言，却很远。要透彻看待这些新进的发展，我们需要首先回到20世纪50年代，回到下哈德逊街(Lower Hudson Street)和格林尼治村(Greenwich Village)这些简·雅各布斯以她的雷明顿（ Remmington ）牌打字机为武器和专业建筑规划大军斗争的地方。

简·雅各布斯的"公共尊重和信任的网络"

简·雅各布斯的理论仍然是重要的城市日常生活理论之一。这着实令人惊讶，因为她的著作《美国大城市的死与生》是 1961 年问世的。她对 50 年代纽约街区生活的观察是否还能告诉我们 21 世纪的城市如何作为一个界面而运作？一方面这很难想象：曾经杰克布斯会把自家的钥匙留给熟食店的乔·科纳奇亚（ Joe Cornacchia ）。现在店铺恐怕已由来自亚洲和拉美而非旧世界欧洲的移民接手。如今曼哈顿下城很难为住在附近的码头工人提供工作机会，而近几十年许多中产阶级家庭已经搬到新泽西或者长岛。附近的肉食包装区、曾经鳞次栉比的屠宰场已经所剩无几。尽管类型有些不同，一些地方已经变回了办公场所。它们被改造为阁楼式（ loft-type ）的咖啡馆，在那里，创意工作者们在笔记本电脑上开发网站、创作广告宣传或政治备忘录。[4]

另一方面，雅各布斯的书仍有参考价值，因为她不仅分享了对半世纪前街区生活的观察，更重要的是，她介绍了一种仍然能够提供有趣线索的观察和分析方法。她的中心论题是城市街道在对于城市社区邻里层面上的发展具有重要的作用。雅各布斯并不偏爱乡村式的社区，因此街道对于在不得不居住在一起的城市居民中建立信任感变得很关键。她的著作即是对促成这一过程的催化剂的研究。

雅各布斯在《美国大城市的死与生》一书中说，这种信任是如此发展的——在以下引文的一些细节上是值得考虑的：

> "城市街道的信任是随着时间的推移以及许多小的公共人行道上的联系而形成的。它源于人们在酒吧里买的啤酒、建议从杂货店里得到的建议和给报亭的人提供的意见、在面包店与其他客户交换的看法和向两个在门廊上喝汽水的男孩点头打招呼、看着等待被叫去吃晚饭的女孩、责备孩子、听到五金工人工作的声音和从药剂师那里借的一美元、欣赏初生的婴儿和同情褪了色的外套。（……）表面上看，大部分都是微不足道的，但它们的总和却一点也不琐碎。这些日常的总和，本地层面的公共接触——其中的大多数是偶然的并与日产生活中的小事关联，所有的这些都由相关的人，而不是强加给他的人所参与构成——一种关于人们的公共身份的感觉，一个公共尊重和信任的网络，一个在个人或

邻里需要时提供帮助的资源"。[5]

雅各布斯声称，相互信任可以随着时间的推移而不断发展，甚至是源于邻里之间的日常互动。因此，一个邻里可以发展成为当地的、相互认识但也保持一定的距离的公众。现在的主要问题是：在什么样的具体情况下，这种"公共尊重和信任的网络"才会发展？在这样的城市公众是否真的发展中，究竟是哪一个催化剂起在作用？雅各布斯提及的几个内容中有四个是特别相关的：前两个与前一章中提到的规划者和决策者的见解相一致。只有存在一个能让不同的居民经常见面的平台，当地的公众才能发展。对于像格林尼治村这样的城市社区的设计而言，在那里，居民们是以步行的方式进行许多日常活动，因此，雅各布斯为开发一个小型街区的网格街道计划提出了主张：如果街道经常相交，用户可以采取不同的路线，那么人们偶然相遇的机会就会增加。[6]

但仅仅创建这样一个平台是不够的；第二点在于，居民必须有理由使用潜在的聚会场所。雅各布斯的建议是将不同的功能混合在一起：住房、购物和工作的结合确保了她所在邻里的街道上总是有人。因此，一个特定的"编程"要求提供同时发生的空间使用。这就引出了第三个点：到底是什么样的人需要通过这样的计划来聚集到一起？需要什么样的"过滤机制"才能让相互信任得以蓬勃发展？雅各布斯主张，在普通居民和陌生人之间需要保持良好的平衡。在她看来，重要的是，有足够多的人拥有一定的"主人翁意识"以及将邻里作为聚会的地点的参与感。城市社区不是使居民相互隔离的地方领域；它也是一个公共领域，在那里陌生人经常来来去去。这造成了一定的紧张：邻里中有太多陌生人的存在会侵蚀居民的信任感：他们不再认识其他住户，这就破坏了邻里之间的"家一般"的感觉。

因此，重要的是，一些关键人物，如商店老板，在邻里的积极作用：可识别的"公众人物"，用雅各布斯的话说，总是被认可的存在；与此同时，他们也有愿意保持警惕，以及维持"街头秩序"。[7]如果没有这样的公众人物，一个负面的螺旋可能会产生反作用：住在邻里内的居民会搬出去，因为他们不再觉得自己熟悉这里；这进一步减少了参与其中的人的数量，并会导致不安全感的持续增长。这意味着需要一个特定的过滤机制，以确保在普通居民和陌生人之间有一个平衡，或者是一种监督或控制的形式，以确保这些人遵守协议。

第四，雅各布斯认为，在邻里的私人、地方和公共领域之间达成某种统一是很重要的。如果邻里内的居民过多地干涉彼此的生活，这可能会导致一种令人窒息的社会控制，而雅各布斯认为这种控制是不可取的。邻里不应该是一个由单一群体决定主导规则的地方——多样性的空间是必不可少的。目标是让社区居民在"熟悉的公共条款"的基础上相互对待。雅各布斯不喜欢公社："在规划理论中，团结一致是一个旧理想的令人作呕的名字。这个理想是，如果有什么东西在人们之间共享，那么更多的东西就应该被共享。"[8]

因此，雅各布斯对城市的看法是基于一种更加自由主义的城市社会理念：所有人都有自己的私人生活；在邻里过分强调的地方氛围是不可取的。社会包括了所有这些私人生活的总和，个人可以自由选择是否加入他们属的社区。社会正是由于一个最小程度的团结，才会作为一个整体存在，在其中，人们把彼此的私人空间尽可能完整地分开。正如雅各布所说：

> 相较于我们的从众心理，我们都是充满冒险精神、好奇心、自我意识和竞争意识的人，以至于难以达成共识并形成一个和谐的、充满艺术家的社会，而我们更看重的正是那些阻止我们如此存在的特质。（……）在这一系统下，在城市街道邻里内有可能了解各种各样的人，而没有不受欢迎的纠葛、没有无聊、借口、害怕冒犯的解释，对强迫接受或承诺的尴尬以及所有这些可以有较少限制关系的义务的事情。（……）我们完全有可能与那些跟自己完全不同的人相处得很好，甚至随着时间的流逝，有可能与他们熟悉的公共条件和谐共存。[9]

在《美国大城市的死与生》出版半个世纪后的今天，对这本书的再次阅读带来的最有趣的问题并不是这些在 20 世纪 50 年代的格林尼治村起作用的催化剂是否仍然可以在我们的时代发挥作用。更有趣的问题是，这些催化剂的抽象分类是否仍然可以适用：私人、地方及公共之间的平台、计划、过滤器、控制和协调是否能够相互适应，以此导致如潘德里赫特之类的地区的重建过程中社会信任的产生？

通过从雅各布斯那里寻求答案以及将她的见解与关于潘德里赫特的讨论相比较，有一点是令人惊讶的：一方面，她的理想城市邻里由不关心自己以外的任何人的城市居民的私人领域组成，另一方面，它又由可能属于所有人但没有人可以留下他们特定标记的地方领域组成。有人会说，城市街道创造了一个最小的邻里感。尽管洛特·斯塔姆－毕斯将相互的偶然遇见与相互参与的民主理想联系在一起，但这种共和派的目标在雅各布斯的理论中消失了。

这种最低限度的参与是通过共享每个人似乎都遵守的协议来实现的：闲聊的协议，为了礼貌而进行的保持距离的聊天，过程中说话者尽可能少地暴露他们的个人身份。尽管居民之间存在着差异。该协议确保了一定的相互信任和认可能够通过居民开始将邻里当作他们的邻里而得到发展。值得注意的是，雅各布斯没有更详细地描述这些协议。在她的 20 世纪 50 年代的社区里，礼仪显然是不言而喻的，它在社会交往中形成了一个无形的层；就像哈德逊街居民的私人身份一样，这对雅各布斯来说是理所当然。

然而，在对今天的城市地区的讨论中，正是这种协议的"自证"存在争议。讨论常常是关于城市居民的各种协议是如何相互联系的。要理解这个问题，需要的不仅是将邻里作为一个平台的纯功能方法。这条街不仅是我们根据固定协议展示现有身份的一个舞台；这些身份和协议的内容也可以改变邻里居民之间的日常互动。社会学家塔利亚·布洛克兰德（Talja Blokland）的研究提供了一些有趣的线索：她展示了身份的形成协议的构建过程中，作为日常生活剧院的邻里所扮演的角色。[10]

塔利亚·布洛克兰德的"公众熟悉感"

在鹿特丹的西乐斯流斯（Hillesluis）地区，年长的居民仍然记得周日早上大家是如何密切关注彼此的。从他们的窗户后面，他们注意着每个人走路的方向；这样一来，那些待在家里的人就可以看到路过的人去的是哪个教堂的，因此也决定了他们属于哪个教区。这种早上的仪式现在已经失去了意义：在过去的几十年里，周日教堂的出勤率急剧下降，而且，大量的西乐斯流斯居民实际上更有可能去清真寺。尽管如此，社会学家布洛克兰德的城市联系研究的例子展示了她思维的特点：人们不断地对世界和他们周围事物进行分类；他们总是把自己的生活和别人的生活比较。他们在这个过程中所进行的分类构成了社会认同的基础：我们究竟是否属于某个群体？

这一认同过程，即对群体特征和集体象征的占用很大程度上是一个空间过程。布洛克兰德同意英国社会学家理查德·詹金斯（Richard Jenkins）的观点，他认为人们在日常生活和特殊行为中表达了他们对特定集体或社区的团结或认同。社区被这样描述：

> ……参加仪式，增加政治抗议，一起钓鱼等。在人们所做的事情中，一种共同的感觉被分享了，一个共享的象征宇宙出现了。在一起讨论"社区"的过程中——这最终是公共活动，它的象征价值得到了生产和再生产。[11]

在各种日常行为、例行公事和仪式的过程中，我们表达了是谁。[12] 每周一次的教堂礼拜是西乐斯流斯居民们表达他们所属的群体的一种方式：他们把他们生活的一面公开了。参加礼拜的人和那些从窗户后面观看的人都可以从周日早上的仪式中推断出每个人所属的群体。每个社区都有一种行动的文化编码和象征的表达，从周日早上的教堂礼拜到特定的问候方式，从当地口音到服装偏好。这个编码不是静态的：它可以通过新的元素得到扩展，而习惯可以在日常使用中变得过时或得到改变。多年以来，参加教堂礼拜的重要性有所下降，并被其他习俗和仪式所取代。

在这一过程中，邻里可以发挥重要作用。在《好的邻居只生活在自己的圈子里》一文中，布洛克兰德描述了潘德里赫特附近的西乐斯流斯地区，它的社会构成多少有些可比性。在很长一段时间里，西乐斯流斯都是许多居民日常生活的重要平台。布洛克兰德说，对一些居民来说，邻里确实是"表达他们的成员身份和延续该组织及其规范和价值观"的最重要舞台。居民可以将自己的生活与他人的生活进行比较，以此区分'我们'和'他们'。因此，社区并不会自动发展成一个社区。不是所有的邻里居民都是同一社区的一部分，反之亦然，邻里内的社区并没有将他们的表达限制在地理区域内。不同的生活方式在邻里内聚集在一起仅仅是一个假设。[13]

然而，与邻里居民的不断互动会导致一种不同类型的公众，这是基于布洛克兰德所说的"公众熟悉感"（public familiarity）。当邻里居民经常在附近地区遇见——外出购物、在学校门口或当他们的路途有交叉时，这种公众熟悉感就会产生。随着时间的推移，一个关于其他人的图景从这些偶遇中发展出来，根据布洛克兰德的说法，这甚至不需要互动：重要的是，居民们也可以从远处互相观察，互相注意。随着时间的推移，其他居民的风俗习惯会变得更加熟悉，与自己生活方式的相似与不同之处会逐渐变得清晰起来。由此建立的公众熟悉感在身份识别过程中起着重要作用：

> 行为的可见性导致了社会的差别，从而导致了社会的认同：他们不那么整洁，不那么有条理，也不像我们那么文明，因为他们去澡堂没洗干净，靠救济金过活，喜欢聊八卦或者在窗边消磨时光。……公众熟悉是这些区别的先决条件。[14]

通过这些接触，人们知道彼此的立场，知道彼此期待什么——正是通过这些基于个人经验的肤浅知识。这样，邻里又重新像界面那样起作用：它是不同生活方式的和谐统一的场所。居民在那里展示自己的生活方式，这些都是通过这个过程得到呈现：邻里居民能否识别其他居民的"表演"，能否将自己的的生活方式与集体行为和他人的习惯相协调。因此，邻里的功能既像公共领域——一个能让不同群体的居民找到共同生活方式的地方，也像地方领域——因为公众信任可以发展，尽管存在分歧，但每个人都能获得家一般的感觉。

这种公众熟悉感的形式类似雅各布斯的"熟悉的公共术语"，但也有一些显著的差异。首先，雅各布斯强调熟悉特定的个人；布洛克兰德所关心的是一种"分类的知识"：重要的不是对特定的社区居民的熟悉程度，而是对有自己的风俗习惯的各类群体的成员的熟悉程度。我们认同一个群体，而不是另一个群体，最重要的是，这种认同让我们在邻里中感到自在：我们在别人的存在和主流价值观中认识自己。这并不意味着我们必须能够识别所有的邻里居民，但我们需要足够的分类知识以便能够区分其他社区居民。这也需要在"熟悉"和"陌生"之间取得正确的平衡：这些不像雅各布斯所说的地理意义上的"邻里居民"和"外来的游客"。相反，这些术语与邻里内展现出的不同生活方式有关，而正是在邻里内，居民能够或者不能够识别出自己。如果一个社区发展成一个特定群体的地方领域，那么这个平衡将被扰乱：其他的邻里居民可能不再会从邻里中识别自己，也不再认识到主导行为的日常生活协议。在这方面，邻里的功能不仅是一个中立的平台，在其中，不同的生活方式可以被区分和塑造；渐渐地，不同群体表现自己的地方也获得了象征价值。因此，识别不仅意味着对具有可比性生活方式的人的识别，而且意味着对与这些生活方式交织在一起的地点的参与感——或参与感的缺乏。对城市地区的象征价值的研究为这一过程提供了更多的洞见。

埃里克·戈登的"地方世界"和林恩·洛夫兰的"家庭领地"

在简·雅各布斯出版《美国大城市的死与生》的前一年，另一本书已经给人留下了深刻的印象：美国城市规划师凯文·林奇的《城市意象》。在这本书中，林奇认为城市居民眼中特定地方的价值不能从上层的规划者那里得到。只有当城市"景观"与城市居民的需求产生共鸣时，象征的价值才能得到发展。虽然这主要是一个个体的过程，但集体的含义也在发展，因为不同群体的人通常把类似的含义与城市的空间要素联系起来。[15] 社会学家也对这个过程产生了兴趣：城市社会学家赫伯特·甘斯（Herbert Gans）使用了"有效"和"潜在"环境这两个词来打破"物质决定论"的概念，即特定的环境可以准确地反映特定的行为。例如，一个规划师可以设计一个美丽的公园，只有在它的使用过程中，即个人和群体根据他们自己的目的利用空间，这个空间才能获得了一个意义。

理解这个过程的一个重要概念是埃里克·戈登的"地方世界"（placeworld）：一个与一个或多个特定的地点有关的群体的知识和文化的集合（一个整体的特征行为、实践和意义）。源自某个群体文化编码的元素与特定的地点联系起来，因此也获得了一个象征意义：它们不仅仅是地点——对于群体成员来说，这些地方变成了"我们"的地方。戈登重提了人类学家戈茨（Geertz）的术语"本地知识"（local knowledge），这是一个与特定地点有关的群体共享框架。这可能是一个地区的两个街区之间的隐蔽通道；可能是关于哪家咖啡店能提供公认的最好的咖啡；可能是关于谁有权坐在公园的特定长椅上的不言而喻的协议；或者分享过去的回忆。"本地知识"的关键在于它是在社会互动的过程中发展而来的。戈登认为，在一个邻里的社会环境中，这种知识是或不是默默地交换的。

与此同时，以这种方式建立的"本地知识"不仅是一个实用信息的来源：它也是一个共享的经验世界，并在团结公众的过程中起着重要作用。一个共享与地点相关的知识和仪式的"我们"诞生了。[16]一个群体的与地点相关的意义和实践的集合是戈登所说的"地方世界"：

> 因此，一个地方世界是一个关于特定地理位置的、由群体定义的视界。例如，分享秘密墓地入口的信息就是在一个地方世界里的交流行为。这是本地知识的产物[17]

因此，"地方世界"可以被理解为对一个群体的成员有象征意义的地方的集合。这并不意味着"地方世界"与地理位置有一一对应的关系：居住在同一邻里的不同群体经常使用不同的"地方世界"；反过来说也是正确的：一个散布在全世界的群体也可以获得一个共享的身份，例如，从他们的原籍。群体可以使用"地方世界"来将自己与他人区分甚至隔离开来。因此，地点或区域可以发展为被某个特定群体或多或少独占的领域。[18]美国社会学家林恩·洛夫兰的两项研究中显示出了这一过程的发生。她提到了"家庭领地"和"城市村庄"的发展。"家庭领地"是一个由一个或另一个群体主导的城市地点；它从一个循序渐进的过程发展而来，由于某些群体对这个地点的使用越来越频繁，对于这些群体来说，他们在这个地点开始有家的感觉，并因此在这里慢慢地留下了印记，诸如"同性恋的酒吧，老年女士的餐厅，摩托车爱好者的热狗店"等。[19]地点本身也因此慢慢但必然地成了这个群体的象征编码的一部分，地点和它的相关活动的组合形成了一个地方世界。

同样，在更大的城市尺度上，可以看到"城市村庄"的发展，邻里是由特定的城市居民群体主导的。中立的公共空间可以（暂时）被那些在这个空间上留下印记的团体占用。城市公共空间的一部分被变成地方领域的过程发生得并不顺利：通常，"象征的战斗"会在不同的用户群体之间展开。各种外部因素也可以在这一过程中发挥作用——想想那些刺激或实际是阻止某一特定群体将一个地点变为其地方领域的政策。"蚊子"就是一个很好的例子：这种装置发出只能让年轻人听到的刺激声音，其目的在于防止他们将某一地点用作"聚集处"。政策措施也可以用来防止或刺激特定群体的符号表征——例如，一座清真寺或一个商业聚会可能通过一个地点的设计、营销和价格来会吸引目标群体与特定的生活方式，并以此获利。

所有这些因素一起在城市层面上产生了一种空间的"过滤"：一群识别出彼此生活方式的人在他们生活的地方和他们的休闲活动中寻找彼此。洛夫兰已经表明，这不仅适用于邻近地区："在 1973 年"，她写道，"技术是在城市中成功创建和维护一个村庄的关键。"[20] 洛夫兰提到技术的是汽车，它使城市居民能够很容易地将他们所属群体的不同地方区域联系在一起。

洛夫兰在 20 世纪 70 年代看到了一个巨大的转变，部分原因是这种技术（汽车）的出现。洛夫兰回到了中世纪——在过去象征秩序与一个人的外貌有关。几乎所有的城市居民都在密集使用城市的公共领域，而且现在所有的功能都有他们自己的、专门的地点重叠。可以通过城市居民的外表来识别他或她属于的群体——实际上有法律规范人们的衣着：例如在伊丽莎白时代的英国，为了避免混乱，"普通人"穿诸如天鹅绒之类奢华面料制成的服装是违法的。

但在 1970 年代的现代工业城市，洛夫兰观察到基于空间秩序的编码的发展：在城市景观中，越来越多的城市功能试图获取自己的专属位置——这里的购物中心，那里的大学校园，一个中产阶级居住区，远处的唐人街。她的结论是，"现代城市的理想就像一个井然有序的家的理想：一个拥有所有东西的地方，而所有的东西都在其位置上。"[21] 在进步的乐观情绪中，她把洛杉矶和底特律这样的城市作为城市文明和规划的缩影：他们的公共领域已经融入了地方领域的马赛克中，每个领域都有自己独特的功能。洛夫兰认为这是一个合乎逻辑的过程："隔离人类"，她写道，"是为了整合神圣。"[22]

这种地方化的过程让人想起了邻里概念背后的原理，但现在是由自下而上的过程而不是自上而下的计划所塑造的。毕竟，某些邻里可以通过这些过程发展成拥有分享特定生活方式的居民的地方领域。然而，这并不是一一对应的：虽然这样的社区确实容纳了一些共享特定文化代码的居民，但这并不意味他们会形成一个社区。邻里的作用是不同的：它不是一体化的功能框架，也不是一个包罗万象的社区的确定地域。现在，邻里之间的功能是一个象征的核心，正是围绕这个核心，一个社区才能被"想象出来的"：一个人住在一个特定的邻里，这可以部分地确认这个人的身份；一个人辨别出居住同一个邻里的其他人，一个人识别出并欣赏特定地点和通过邻里内其他群体的表达而产生的象征意义。布迪厄（Bourdieu）认为，邻里是某些居民对自己的社会地位的一种表达。[23] 对特定的地方的使用就成为一种表达人们认为自己所属集体的一种方式。然而，这并不意味着人们实际上与其他使用相同地点的人或发生在邻里内的生活有很多联系。[24] 因此，这些住房领域导致了不同领域的特殊混合。从象征意义上来说，它们是地方领域：在很大程度上，居民从邻里中获得他们的身份，并在象征层面认识自己。从文化和社会的角度考虑，它不太是一个地方领域：居民一般不构成一个紧密的社区，而是一个彼此的工具控制关系。[25]

在某些情况下，这些象征的邻里关系会更进一步：即使不生活在同一个邻里的人仍然可以感觉到一个象征的联系，要么因为他们曾经住在那里，要么因为他们在那里工作，要去那里，或以其他方式认同邻里的象征意义。[26]因此，围绕着邻里形成了一个"想象的社区"：人们通过一个地方的象征意义认识自己，并与其他感到与之有联系的人联系在一起，而不需要了解其他每一个人。通过相互作用，社区或公众的成员创造了他们认同的故事、记忆和品质的框架，并从中派生出他们身份的一部分。这些故事之后创造了将公众联系在一起的元素。这就是为什么塔利亚·布洛克兰德提到了"想象的社区"：他们"作为'我们共同'的思考和感受的方式的精神图像而存在，作为表达我们所属群体的日常实践而存在，通过它，我们要么将他人融入'我们'，要么将他人从'我们'中排除。"[27]具有象征意义的地点可以在这种'想象的社区'中发挥重要作用。

我们也看到了邻里的功能和意义的转变：问题不在于一个本地的公众如何从一个邻里（一个共享的地域）中发展起来，而是不同的公众如何赋予一个特定的空间象征意义。从这里发展起来的地方领域并不一定局限于一个邻里——它可以由不同地方的网络组成。此外，它的公众成员之间的相互关系也有很大的不同：基于一种象征性的亲近和个人距离的结合，一种城市公众可以围绕着邻里发展。

然而，关于这些结论，必须指出的是有关地方化的理论的发展很大程度上是基于在美国进行的研究，而且往往发生在几十年前。这些分析在多大程度上适用于21世纪初的荷兰城市？为了回答这个问题，我们转向了阿诺德·雷恩多普等人研究中的有趣见解。

阿诺德·雷恩多普的"网络城市"

乍一看，荷兰的发展与洛夫兰的研究中描述的地方化的图景相当相似。这一趋势早在1970年就被城市研究人员弗兰斯·格鲁菲尔德（Frans Grünfeld）观察到。在他的博士论文《栖息地与居所》（*Habitat and Habitation*）中，他指出，生活方式与偏好的住所之间存在着一种关系：在越来越大的程度上，人们似乎生活在一个可以认出自己的地方，在那里，人们在某种程度上共享生活方式。[28]不断增长的社会繁荣在这方面起着重要的作用：部分是由于汽车的出现，中产阶级能够在远离工作地点的地方居住，这使得他们更容易根据他们的选择找到房子。从那时起，类似的结论就经常出现：例如，在过去的10年里，德·维斯－姆肯斯（De Wijs-Mulkens）、百斯（Buys）和范·德·萨（Van der Schaar）已经表明，住所越来越成为一种社会表达的方式，邻里的选择与对特定生活方式的偏好产生了联系。[29] 然而，洛夫兰将底特律和洛杉矶作为理想的"未来城市"的图景是不适用的：荷兰的各种领域的形成并不像美国那样，例如，部分中产阶级退缩进了"封闭社区"。[30] 在荷兰，这一领域的形成要有限得多：在某些地区，拥有某种生活方式的人比其他人更加明显地呈现出来。

值得注意的是，在荷兰，这种有限的领域形成与一种已经看到大量的实际上越来越混合的邻里的发展密切相关。阿诺德·雷恩多普称这种发展为"城市化"。在他的著作《城市地区》中，雷恩多普观察了发生在大城市中一些较老的地区的这一过程。越来越多的生活方式一方面是由涌入的移民造成的，另一方面是来自受过高等教育的年轻人，他们也定居在这些城市的传统工人区。雷恩多普称这种组织为"新城市居民"。

与此同时，这些新居民（在许多情况下，也有老居民）的世界已经超越了邻里本身。他们使用遍布整个城市甚至更远的网络。因此，雷恩多普指的是"网络城市主义"的兴起。像鹿特丹和阿姆斯特丹这样的城市是一个更大的城市领域的一部分，它不再由一个城市中心及包含居民区的外围城市组成；相反，它由具有不同功能和根据不同城市居民而产生的象征意义的地方组成的网络。从这个调色板上，城市居民把他自己的城市放在一起：他住在一个地方，在高速公路旁的购物中心或在市中心购物，在他的业余时间，他参观能满足他要求的地方：

> （网络城市）与其说是城市规划的结果，不如说是政府和市场战略对社会的控制和经济发展，以及针对城市居民的个人城市规划的结果。……该网络城市提供了不同的住房环境、就业机构、教育和培训场所以及文化、娱乐、服务和护理机构。网络城市的居民从这种供给中编辑自己的"包裹"。[31]

在城市层面，这导致了一幅混合的画面。一方面，属于不同群体的地方领域的地理网络在网络城市中发展。与此同时，它们在许多地方也有重叠。在一些老城区，我们看到不同的群体。一些是这片城区的原住民，例如，虽然已经搬到大城市的郊区，但他们还是经常回到老邻里内的几个孤立地点：阿姆斯特丹的乔丹邻里内，现在挤满了土耳其咖啡馆和为时尚年轻的城市居民准备的咖啡屋、酒吧、体育俱乐部或集市。因此，他们的地方领域不再位于他们居住的地区；相反，它由城市地区的不同地方组成。[32] 反过来也是正确的：老城区的邻里现在由许多不同的地方领域组成；从地理上看，它们是相邻的，但这些地方领域之间几乎没有重叠：现在是"在一起分开生活"——

不同的生活方式都存在于其中，但彼此间或多或少地不相关。[33]

这些发展与美国－加拿大社会学家巴瑞·威尔曼所称的"网络个人主义"这一重要而广泛的社会学发展有关。个性化意味着现代个体从传统社会中解放出来，开始按照自己的意愿生活。但是，威尔曼说，这并不意味着我们越来越多地依靠个人的资源：这主要意味着我们对自己所属的集体有更多的选择。我们不再是单一的整体的一部分，而是各种各样的公众的组合，每个都有自己的功能、角色、相关的编码和地方领域。

威尔曼说：他们不是与一个群体有关，而是通过与各种各样的人、工作或社区的互动来循环。他们的工作和社区网络是分散和稀疏的，其社会和空间的边界是模糊和重叠的。每个人都是一个在关系和网络之间的交换平台。人们保持联系，但作为个体，而不是扎根于工作单位和家庭的基础上。每个人都有一个独立的个人社区网络，并在多个子网络中快速切换。[34]

在《随大流》(*Kiezen voor de kudde*) 一书中，社会学家扬·威廉·杜达克 (Jan Willem Duyvendak) 和门农·胡坎普 (Menno Hurenkamp) 中提到了类似"轻社区"的术语：越来越多的选择的自由并不意味着人们不再是他们认为有意义的集体的一部分；只是这些集体中的联系不那么强制，加入的资格不再是自动的：

群体仍然决定着人们的（选择）行为，人们仍然希望归属于群体，但它们并不是过去的群体。在越来越大的程度上，密切社会联系的构建似乎被避免了，暂时的和可交换的关系变得越来越受欢迎。……脆弱的或松散的联系，可以取消的会员资格而不是终身制相较于牢固的关系更受青睐。而这种有较少集体性的新网络也使得它可以同时连接多个网络，它会导致更短暂的关系，但也会带来更多的联系。我们看到了轻社区（类似于虚拟社区—译者注）的发展。[35]

所有这些发展都意味着 21 世纪城市的地方领域至少可以以三种方式形成。首先，想想一些亚文化的夜生活街区——有一些地方显然属于某个特定的公众。他们有一个清晰可辨认的特征和一个与公众密不可分的象征价值。不同的公众或社区在城市里有属于他们的网络，总能一起形成一个"城市村庄"。在这些地方，他们的用户才能获得"家一般"的感觉。

除此之外，地方领域在其象征性具有决定性作用时也会得到发展。某些地区的居民在没有真正的公众或社区的情况下，可以感受到与周围邻里的联系。他们在邻里或在一个地方感到自在，因为他们在那里的象征意义中可以认识到自己，而不一定需要很多联系或朋友。邻里是一个"没有教民的教区"。

我们在雅各布斯和布洛克兰德的作品中找到了一种形成地方领域的最终方法。这个地方领域与公共领域非常接近：它是由拥有不同生活方式的人形成的，他们经常去那里并相互联系，就像简·雅各布斯笔下的哈德逊街一样。"熟悉"和"未知"之间产生关系，这样人们就能充分识别出这个位置，并与在场的其他人一起获得家的感觉。在这段时间里，邻里居民开始互相认识，因为所有的人都遵守了许多的共享协议，这种重复的互动会导致邻里居民之间的信任。

地方领域的最后一种形式存在于一定的压力下。根据塔利亚·布洛克兰德的说法，这在一定程度上是因为邻里有关的身份形成和公众熟悉感已经超过了他们的峰值。日常生活中，人们越来越少地集中于邻里，集体和个人的节奏也变得越来越不同。布洛克兰德说，在过去，邻里内日常生活的不同方面更紧密地交织在一起。例如，店主经常生活在邻里，因此与邻里有社会和经济联系。团结的网络也经常在邻里内组织起来，例如通过当地教会，政治网络也同样如此。由于城市居民的许多社会角色都与邻里联系在一起，居民们也经常在以不同的角色见面。这些相遇虽然没有形成一个亲密的社区，但肯定有助于认识彼此，从而产生公众熟悉感。[36]

总的来说，当今邻里居民的生活节奏与简·雅各布斯的时代相比并没有那么相似。城市居民使用分布在整个城市的更广泛的网络。因此，前两种形式的地方领域（如定义的"家庭地域"或"城市村庄"的一个特定群体，或作为一个象征的"没有教民的教区"）变得更有意义。

这种发展并非完全清晰。有一种领域形成的过程，在其中，有相似生活方式的城市居民在空间上寻找彼此，但同时，这些空间网络部分重叠，即使有时象征的距离是巨大的。

我们必须看到数字技术和新媒体的出现这一背景。数字媒体在各个城市居民协调和结合他们在各个网络中的"网络个体"的过程中扮演着重要的角色。此外，他们还形成了一个新的平台，城市居民可以在这个平台上公开自己的生活方式。这些数字媒体的可能性对于地方领域发展和维持有什么意义？他们是否加强了领域形成的过程，从而促进了城市居民可以随心所欲地做任何事情的自由主义的城市理想？或者，相反地，他们是否会产生新的可能性，以此从城市社区的共享中创造出一个本地的公众，从而导向一个于共和派的城市理想？在下一章中，我们将通过三个测试案例来研究这些场景。

第三章

数码媒介与地方领域

Digital Media

and the Parochial Domain

在一本名为《我＋＋》(Me ＋＋) 的著作中，已故美国城市研究员和新媒体大师威廉·米切尔（William Mitchell）描述了数字媒体的崛起。他运用了詹姆斯·乔伊斯（James Joyce）在写作《尤利西斯》(Ulysses) 时所使用的文学技巧：乔伊斯不断用"多柏林"（Doublin）这个名字来指涉爱尔兰首都都柏林，这明确表示出这样的意思：城市的定义是一个成千上万的人生故事纵横交错的地方。因此，每一个广场，每一个街角，每一个当地酒吧都有着双重的生活。所有这些地方的经验不仅包括它们的物质的设计，而且包括在每个地方流传的几十个甚至数百个故事。怀旧的记忆，最近的新闻报道和投射的欲望有时会在各种人群的相互冲突的主张中表达出来：它们都在我们吸收周围世界的过程中发挥作用。

威廉·米切尔说，由于数字媒体的兴起，尤其是它们作为"经验标记"的功能，柏林因此不再仅仅是一个隐喻。故事、经历、回忆——许多人通过社交网络彼此分享。即使我们不积极参与社交网络，我们也会被动地在无尽的数据库中留下痕迹。监控摄像头的电子眼睛记录了我们的存在，超市保留了我们购买商品的数据库（这要归功于客户忠诚度计划），而运输公司则通过已经取代旧的纸质票据的智能卡来记录我们的交通模式。这一切都意味着，在数字世界里，我们的日常经验都是双重的：

> 成千上万的电子眼睛和耳朵不断地捕捉着城市正在展开和交织的叙事线索，并将它们延伸到网络空间中。其中一些线索是短暂的，并且会立即消失。还有一些会在语音信箱、电子邮件和其他服务器上停留一段时间，然后被删除或自动消失。然而，有一些东西会永久地积累起来，形成一个扩展的、长期的电子记忆痕迹。[1]

值得注意的是，数字媒体使城市生活的乔伊斯式的"加倍"可能导致了城市体验和同一空间体验的强化的"去空间化"。 这反过来又会影响到地方领域的发展。

　　这种"去空间化"是不言自明的：数字媒体允许我们与不在场的人分享经验。城市公众不再仅仅是通过同步的空间使用而形成的，而越来越多的是通过各种各样的网络平台，例如，我们会经常使用社交媒体与我们的"朋友"分享我们的位置和我们所做的事情。我们在日本青少年的例子中看到，这改变了人们对"在场"的看法：为了感觉到他们的"参与"，朋友们的物质在场已经不再必要了。

　　但城市体验的倍增同时也会导致空间体验的强化。数字媒体非常适合象征性的空间使用——我们如何利用我们所处的位置来展示我们是谁。由于乔伊斯式的"加倍"，我们可以使用数字媒体平台让那些不在场的人知道这种象征性的空间使用。在一个城市里，特定的地方可以以一种新的方式来呈现一种象征性的意义：通过数字媒体，我们可以看到各个亚文化的成员已经开始使用特定的聚集处、咖啡馆或餐馆，而这些地方因此被认为是他们的专属空间；人们也可以在没有实际访问的情况下在网上识别出这些地方。因此，特定的地方可以发展成为一个"想象的社区"的中心，在其中，人们可以相互联系，并与那个实际的地点建立联系。

　　总之，数字媒体可以加强对城市社会的地方化：无论我们在哪里，我们都主要是与来自我们自己网络的人保持联系，而且，我们也比以往任何时候都更容易找到我们认为自己所属的地方领域团体。但这正是为什么所有这些地方领域都能在空间上纵横交错：由于使用移动媒体被当作"地域装置"，我们可以在城市的任何地方有在家的感觉，或者精确地选择与我们相关的那些地方。这可以刺激我在前一章所提到的"在一起分开生活"的发展，即不同的生活方式在邻里层面的重叠。尽管这似乎威胁着共和派的城市理想——虽然不同的群体有着相同的空间，但他们并不关心彼此——同样的空间重叠也为这个共和派理想提供了一个新的机会。这些城市媒体可能会让这些不同的世界再次互相关注吗？邻里是否还会发展成一个地方领域？为了理解这一切在实践中是如何运作的，我们将返回潘德里赫特。这一次，我们将仔细审视马里奥·博施的邻里博客，而这正是日常生活中许多数码"多柏林"的例子之一。

测试案例一：马里奥·博施的邻里博客和潘德里赫特的其他社交网络

　　多年来，马里奥·博施一直在他的潘德里赫特博客上记录每日简况：我们读到，在 2011 年 5 月 24 日（周二），巴沃教堂（Bavo church）的钟又开始工作了；5 月 23 日，他注意到，在他外出骑车的时候，他看到弗朗斯（Frans）和玛雅·登·霍兰德（Maja den Hollander）在给弗利辛恩普雷恩（Vlissingenplein）的植物浇水；就在前一天，博施在"南方人之冠"（Zuiderkroon）餐厅向客人表示，常客维姆·范·德·波（Wim van de Pot）在中风后恢复得很好；前几天出现其他零碎东西的消息还有：超市换名字了，在德·热普购物中心（De Zijpe shopping centre）的小亭子内举办的计算机课已经取消了，在1953广场（Plein 1953）举办的音乐节——这个活动将"潘德里赫特就像一个村庄"作为其座右铭——取得了成功：教会长老雅克·杨森（Tjark Jansen）在卖点心，艾莉·卡波曼（Elly Kamperman）负责信息摊位。这一天，台球在"南方人之冠"很受欢迎，但赛斯·多斯曼（Cees Dorsman）表示，7月和8月将会有一个暑期的中断。事实上，在这个地区，几乎没有东西能逃过马里奥·博施的注意，他忠实地描述了事件、各种日常活动及邻里内的微小变化。有关的人通常被提到名字，有时也会被拍照。

马里奥·博施也许是最狂热的，但肯定不是唯一在线记录在潘德里赫特日常生活的人。在研究期间，在荷兰流行的社交网络"海福思"（Hyves）的许多页面也都关注该地区，因此，这里居民和之前住在这里的人可以交换信息和记忆。居民们还利用其他社交网络来分享他们在潘德里赫特所做的或将要做的事情。在这一地区实际发生的日常生活和特殊活动也因此获得了次生的、数码的生命。

一些乐观的媒体专家希望这样的平台的出现将给附近地区注入新的活力。这些平台是否有可能扭转已经发生的社区居民生活节奏越来越不相关的发展趋势？塔利亚·布洛克兰德的结论是，这一发展是导致偶遇数量减少的原因，而且建立相互信任的基础也消失了。像马里奥·博施这样的博客可以鼓励社区居民再次互相关注，这样社区就能再次发展成居民的地方领域吗？

多亏了他的博客，马里奥·博施现在成了简·雅各布斯所说的潘德里赫特的"公众人物"。他在社区里，无论是线上还是线下，他的存在都被强调了，这让他成了当地居民的一个可辨认的接触点。但是，像维姆·范·德·波、雅克·杨森和艾莉·卡波曼这样的人是否有可能通过定期访问博客而不是在现实中出现成为熟悉的陌生人呢？已经变成了"混合城市街道"的城市街道能否恢复其作为日常生活的剧院以及形成当地公众的舞台的功能吗？比如，莉莉·舍凡尼（Lily Shirvanee）就希望，在她所说的"社交黏性"的基础上，通过博客信息或其他标注，邻里居民或许能够追踪到他们在物质空间中无法感知的记忆或经历：

> 空间的黏度被感知为一种联系，这种联系不仅存在于那些在大街上之类非固定的场所中可以认出彼此的、相互之间已经有关系的人，而且也存在于陌生人之间，从而激发出新社区，并有可能创造出潜在的更加民主的公共空间。[2]

近年来，一些研究试图确认这种希望是否有充分的依据，其中最著名的是社会学家韦曼（Wellman）和汉普顿（Hampton）在21世纪初对多伦多中产阶级郊区耐特维尔（Netville）的研究。研究的结果提供了许多有趣的见解。耐特维尔的房子都配备了宽带网络，这在当时是非常先进的。居民的邮件列表（mailing list）也被建立起来。研究人员描述了作为这种组合的结果，居民的空间实践如何迅速与新媒体的使用交织在一起：居民们常常在晚上坐在自己的房子前面，注视着附近的来来往往；与此同时，一些居民也经常使用邮件列表。这两种做法相互强化：

> 耐特维尔的居民确实把他们的"目光放在了大街上"（一个来自简·雅各布斯的说法）。邻里的邮件列表（NET-L）成了这些眼睛的延伸，让居民能够轻松快速地分享在他们的门廊内看到的信息。[3]

研究表明，邻里内的居民确实使用互联网来了解彼此，并与该地区的其他居民建立联系。那些与邻里居民有很多线下接触的人在网上也很活跃，反之亦然。

然而，像耐特维尔这样的研究表明，在数字媒体的帮助下，一个地区的"加倍"并不会自动导致一个紧密的当地社区的形成。[4]一个重要的结论是，人们主要使用这种技术来实现个人目的：他们使用数字媒体来维护所有不同的网络，在其中，他们都是作为"网络个体"的一部分。他们使用这项技术与邻居和不居住在该地区的朋友保持联系，而且在邻里内，他们主要与志趣相投的人保持联系。使用邻里邮件列表的动机在很大程度上是实用的：让彼此了解事态发展，寻找新的保姆，等等。换句话说，居民使用邮件列表不是因为他们热衷于建立一个社区，而主要是因为它非常方便。

这种单独的方法可以在像耐特维尔这样的环境中建立起更强的邻里关系。耐特维尔是一个新建的中产阶级郊区，由受过高等教育的年轻家庭组成，其人口构成相当异质。邻居们之所以相识，正是因为他们必须把实际的事情组织起来，这样的接触会产生一种社区意识。然而，这种社区意识部分是基于这样一个事实，即邻里居民已经分享了他们的生活方式的诸多方面。

就其本身而，建立一个博客、邮件列表或其他为了邻里的平台并不会自动导致居民之间的交流或接触。[5]最重要的是，这样的网络必须是个人的，同时还是有用的，并且在居民间已经有了共同的兴趣，或者与邻里产生了紧密的联系，并且这种联系能通过数字通信得到加强时，这些网络通常才会是最有效的。数字通信可以将一个类似"没有教区居民的教区"的邻里变成一个"有教区居民的郊区"。一个类似的发展也可能来自外部环境：如果一个邻里或生活方式受到外部干预的威胁，比如建设一个购物中心，社区居民经常使用数字媒体将自己组织为当地公众。[6] 但是，邻里居民之间的联系越少，就越不应该期望这些新的平台成为产生新联系的工具。

而且，就像潘德里赫特的博客之类的社交媒体可能导致公众的熟悉：如果一个属于土耳其社区的居民访问博施的博客并阅读关于开斋饭的一份报告，他还可能遇到关于音乐节或潘德里赫特剧团在巴沃教堂里的一场演出的报道。在这种情况下，马里奥·博施扮演了"桥梁"的角色，从他对该地区的兴趣中，他连接了在那里发生的各种活动。这是一个先决条件，博施这样的博客作者在所有这些不同的世界之间移动：他必须知道如何在所有这些不同的公众之间架起桥梁，并为他们每个人提供一些东西。博客的生成可以在不同的本地公众之间建立一个重叠。这种重叠可以导致一个平台，在这个平台上，一个新的公共区域由来自不同背景的、互相注意的邻里居民组成。

这是不可能自发的。简·雅各布斯告诉我们，在她的城市街道上，一个混合的情景是最重要的：它意味着邻居们将开始密集地使用这条街，它将逐渐发展成一个熟悉的陌生人的地方领域。类似的在线机制也可能起到类似的刺激作用。这样一个平台越能服务于不同的公众，不同的居民就越有可能在那里见面。

潘德里赫特社交网络和象征的邻里使用

马里奥·博施并不是唯一将数字媒体作为"体验标记"使用的潘德里赫特居民：一些潘德里赫特居民也在"海福思"这样的社交网络上活跃。然而，他们并没有使用这个数字平台在不同的地方公众之间架起桥梁，而是从他们自己的生活方式出发，将象征意义赋予了潘德里赫特。

其中一个例子是一个关于潘德里赫特的网页，于2007年由"埃德温"（Edwin）创立的，是"鹿特丹潘德里赫特区所有现在和曾经的居民的'海福'（Hyve）"。[7] 在2013年3月，这个网页有744名成员，尽管该网站已不再积极更新，但最近几年在那里举行的讨论仍然可以访问。该地区的身份在一些论坛上被讨论过，令人瞩目的是，一些参与者不再住在这个地区——他们的住所包括了罗伦（Rhoon）、巴伦德雷赫特（Barendrecht）和里德克克（Ridderkerk）等其他鹿特丹郊区。一方面，曾经的居民回忆起关于他们成长的社区里特定地方的温暖记忆——他们就读的小学，以及由"Piet Paddestoel"（字面意思是"多嘴的伞菌"）经营的快餐店。[8] 另一方面，一些参与者说，他们很高兴他们不再住在潘德里赫特："我曾经住在艾乐奥戴克街（ellewoutsdijkstraat），在那里度过了一段快乐的时光，"伊涅克（Ineke）写道，"但我不想回来，我现在生活在巴伦德雷希特的老城区，那里十分和平与安宁。"[9] 还有更多的曾经住在潘德里赫特的居民认为，自从他们离开后，这个地区的状况已经严重恶化。现在的居民也讨论了这个地区的形象：他们中的一些人认为潘德里赫特在走下坡路——"汤恩"（Ton）写道，"不，潘德里赫特在插旗子这个问题上做得很好，在遇到问题时，潘德里赫特会把头埋在沙子里。幸运的是，仍有许多老居民希望潘德里赫特好起来。"[10] 还有人为该地区辩护，并说他们仍然喜欢住在那里。

　　我们在这里看到的部分是"修复"的社会过程，塔利亚·布洛克兰德如此描述西乐斯流斯：邻里居民将他们的生活与他人的生活进行比较，并区分"我们"和"他们"。例如，"汤恩"认为自己是希望这个地区能好起来的团体的一员，而其他人（他们的名字没被直接提及，但他们的身份被确认的）显然不是这个群体的一部分。因此，"海福思"不仅是一个居民可以相互了解彼此的想法的舞台或反思的场所；潘德里赫特区也象征性地表达了"海福思"访客的个人身份，不管他们是否住在该地区。一个"想象中的社区"因此在地区周围发展，由以前和现在的居民组成，他们利用这个地区建立一个共同的记忆和故事框架。一个关于潘德里赫特的故事是集体建构的，它是一个参与者可以认同或与之保持距离的故事；最重要的是，他们对"我们"和"他们"之间的区别反映了他们自己的某些特征。以这种方式，类似潘德里赫特这样的地区在网上获得了一个象征性的功能，因为居民通过展示他们对"故事"中的描述的亲近或拒绝，实际上表达了他们自己的身份。

　　正如美国学者达纳·博伊德（Danah Boyd）对社会网络的研究表明的那样，邻里之间的象征性使用并不新鲜，但它被赋予形式的方式已经改变。社交网络的一个重要特征是，用户用文字、照片或电影片段来描述自己，通常是通过社交网络所有者建立的一些类别。博伊德认为，在类似"脸书"或"我的空间"（MySpace）等社交网络上创建一个简介和维护状态更新的过程非常类似于欧文·高夫曼（Erving Goffman）在其著作《自我的介绍》中所描述的城市居民的行为。[11] 在社交网站上，用户不断地审视别人如何在网络中展示自己、对应自己的简介和更新相应的状态。他们经常忙于高夫曼所称的"印象管理"：我展示的自己给公众留下了什么印象，这有什么样的意图？为了满足适用的规范和我自己的意图，我如何对应我的自我展示？相较于高夫曼所关心的无意识过程，这个印象管理往往在社交媒体中以反射性的形式呈现："他们是第一代人"，博伊德写道，她指的是她所研究的现在的美国青少年，"不得不公开表达自己，不得不将自己作为一个社会参与的先决条件。"[12]

　　换句话说，社交网络在用户向世界展示自己的方式中扮演着重要的角色；他们是用户公共生活的一个舞台。在这里，线下的实践和网络交流是紧密相连的：在博伊德的研究中，美国青少年在购物中心见面，在接触的过程中，他们通过社交媒体保持联系。购物中心的活动也通过社交媒体得到呈现。文化实践，例如比较、协调和个人和集体的身份和规范的构建同时发生在两个世界上，对一个场所的双重使用显然成了标准。一方面，物质场所作为青少年在公共场所生活的舞台起作用，他们的公共性通过社交网络进行扩展——缺席的同学可以同时或晚些时候得知他们的活动。另一方面，在博伊德研究的青少年通过社交网络为他们自己而展开的行为中，不同的地方也扮演一个象征性的角色：通过强调他们的位置，他们指出他们认为自己属于团体。

为了说明这一点，让我们再来看看潘德里赫特在荷兰社交网络"海福思"的一些用户那里扮演的角色。"海福思"要求用户使用由"海福思"设计的一些类别来创建自己的个人资料。其中两种与"地点"直接相关："家乡"和"聚会"。用户被要求反映出在他们生活中扮演重要角色的地点，这是他们生活方式的象征。来自潘德里赫特的一些用户选择用"潘德里赫特"来填"家乡"，而不是"鹿特丹"；因此，该地区被贴上了"家的感觉"的标签。令人震惊的是，这一地区被各种不同身份的在线用户称为"家乡"：因此，"家乡潘德里赫特"的象征意义并不明显。

与此同时，大多数用户不仅象征性地盗用了潘德里赫特，而且还将其他一些地方作为其象征，比如"吉丝"（"Ghis"）这个用户，她是把"家乡"填为"潘德里赫特"的"海福思"用户。她所描述的"聚会"的地方遍布全国：喜力音乐厅（阿姆斯特丹），好莱坞音乐大厅（鹿特丹），麦当劳（一个所谓的"非地方"，她在世界各地都能有家的感觉的地方），Pathé de Munt（阿姆斯特丹的一家电影院），席凡宁根（Scheveningen）海滩。[13] "聚会"这个类别在一定程度上可以被看作是一种来命名那些用户认为自己所属的地方领域的尝试。在"聚会"类别中点击"在地图上显示"的任何人都可以看到吉丝说她喜欢去的不同地方的地理概况，这是覆盖了整个荷兰西部的兰德斯塔德城镇密集区（Randstad conurbation）的一个网络。这张地图并不是吉斯认为自己所属的有着单一的集体性的地方领域，而是由她偶尔参与的不同公众的界面组成的。

在其关于"地方博客"（place blogging）的博士论文中，蒂姆·林德格伦（Tim Lindgren）将这些关于地点的描述和网络个人主义的发展，与城市居民参与了多种多样的、部分重叠的网络联系在一起。每个人扮演的不同角色越来越没有紧密的关系，也越来越不基于一个具体的地点。一个博客或一个社交网络上的个人资料页面实际上可以提供一个框架，将某人生活的各个方面结合起来，从而再次构建一个一致的身份。换句话说，我们是各种各样的网络和集体的一部分，但很难把这些东西放在一个整体的共性上。因此，一个身份——或者更实际一点，一种生活方式——最好被理解为所有这些不同网络之间的界面。一个网络博客或一个社交网站上的一页，实际上映射了所有这些网络之间的重叠，由此我们构建了一个全新的整体。这样，博客、个人主页和状态更新将一个人的各个方面集成到复合可识别性中。实际的地点也可以在这个过程中扮演重要的角色：人们使用位置来指示他们认为自己所属的集体。然后，个人和集体可以就某些地方对外宣称：像我这样的人来这里！

这两方面都集中在埃里克·戈登（Eric Gordon）和阿德里亚娜·德·索萨·E·席尔瓦（Adriana de Souza e Silva）所说的"网络本地性"（net-locality）中有所发展：一个地方的经验和象征的意义，部分来自物质空间的交流，部分来自媒体网络。因此，在数字媒体平台上，一个"场所世界"（placeworld，即对某个特定群体而言重要的地点相关的知识、意义和仪式的总和）正不断被解释。德·索萨·E·席尔瓦和戈登预测便携媒体将在这个过程中扮演越来越重要的角色。手机将成为"网络本地性"的"体验标志"：

> 移动注释应用程序使我们能够定位事物并定位自己，GPS带来的便利和移动设备便宜的价格推动了这些工具的流行。既然我们的设备可以定位，我们就能更好地确定自己的位置。[14]

他们预计，我们将越来越多地使用移动媒体来展示我们是谁，部分原因是我们展示了具体的位置。与此同时，我们也可以使用同样的手机来获取他人的体验。我们还可以看到是谁将特定的象征意义赋予特定的地方。这反过来又会对我们自己的空间使用产生影响，也会影响地方领域的产生。这个过程是下一个测试案例的主题：活地图（the living map）。

测试案例二：活地图

想象这么一个场景，你看到一幅数字地图，能了解到你周围发生的一切：从不同的人到所有运动的公共汽车和电车的确切位置；从顾客留下的商店和餐厅评论到食品标准局的检查报告；从曾经居民对一个地方珍惜的记忆到游客的照片或推特信息；从所有在城市的监控摄像头拍摄的影像到有关一个地点的居民或游客的统计细节；从历史背景资料到未来的建筑计划。

这大概就是"活地图"的概念，这个概念是由拉特瑙研究所（Rathenau Institute）提出的一个思想实验。[15]这一想法推断出了一些最近的技术发展：越来越多的物体和人们通过各种传感器网络留下了自己的数码痕迹，从公共交通智能卡到高速公路上拍摄过往汽车车牌号的摄像头。活地图部分已经存在：空间可以通过谷歌地球得到注解；Foursquare、谷歌纬度（Google Latitude）和苹果的发现我的朋友（Find My Friends）之类的应用程序允许用户与朋友分享他们的位置；Yelp和谷歌本地（Google Local）可以查看用户附近商店和餐馆的评论；而"增强现实"（augmented reality）的手机应用程序，如 Layar，使用户可以看到某地未来的建筑计划。

但是，如果所有这些细节和其他无数的数据源可以用一个地图来表示，例如通过一个平台，比如谷歌地球或 TomTom 导航屏幕结合起来会怎样？用户会不断地看到一幅将自己作为中心的数字地图；在他周围，各种关于"有用的地方"[16] 以及关于他的"朋友"的动态信息都会出现。

在拉特瑙研究所举办的关于活地图的会议上，有两个主题反复出现：第一个是需要平衡"赋权"和"控制"。许多参加会议的人发现，活地图非常方便，因为它可以帮助人们有效地使用城市。但是，还有一个关于隐私的问题：用户能在多大程度上控制被记录的内容？以及谁可以访问这些数据？[17]

第二个主题是"可预测性"与"自发性"之间的平衡。活地图不仅是各种细节的动态表征；它还过滤了某些细节。要在一张地图上复制所有可用的数据是不可能的，而且地图的用户和 / 或设计者必须安装一些机制，用户可以使用这些机制来查看他们所处位置的具体细节。

这提高了人们的希望和恐惧：它们来自用户的个人偏好将会成为活地图之类系统的主导过滤器这一事实。用户可以看到他们的"朋友"在地图上的位置，邻里内咖啡馆的位置与他们的个人喜好匹配程度，等等。该系统可以成为一个个人过滤器或"向导"，使城市的所有功能都可以被城市居民管理。这很方便，但这意味着自发的邂逅也会消失吗？那意外的缘分——一个人在寻找别的东西时偶然发现的一些有趣的东西呢？活地图会鼓励城市公共空间的地方化吗？

为了回答这些问题，我们必须首先考察两种潜在的机制：像活地图这样的系统可能会改变我们体验临近空间和存在的方式。生活地图的过滤机制使得只有几米远的地方、人或多或少地隐形，而活地图（或其他这样一个系统最终可能采取的形式）的用户可以看到正发生在几公里之外，甚至在世界的另一边的事情。"附近"并不是指我们周围的物质环境，而是我们可以方便观察到的任何人或东西，例如，移动媒体；因此，"社交接近性"可能变得比"物质接近性"更重要。[18]

许多研究表明，这种发展已经成为现实。毕竟，多亏了手机，人们已经可以与他们不在的任何地方联系。日裔美国人类学家伊东（Ito）已经表明，这甚至可能意味着我们的"在场"概念将开始改变。在她《个人，便携，行人》（*Personal, Portable, Pedestrian*）一书中，她把手机描述为"地域装置"，这是一种可以改变人们对某地的感知的装置，因为用户可以用它来联系不在场的人，下载信息或其他媒体内容。[19] 同她的合著者一道，伊东描述了这对日本青少年城市体验的影响。当一群日本朋友在城里聚会时，他们会与在场以及不在场的人共同保持联系。短信和照片都是前后发送的，当实际的聚会结束时，朋友们会用手机保持联系。在研究中，日本青少年不断地将注意力分散在他们所处的物质环境和通过媒介与他人的沟通之间：

> 手机将这些情景变得连续，而不是将它们变得分离，把它们拼接在一起，形成一个技术社会的聚会，超越了时间和空间物质的共存。（……）Keitai（日语中的手机术语）电子邮件构造了一个连接的空间，它依赖于背景和前景意识和互动之间的脉动，人们之间的交互作用从轻量的信息传递到聊天再到"肉体相遇"。[20]

这改变了在具体的一个情境中谁在场的概念。在同一部著作中，冈部（Okabe）列举了一些朋友或情侣在一天中经常联系的方式，因为他们偶尔发送电子邮件、短信或聊天信息。这给人留下了这样的印象：那些参与其中的人一直都存在于一个背景之中。[21] 在《个人，便携，行人》的另一篇文章中，松田（Matsuda）也提到了一个"全时的亲密领域"。手机可以用来创造一个可以随时随地满足需求的亲密私人空间。[22]

这通常发生在没有预先安排的情况下——学生们去这些地方看看是否有他们认识的人。松田说，这种情况现在几乎不会再发生。相反，他们打电话给他们的朋友，确定在城市的某个地方见面。因此，日本学生将城市公共空间体验为他们可以用手机安排私下见面的地点：对他们来说，整个城市都是一个潜在的地方领域。[23]

根据挪威人类学家里奇·林（Rich Ling）的说法，这对我们维护社区和公众的方式有影响。他的研究表明，多亏了手机，我们越来越多地关注我们网络中的人，而与我们不认识的人接触的越来越少：

> 手机是亲密领域的工具。（……）当我们在日常生活中交往时，通常我们必须向亲密的和陌生的人共同开放，而手机则将其倾向朋友和家人的亲密领域。在这种情况下，可能会有机会与陌生人交谈（比如等公共汽车或站在收银台排队时），但我们也可以和朋友、亲密的人或家人聊八卦、调情或开玩笑。它使我们不论在何时何地，只要我们愿意，就能够拾起日常互动的线索。[24]

"电子茧"（telecocoon）的场景产生了威胁：当我们在城市里移动的时候，我们用手机和活地图把自己包裹在一个茧里，这阻碍了所有与陌生人的自发互动；我们经常与我们认识的人联系在一起，并指引着我们再次被熟悉的人包围。

然而，问题是发展是否真的会导致如此深远的孤立。关于城市居民用来定义个人空间并从公共空间中退出的"地域装置"的想法并不新鲜。事实上，它是现代城市生活本质的一部分——我们总是保持与我们遇到的那些陌生人保持适当的距离，无论是躲在报纸后面还是在手机屏幕后面。城市生活需要不断地调整：有时我们选择与我们的周边环境进行社会互动，有时我们会进入"内部世界"，使用各种各样的信号来表明我们对互动不感兴趣。[25] 新的发现是，我们并没有从社会互动中退出，而是从在一个特定的物质地点的社会互动中退出；作为替代，我们通过数字网络参与社会互动，这可能确实会导致地方体验的增强。与此同时，活地图的使用可能会导致所有这些地方领域的混合。无论我们在城市的什么地方，生活地图都将给我们展示周围那些与我们息息相关的元素。Grindr是一款为智能手机提供"约会应用"的"活地图"，它展示了这个场景是如何形成的。

Grindr：在一起分开生活

　　Grindr是一款针对特定亚文化的手机应用程序：它让同性恋者寻找约会对象，与碰巧在用户附近的志同道合的人联系在一起——用制造商的话说："Grindr是'最大的基于位置的全男性移动网络工具'"。这活地图简单的实现：屏幕将显示用户位置的地图与那些想在此刻邂逅的其他用户的简介的投影共同呈现出来：一个在线市场，在那里，供给和需求都以字面和比喻的意义上共同存在。

　　这与一个有趣的发展联系在一起：在许多亚文化中，遇见志趣相投的人的机会与特定的、具有象征意义的地点有关。同性恋亚文化是许多城市中最明显的地方领域之——某些街道被称为同性恋夜生活的场所。例如，在旧金山，卡斯特罗区（Castro）发展成为同性恋区，每隔一幢或三幢楼就会有彩虹旗飘扬。在字面和比喻的意义上都有一个同性恋的场景：可以在碰巧出现的地方认出志趣相投的对方的人所构成的公共性。

　　但多亏了Grindr，每个购物中心、广场、公园或办公场所都可以成为见面的地方。该软件就像一个过滤器，能够识别城市中任何地方的匿名大众中合适的人。像Grindr这样的活地图将文化场景（一群拥有类似生活方式的人）从其地理场景（这个群体聚会的具体地点）中分离了出来：

> 　　只需下载Grindr应用程序查看周围的人，然后开始和当地的人聊天。交换你的信息，展示照片，或者发送一个即时信息给你喜欢的人；在地图上分享你的位置，并安排马上见面；或者只是浏览一下当地的风景。[26]

这一场景不再与某一地理位置有必然的关系，至少理论上可以发生在任何地方。然而，有一个前提条件：在不同个体高度集中的地方，Grindr 真正发挥作用的可能性才会更大。

美国学者安东尼·汤森德（Anthony Townsend）预测，类似的做法可能会导致城市生活的加剧；在不同的地方，一些文化系统和意义体系将会纵横交错：

> 移动电话可能会导致城市规模的急剧增长，这种增长并不一定是在物质层面上，而是在活动和生产力层面。不会出现大规模的新的物质基础设施；相反，城市可能会见证城市活动的加剧——城市新陈代谢的加速。像麦克·迪尔（Michael Dear）这样的城市理论家认为后现代城市主义的特点是分裂。手机无疑强化了这些模式；它用混乱的分散网络代替集中的系统。[27]

一方面，活地图可能为地方化铺平道路，因为用户主要是在他们自己的网络中更新事件；另一方面，这些地方领域的地理位置可能变得更加灵活，它们可能会开始纵横交错。无论一个人在哪里，他都带着自己的地方领域，作为"网络个体"，活地图的用户也可以在不同的网络地图之间快速切换。这可能会加强"在一起分开生活"的发展。

用户自己可以安装他们需要的过滤器：他们想要在活地图上看到他们的同事吗？他们朋友最喜欢的餐馆？或者他们是否更愿意了解附近的潜在约会？新一代的界面提供了一个额外的功能：城市居民留下的数码痕迹可以被巩固，并被用作使集体规律和含义更加清晰的基础。一些程序使用这些数据来创建用户简介；这个信息可以被活地图用来推荐新的地方、服务和人。因此，一个活地图可以在一定程度上引导自己的生活——潜在的算法决定了最终在地图上看到的东西。但谁来给这些算法和目的编程呢？用户究竟在多大程度上有"代理"来使这些活地图适合他们使用？这些问题在下面的测试案例中得到解决。

测试案例三：网站"丰达"的生活方式

2007 年，潘德里赫特的潜在购房者通常会访问荷兰的房地产网站丰达（Funda），这个网站不仅显示了那里待售的房子；还展示了那里邻里和居民的照片。丰达这样宣传了一位于托棱街（Tholenstraat）的待售的房子：未来邻居的爱好包括"拼图和智力游戏"、"步行"和"健身"；报童主要投递如《百丽》（Libelle）、《玛格利特》（Margriet）这样的女性杂志以及《加》（Plus）杂志等 50 多种其他杂志。欧宝、福特和大众汽车停在街道上；而托棱街的居民主要是从《普通日报》（Algemeen Dagblad）、《鹿特丹日报》（Rotterdams

Dagblad）和《电讯报》（*the Telegraaf newspapers*）这样的报纸来获取日常信息的；这里的家庭平均由 1.63 人组成，而有年幼子女的家庭仅占总人口的 5.9%，没有子女的老年夫妇占 42.7%。据丰达称，总的来说，这一地区主要居住着三种城市居民，他们被归类为"经济有限"、"价格敏感的消费者"和"夜生活青年"。[28]

想要更详细地了解"邮政编码 3086 AA"地区居民如何组织他们生活的潜在买家可以访问另一家房地产网站 Dimo.nl，这家网站可以告诉他们潘德里赫特主要由城市居民组成，他们被分为三类："社会老年人"、"积极的潮流追随者"和"'非本地'邻居"。所有这三种生活方式都被详细描述了：例如，Dimo.nl 对"社会老人"作出如下描述：

> 我的邻居很合群，住在这里的人都很好，有时我会与他们一起喝杯咖啡。我的大多数邻居都比较节俭，我们不需要那些维修费用大的房子，特别是如果你的伴侣已经去世了——这里有一半的人都是独自生活的。我已经有一段时间没有工作了，而我的伴侣每周只工作几个小时。我们没有很高的收入，但我们有一所朴素的房子，不需要那么多钱。如果你走过我的邻里，你会注意到人们经常待在家里。人们花时间玩桥牌、手工艺品或填字游戏。健康是很重要的，这也是为什么我的许多邻居做志愿工作来保持活力。在侧桌下面的篮子里，你可以看到一些杂志，如《加》、《读者文摘》（*Reader's Digest*）和其他健康杂志。他们的室内活动经常伴随着收音机调幅1、4或747上的安静音乐。[29]

类似的生活方式简介是由专业的、通常是国际性的，如克拉瑞塔（Claritas）和艾博联（Experian）等公司编写。这些公司从无数的数据库中收集各种各样的细节，从含关于年龄结构的信息、收入和工作的可以公开访问的资料库到公司通过"客户忠诚度计划"，如荷兰最大的连锁超市阿尔伯特·海茵（Albert Heijn）发给客户的"奖金卡"等方式获得的细节。通过整合和分析数据，可以发现通常与邮政编码区域相关联的集体模式，从而创建出关于不同生活方式的图景。

这些细节也可以用来干预邻里。针对特定生活方式的连锁商店可以在目标群体附近选址，或者跳过特定的邻里。房屋中介公司也使用这样的个人资料，例如，在潘德里赫特管理大量住房的新联盟（Nieuwe Unie）房屋中介公司就利用了特定的"客户群体"。尽管洛特·斯塔姆－毕斯基于她的诸如大与小的家庭之类的总体生活方式，但新联盟现在以"幸存者"、"发现者"、"热衷于邻里事物者"、"富有活力的个人主义者"、"富裕家庭"、"平均收入老人"

和"富裕的老年人"这样的标签来区分现在的生活方式。每个标签都有一个扩展的简介，可以翻译成许多住房要求。通过使用这些客户群体，新联盟希望在重新开发潘德里赫特时能够吸引到他们中的一些人。

这就产生了一个双重的动态：我们的购买和使用的空间和时间都记录在数据库中。从这些数据库中收集的信息为商店、政府、住房公司和其他各方为城市——即我们日常生活的舞台——的规划提供了依据。[30] 根据地理学家布罗斯（Burrows）和甘恩（Gane）的说法，在丰达这样的网站上发表这种生活方式的资料实际上可以强化某些模式。潜在的居民通过这些细节看他们是否能认同当前居民和他们是否愿意住在"社会老年人"和"财产有限的人"之间："通过越来越多的在线的地域人口统计信息"，他们认为，（一些）人被鼓励"找到自己"。[31] 这可能会导致一个循环的发展：一旦某些生活方式"占据"了一个区域，它就会吸引越来越多有相似消费模式和生活方式的人。

将城市居民的数据和他们的生活方式联系到邻里或邮政编码区的做法并不新鲜。这种做法已经存在了近一个世纪，但在信息的链接方式上有一些重大的变化。最初，这种做法有一个社会目的：在 20 世纪初，英国航运巨头和社会改革家查尔斯·布斯（Charles Booth）开创了不同生活方式的字面意义上的图绘；他制作了自己的伦敦东区地图，根据他在伦敦发现的人口的性质将其着色，从代表较好邻里的黄色，再到代表"罪恶的温床"的黑色。[32] 这幅地图的目的作为一项行动纲领：只需看上一眼，就可以知道哪些社区需要进行干预以改善生活条件。即使今天的计算机化的生活方式分析最初也是作为政策工具而出现的。20 世纪 60 年代，美国住房和城市发展部委托人口统计学家乔纳森·罗宾（Jonathan Robbin）分析美国城市中各种邻里的不同生活方式。在全国各地发生骚乱后，政府希望利用地理分析来分配住房补贴。在英国，经济学家理查德·韦伯（Richard Webber）在伦敦环境研究中心（London Centre for Environmental Studies）做了一个类似的项目。

然而，罗宾和韦伯发展计算机数据库与邮政编码和生活方式的研究迅速吸引了商业的关注，他们完善为各种商业组织的分析，这些商业分析可以利用细节来组织有针对性的营销活动，以及决定是否投资一个特定的区域。布罗斯和甘恩认为这是一个重要的转变：它象征着为社会团体打标签的过程中出现了代理机构的转变。国家的首要性让位给了一些商业组织。与此同时，消费者行为也成为生活方式分类的一个日益重要的基础。

随着移动媒体的兴起——特别是它们作为"经验标记"的使用——我们进入了一个新的阶段，生活方式被各种各样的组织贴上了标签。首先，可以注册和存储在数据库上的数据量正在增加。人们在城市中的移动，他们访问的地方（无论是在网上还是在物质城市中），他们通过社交网络传递的信息，通过（移动）互联网进行的搜索，所有这些细节都可以存储、分析和转换成新的档案。此外，这些细节还可以实时访问，无论是手机屏幕上的用户，还是各种组织，都可以通过数据针对特定的群体提供特定的服务。

这一发展对地方领域的发展有何意义？两个例子说明了两种不同的发展：CitySense 是一个应用程序，它收集用户的移动信息，并将其作为推荐新地方的基础；"i-500" 是一件艺术品，它实际上是从一个地方的所有用户收集数据来描述一个集体规律。在一种情况下，使用个人资料会导致 "城市农村" 的加强——CitySense 会把城市居民引导到一个他们可能会有家的感觉的地方；在另一种情况下，i-500 显示了一个地方的不同用户之间的重叠，因此它可以为一个基于 "熟悉的陌生人" 的地方领域作出贡献。

CitySense 是一个由名为 Sense Networks 的美国公司开发的 iPhone 应用程序，它的任务是预测城市居民使用空间的情况。该公司将 CitySense 描述为 "实时发现夜生活和社交导航的创新移动应用"，并回答了这样一个问题："现在大家都去哪儿了？"[33] 它的工作原理如下：用户在他的智能手机上下载一个应用程序。这个应用程序注册主人的空间使用；CitySense 收集了所有服务用户的详细信息，并将这些汇总的数据投射到城市地图上，用户可以在这个地图上实时看到城市最拥挤的部分，以及它是否比正常情况更繁忙或更安静。

Sense Networks 承诺程序的新版本也能向用户提出建议："在它的下一个版本中，CitySense 不仅会回答'每个人现在都在哪里'，而且还有'现在每个人都喜欢我的哪一点'"。[34] 为了做到这一点，该计划将分析手机主人的空间使用情况，并将其与他人的空间使用进行比较。根据这些信息，一些 "部落" 将被命名，然后用户将永远能够看到他自己部落的集体活动的模式："四名朋友在晚餐时讨论下一个地点，他们将会看到四个不同的热点和意想不到的活动的实时地图。"

因此，CitySense 也是一个互动的服务：根据输入的自己的空间运动，用户可以获得应该访问哪些地方的建议。像这样的服务也被称为 "发现"，如果用互联网行业的一个流行说法就是：它鼓励用户发现他们以前没有接触过的地方或没活动。然而，一些批评人士担心，这种 "发现" 服务实际上可能会导致城市的贫民窟化。

法国 Orange 实验室的研究人员阿圭通（Aguiton）和斯莫雷大（Smoreda）认为：

> 在城市里展示一个用户的类型学当然对寻找某个地方的人来说是有用的，特别是如果一个人访问一个未知的城市时。然而，如果大多数人都在寻找那些充满相似的年龄、教育、品味、性偏好等方面的人群的地方，那么提供这些信息就会加剧隔离的倾

向，从长远来看，这也会导致城市空间的"贫民窟化"。[35]

　　这种"贫民窟化"的风险当然不是没有根据的。然而，许多其他的发展也在这里发挥了作用，可以引导诸如 CitySense 这样的服务在不同的方向上的影响。目前，CitySense 仍然在一些"部落"中聚集了用户的模式，或者使用本书的术语，不同的公众，每个人都有自己的集体特征。每个人都被归类于其中一个"部落"，因此可以访问他自己部落地点的集体目录。在《数字》（ The Numerati ）一书中，斯蒂芬·贝克（ Stephen Baker ）描述了这些生活方式的分类可能只是一个中间步骤：各种各样的组织都在试图完善这种分析背后的算法。[36] 这可能会越来越多地导致个人资料而不是团体资料：

　　　　最终的目标（……）是构建人类的另一版本，这些版本和我们一样复杂——每一个都是独一无二的。把所有这些努力加在一起，我们正在见证（以及经历）人类的数学建模。[37]

　　在亚马逊和谷歌对待用户的方式中也可以看到类似的方法：这些公司推荐的书籍、网站或广告并非基于某一团体的集体购买模式；相反，这两个网站都根据之前的搜索、购买和"点击"行为，编辑了高度个性化的用户个人资料。正如美国作家达尔顿·康利（ Dalton Conley ）所说，对于这些服务而言，我们是"一群人"。[38] 符合我们早期消费模式的服务、产品或场所不断的被推荐给我们，但没有一个是所属我们的集体。

　　在互联网行业，这一原则也被称为"长尾理论"（ Long Tail ）：编辑和比较客户资料会产生越来越详细的客户形象，这有可能将注意力转移到他们可能感兴趣的微小商机上。我们自己是这个宇宙的中心，我们的建议特别针对我们周围的资料轨道。

　　类似的机制也有助于形成新的、跨专业的公众。在他 1975 年的文章《都市化的亚文化理论》中，社会学家克劳德·菲舍尔（ Claude Fischer ）描述为什么是在城市兴起了新的亚文化：城市的密度加上宽松的社会控制导致大量的分享特定的偏好、利益和关切的城市居民的发展，正是在这些人群中，新的亚文化开始发生。在文化意义上，这个城市也是一个市场：它是有类似兴趣的人们相互联系的地方，如果有足够的人口，一个新的亚文化可能会发展。不管它们是否与社交网络的使用相结合，拥有更完善的"发现"服务的程序，如 CitySense，是否能有助于将城市居民的重要群体聚集在一起，从而使新的公众围绕着小规模的利益发展？类似的数字服务的出现可能会导致一个矛盾：城市景观的总的多样性可能会增加，但这可能伴随着地方化，结果是城市个体的经验世界变得更加单调；与此同时，所有这些不同的领域也可能会越来越纵横交错，这种重叠可能会再次导致一个新的本地公众的发展，例如 archo-os 和 i-500。

Arch-OS 和 i-500

Arch-OS 是建筑的"操作系统"，通过这个程序，系统可以收集各种建筑使用的数据，从温度和现在的人数（例如通过摄像头检测）到建筑内通过互联网下载的数据量。[39] 这些数据反过来又可以与不同的输出机制联系在一起，包括实用的应用程序——对温度或空气质量作出反应的空调或遮阳设施，或根据空间内的人数而移动的移动墙。

但也有更多富有诗意的应用，例如，将 Arch-OS 测量的不可见过程可视化。艺术家保罗·托马斯（Paul Thomas）、克里斯·马尔科姆（Chris Malcolm）和迈克·菲利普斯（Mike Phillips）为澳大利亚科廷大学（Curtin University）的新化学学院大楼开发了数据可视化艺术品 i-500。i-500 使用了 Arch-OS 收集的关于建筑物使用的数据：这些数据被转换成移动的彩色图案，投影到建筑内一个共享空间的天花板上。可视化不能被直接来源于某个特定的活动；这个艺术品的想法是随着时间的推移，建筑的长期使用者将能够识别视觉化的模式，从而熟悉建筑的使用者和它的规律。保罗·托马斯是该系统的设计师之一，他将这种看法与瓦尔特·本雅明对"漫游者"的描述进行了比较。根据托马斯的说法，本雅明的漫游者通过被都市生活完全吸收而成为其中的一部分；作为一系列联系的经验的结果，一个人能够抓住并反思城市生活。"i-500"的目的类似于提供这样一个舞台，在其中"让同是漫游者的化学家们能够在空间中漫步的同时感知微妙的节奏或识别复杂的模式"。[40] "i-500"并不是唯一的：现在有其他几个项目同样也收集社会过程的数据并以不同的方式呈现这些数据。例如，建筑师拉斯·斯派布洛克（Lars Spuybroek）也建立了一些基于这些数据的实时装置。其中最著名的是荷兰城市多里赫姆（Doetinchem）的"D 塔"（D-tower）：这个雕塑的目的是为了反映城市居民的情绪。[41] 许多居民已被邀请完成一份关于精神状态的网络问卷，其结果会在塔的照明程序中得到表达。

这些项目之所以有趣是有诸多原因的。i-500 的例子显示，数字媒体的出现使实现这些项目变得更加容易。这也意味着，在相关类别和集体转变的标签化过程中潜在的权力：最初，权力主要源于政府机构，后来则是营销公司，但现在它可以更容易地自下而上的塑造。像艾博联（Experian）这样的系统主要基于消费模式：目标是将消费者划分为与生产商相关的类别。但是 i-500 现在开启了从其他模式出发的可能性，例如将特定地点的规律作为基础。

在一个地点的规律、情绪或事件可以被收集，进而被分析和通过如

Arch-OS 和 i-500 之类的系统得到可视化。它们也可以被转译成一个地点的物质设计。这种可能性可能会使建筑成为建筑师卡斯·奥斯特胡斯（Kas Oosterhuis）所说的"基于时间的学科"：一座建筑不再是一个静态的事实、一个城市的固定形式；它的形状或气氛在任何情况下都可以改变。[42]

因此，收集有关城市实践的事实，是否有助于使某个地方产生家一般的感觉——例如，通过城市、社区或地点的集体规律的可视化？如果是这样的话，这会反过来使特定的群体会意识到自己的集体规律，并以此强化领域形成的过程吗？或者，这样的设计是否有助于形成一种公众熟悉感，因为通过可视化，他们会逐渐熟悉特定地方的集体规律？

要给这些问题明确的答案还为时过早，但 i-500 等项目显示，城市居民的数字痕迹可以以不同的方式使用：一方面，他们可以为深远的个性化的城市经验的自由主义理想作出贡献，鼓励城市居民"发现"他们能找到志趣相投的人的地方；另一方面，在共和派的城市理想中，新的公众当然有可能围绕着集体规律或实践形成。

因此，数字媒体在使地方领域得到发展的过程中发挥着极其复杂的作用。数字媒体使城市生活的倍增加强了城市作为文化市场的功能，在其中，志趣相投的人们可以找到彼此。移动媒体也可以维护和协调各种公众接触，可以反过来加强网络个人主义和"轻社区"（light communities）的发展："活地图"之类的手机界面将城市居民显示为一个总是将自己视作宇宙中心的闪烁蓝灯，和他相关的地方和人都整齐的放置于其周围。接近和在场不再是纯粹的物理概念，而是属于社会范畴。因此，地方领域的概念与特定地点的联系更少：将手机作为"地域装置"意味着它可以在任何地方访问。

作为这个过程的一部分，城市个体一方面"被取消"了，因为不同的技术系统——从连锁超市阿尔伯特·海茵的"奖金卡"到手机——追踪他的一些活动，将其存储在数据库中，聚集所有的细节，然后使用它们提供的服务都是基于他的个人喜好。另一方面，社交媒体也使得在一个个人简介中重新组合所有这些不同的方面成为可能：一个城市个体的新形象通过他公开自己在不同公众中所扮演的角色时被创造出来。城市地区经常在这个过程中扮演着象征性的角色：通过给特定的地方命名，例如，状态更新，城市居民可以展示他们认为自己属于的群体。然后，力量似乎转向了城市居民自己：他对他想成为其中的一部分的公众有更多的影响力，并能对他在其中的角色行使更多的控制权。但商业机构也在收集数据、建立个人资料和标签类别方面扮演着重要的角色，而且在城市的物质形态——例如，通过各种"发现"机制——和它被感知到的方式中起到了重要作用。

从地点的角度看这个城市时，一个不同的画面出现了：一开始，数字媒体的出现似乎强化了地方化的过程——在城市里过滤不同的生活方式。毕竟，城市居民可以更容易寻找和发现志同道合的人。但所有这些不同的地方领域都可以再次交织，这样数字媒体就可以强化"在一起分开生活"的原则。对于"联网的个体"来说，这甚至可能是方便的，因为他们不认为自己属于唯一一个群体，因此可以在他们所属的不同公众和他们所处的地理位置之间快速切换。

乍一看，这似乎导致了一种混乱的城市景观，但数字媒体可能会为每个人提供某种秩序。然而，这两个发展——空间分类和在一起分开生活——并不是相互排斥的：很有可能的是，某些（部分）城市将会越来越多地以空间分类为特征，而其他（部分）城市则会变得更加异质。

关于地方领域的讨论也与公共领域的问题密不可分。到目前为止，我们已经看到了城市居民是如何基于他们的相似之处和共享协议形成公众的。但是，城市里不同生活方式的城市居民是如何联系在一起的呢？当不同的地方领域重叠时会发生什么？

这就引出了公共领域的问题。我们可以得出这样的结论——这里概述的发展增加了公共领域将被侵蚀的风险：是否存在这样一个威胁，这个城市可能会被分解为大量的地方领域？是否还有让不同背景和兴趣的城市居民可以见面的地方？在我们已经发现的城市媒体的帮助下，可能会出现新形式的重叠吗？这些问题将在接下来得到讨论——从公共领域的角度来看这个城市的三章。

第四章

公共领域的永恒危机

The Eternal Crisis
of the Public Domain

2006 年，荷兰的《开放》（Open）杂志专门针对数字和移动媒介的兴起及其对城市公共领域的影响出了一个特刊。这个特刊的目录页给了我们乐观的理由：它包括了一篇关于艺术家如何利用城市媒介为城市的公共空间注入新的生活方式的文章；另一篇文章描述了由于周边一家烟花厂发生爆炸而被毁的社区的居民如何使用一个网站来保存他们的记忆；特邀编辑埃里克·克鲁滕伯格（Eric Kluitenberg）描述了一系列可以用来刺激公众参与"混合城市空间"的激进策略。这是一幅美好的画面。然而，在大量文章中，有一个潜在的担忧，即城市媒体实际上可能是对公共领域持续存在的威胁。

　　这一担忧是由资深编辑约林德·申德尔（Jorinde Seijdel）表达的。她的社论以一篇关于汉娜·阿伦特（Hannah Arendt）的文章为开端，这位哲学家的最重要的著作都是发表于广播和报纸是主流媒介的时代。对阿伦特来说，公共领域首先是一个如她所概括的物质上的会面场所，如申德尔所引用的那句，这是一个"人们行动的地方，从而创造了一个充满差异的共同世界"[1]。既然我们的城市已经遍布数字媒介网络，那么这个基本原则是否还能继续存在下去呢？

　　当时，《开放》杂志并不是唯一一份让人想起阿伦特的作品的出版物。在他们 2006 年出版的《媒介城》（Mediapolis）一书中，舒兰贝格（Schuilenberg）和德容（De Jong）在讨论公共领域在城市中的作用时提到了这位哲学家：

　　　　公共领域的现实基础是多种观点和各个方面的同时"在场"，在这种情况下，公共的世界展现出其自身，而这些都是不能用共同的标准来衡量的，也不能以共同的标准来分类。[2]

　　阿伦特的观点还被《情境化技术系列手册》（The Situated Technologies Pamphlet Series）引用，它处理了"无处不在的计算"对建筑和城市规划等学科的影响。[3] 例如，根据马克·谢泼德（Mark Shepard）和亚当·格林菲德（Adam Greenfield）的说法，阿伦特将公共空间描述为：

　　……这里是我们遇到陌生人的地方，一个摩擦的空间，在这里人们有着不同意见、社会地位、种族、经济背景等，他们在这里相遇并产生包容。[4]

　　在这三种引用中，作者都将阿伦特的论述作为工具。他们并不关心阿伦特的著作作为一个整体的批判性反思；相反，他们总是将阿伦特对"公共空间"、"公共范畴"或"公共领域"这一难以捉摸的现象的看法，简明扼要地总结为支持自己的论点。阿伦特的想法通常只剩下了这些：公共领域在共和主义理念的民主城市社会中扮演着至关重要的角色。这是一个有着不同背景的城市居民，面对着彼此，必须相互妥协的地方。阿伦特给她的公共范畴赋予的空间意义是非常重要的：在那些有不同背景和想法的公民在空间上聚集在一起，可以用眼睛互相看到彼此的地方，一个共同世界可以从中发展出来，在其中人们可以相互探讨与共同利益相关的事物。

　　换句话说，在城市中运作良好的公共空间会导致特定类型的公众的发展：一群对所有城市居民开放的、拥有着不同的背景的民主公众。正如弗雷（Frei）和波恩（Böhlen）巧妙地将其放在他们的充满力量的形象中，"公共范围就像一个括号，把人们的不同放在一起。"[5]（城市）公共领域就像括号一样，把差异始终聚集在一起，而这些差异一直是社会构成的重要组成部分。

　　但是如果这些括号消失了呢？上述哲学家、建筑师和文章作者，当他们引用阿伦特时所阐述的观点实际上是，数字媒介的崛起可能会威胁到这些公共空间的持续存在。

　　在这场辩论中，这并不是一个新观点——"公共范畴"或"公共空间"的概念主要是在所谓的"危机情境"中被提及的，当时这个受人高度尊敬的城市文化元素明显受到了被灭绝或稀释的威胁。事实上，阿伦特本人在20世纪50年代指出，个人主义、私人化和商业主义的进程正在削弱公共领域作为一种物质交换场地的功能。在接下来的几十年里，人们也表达了类似的担忧：随着汽车、郊区、购物中心和电视的出现和持续繁荣，这将会破坏作为不同背景的城市居民聚会场所的公共领域，这就是人们所担忧的。

　　但数字媒体为这场辩论增添了新的视角。他们如何改变公共领域的经验？城市公众在这些领域中能够形成什么样的影响呢？他们真的会导致城市社会的地方化吗，就像我们在前一章看到的那样？这是否意味着公共的会面场所将从城市生活中消失？

　　与此同时，值得考虑的是，对阿伦特的著作的关注和她对实体会面场所的重视是否仍然是相关的。现在，数字媒体被用作"体验标记"，使城市"加倍"，身体接触可能就不那么重要了。但是，数字化技术的程序和协议是否会有新的方式，使不同背景的城市居民所构成的公众能够获得发展？

数字媒介的"地域装置"角色可能会彻底改变公共范畴的形成方式。在阿伦特的理论中，公共范畴与私人范畴是截然相反的。但是，把数字媒介作为"地域装置"的使用意味着，私人、地方和公共范畴已经开始在各种方面有重叠。在前一章中，我们看到了在城市的任何地方都可以访问地方领域。但是，如果反过来也是这样，并且有可能利用数字媒介在各种地方创造公共领域呢？简而言之，将来自不同背景的城市居民聚集在一起的"括号"将永远地从城市景观中消失吗？或者，有没有新的方法可以让他们出现在我们周围并成为城市公众的一部分？

要找到这些问题的答案，首先需要研究公共领域的理论。作为一个界面，公共域是如何运作的？那就是，哪些人在哪里相遇，在什么条件下，有什么动机？哪些协议适用，谁有主动权？这些问题与共和主义的城市理念尤其相关。如果来自不同背景的城市居民能够继续见面的话，那么城市就只能作为一个陌生人的社区存在下去。

关于这个过程应该如何发生的观点众说纷纭。对汉娜·阿伦特和尤尔根·哈贝马斯来说，公共领域主要是一个中立的会议场所，在那里，城市居民摆脱他们的个人身份，并作为公民会面，以便在理性的辩论中与对方进行讨论。理查德·桑内特采取了一个有趣的立场：他同样认为一个公共领域是被保护以抵抗亲密关系或个人关系的；正是因为城市居民之间能保持一定距离，他们才能生活在一起。这些理论值得注意，因为它们为公共领域奠定了基础，在其中，公民可以集体行动，而不必非得建立一个明确的社群单元。但是与此同时，他们对公共和私人领域的清晰区分对于理解 21 世纪的城市是不充分的，现在的城市中，这些不同的领域是重叠的。

马歇尔·伯曼和瓦尔特·本雅明的作品，以及它们被勒内·布肯斯（René Boomkens）解读的方式也很有趣。对他们来说，公共领域并不是由理性的辩论所主导，而是被日常生活所主宰：它是从一种相当混乱的方式发展而来的，在这个过程中，各种生活方式在城市中重叠，导致了新公众的出现。

这两个版本的共和主义理念（一个基于距离和理性的辩论，另一个基于日常生活方式）不断受到来自自由主义城市理念的压力，在这一理念中城市居民通过使用他们的地方领域来逃避城市生活的混乱。公共领域主要是一个人们寻找大城市的刺激的地方，在那里人们可以从多种生活方式中获得灵感：人们可以寻求娱乐，可以去购物，去遇见他人，可以喝一杯咖啡，但真正的相遇不再发生。无论如何，这是我们在汉娜·阿伦特和尤尔根·哈贝马斯的著作中发现的恐惧。

汉娜·阿伦特和尤尔根·哈贝马斯的理性公共范畴

在18世纪的伦敦的巴顿咖啡屋（Button's coffee house），外来者们可以很容易地陷入一场关于谁翻译的荷马史诗更好的文学讨论中：是亚历山大·蒲柏（Alexander Pope）的还是托马斯·蒂克尔（Thomas Tickell）的。所有进入咖啡馆的人都会受欢迎去加入到许多正在进行中的某一个讨论中去。上述的其中一位作家甚至也可能加入了讨论——蒲柏和蒂克尔经常会在巴顿咖啡屋里那些穿着得体的绅士们中被找到。

在长木桌上举行的辩论不仅限于文学主题：各种政治话题也会被讨论。此外，咖啡屋是获得最新消息的最佳地点之一。外来者会受到这样大喊的欢迎："为您服务，先生，的黎波里（Tripoli）那有没有什么新消息？"[6] 报纸，一种相当新的媒介，在新闻和舆论的交流中起着重要的作用，并且讨论往往在有人大声朗读报纸的文章后开始。如果有人确实从的黎波里带来了新闻，或者一场讨论引发了新的见解，又会怎样呢？那么，一份报道将会被送到报社——为了这个目的，巴顿咖啡屋甚至有一个像狮子头一样的邮筒，而约瑟夫·阿迪森（Joseph Addison），《卫报》（The Guardian）的高级编辑及巴顿咖啡屋的常客，用它来收集报道的投稿。在报纸的"狮子的咆哮"专栏中，每周都会选登一篇写给编辑的信。

17世纪和18世纪的伦敦咖啡馆经常被称为现代公共范畴的完美典范，在这里，市民们可以相互交流信息，讨论共同关心的问题。它们包含了共和主义城市理念的基础，即公民为了塑造社会而一起采取行动。[7] 这一版本的共和主义理念是基于公民在公共范畴内进行的理性辩论，其中包含了私人和公共范畴之间的明显区别。

对咖啡馆的最著名的分析是在尤尔根·哈贝马斯的《公共领域的结构转型》（The Structural Transformation of the Public Sphere）中发现的，在这本书中，这位德国哲学家描述了公共范畴的兴起如何与17世纪和18世纪的社会经济变化关系紧密地交织在一起。[8] 在那个时期，欧洲的一个新兴中产阶级逐渐变得更加强大，并开始减弱与宫廷的联系。城市实践在这一过程中发挥了重要作用：新公民在英国的咖啡馆、法国的沙龙或德国的桌社（Tischgesellschaften）等特定场所会面。在这些地方，一种具有仪式感的辩论逐渐发展起来，观众们在平等的基础上讨论共同利益的问题。哈贝马斯的结论是，这导致了现代公共范畴的出现，这是一个介于公民的私人世界和国家之间的范畴。咖啡馆起了这样一个作用，市民可以在这里形成一个共同的意见，随后也可以将这个意见呈交给政府。[9]

哈贝马斯的理论与汉娜·阿伦特的著作有许多相似之处，这位哲学家在二战后是第一个将公共领域的主题放在议程上的人之一。在她看来，公共领域包括言论的自由空间，这是民主社会所必需的。她的灵感来源是希腊的城市广场（agora），在这里，这个城邦的居民聚集在一起，讨论城邦的未来。在阿伦特和哈贝马斯的著述中，公共范畴和家庭的私人范畴都是截然相反的。在私人范畴，公民有自由组织自己的事务，包括亲密关系和经济关系。在公共范畴，公民们脱去他们的私人属性，在公开场合谈论他们共同关心的问题。

对阿伦特来说，空间维度是非常重要的：人们的观点必须在人们可以互相对视的公共场合形成。然后，公共领域变成了一个"具有共同表象的空间"。在这里，市民之间的相似性和差异性必须变得清晰，因此他们可以成为民主辩论的主体。这种"具有共同表象的空间"同时也是"共同世界"的一种表达，一种共同的协议和制度，将市民聚集在一个政治团体中。根据登特列夫（d'Entrèves）对阿伦特的著述的分析，"问题的统一可以通过共享公共空间和一套政治制度，并参与具有这个空间和这些制度特点的实践和活动来实现。"[10] 市民们在实体平台上出现，他们在这里互换意见，默许相关协议，意味着他们作为市民，是政治社群的一部分。对阿伦特来说，社群不是基于一个共同的身份，而是基于共享的共同利益，这是在公共领域的制度中得到的。正是这个公共世界将市民们团结在一起。

哈贝马斯的著作表明，咖啡馆是如何起到一个"公共表象的空间"的作用的。顾客们聚在一起讨论政治问题。室内设计（长木桌）的设计发挥了重要作用，它就像管理讨论的一份协议（"先生，为您服务，黎波里有没有什么新消息"），随着时间的推移，它成为咖啡馆的一部分。在哈贝马斯的分析中，有两个方面是比较重要的：首先，他指出了在咖啡馆里应用的协议的重要性。参与者都认同一个共同的理念：每个人都必须能在平等的基础上讨论问题；私人身份是无关紧要的——参与者作为市民聚集在那里以及理性的论证在讨论中是决定性的，而不用在意是谁来推进这场讨论。

其次，在17世纪，"新媒介"（小说和报纸）的兴起使得咖啡馆作为公共范畴有了发展为社会公共机构的可能。咖啡馆里的许多讨论都是从大声朗读报纸上的文章观点开始的。最后，参与者通常会写一些关于讨论的报告，然后在报纸的下一版上发表。之后，他们可能会在城市另一边的咖啡馆的一场讨论里被介绍为"对话片段"。[11] 在当代，伦敦的咖啡馆形成了一个网络化的公共范畴，在这个领域，"用户生成内容"扮演了重要的角色。围绕着报纸上的一篇文章，公众可能会在城市的不同地方展开讨论。参与者可以想象，在其他沙龙或咖啡馆里也会讨论同样的内容。而且，理性讨论的共同协议也使得所有参与者都有可能感受到这种更大范围的公众的参与。即使他们对内容不同意，报纸上的文章和协议也会在讨论中把参与者联系在一起。

在哈贝马斯看来，一种理想的公共范畴是在17世纪和18世纪的咖啡馆里发展起来的。然而，这并没有持续多久：在17世纪和19世纪，当前述的咖啡馆在巴黎新修建的林荫大道上为一种"人行道咖啡馆"让路时，他所描述的理念逐渐消失了。

林荫大道，或者公共范畴的衰落

1852 年，拿破仑三世委托乔治－欧仁·奥斯曼（George-Eugène Haussmann）对巴黎进行了现代化改造，当时的巴黎仍然主要是一个中世纪城市。这项任务导致了对巴黎城市的一个巨大的手术，它大约是在 1870 年左右完成。旧城狭窄的街道和小巷的迷宫，在一定程度上为将这座城市重新定性的宽阔林荫大道让路。总的来说，巴黎大约五分之一的街道被拆毁；这项工作是由城市总工作人口的 20% 完成的，35 万巴黎人被迫寻找新的住房。[12]

这一改造是基于多种不同的动机：宽阔的大道旨在控制因工业化发展起来的城市大众；这些大道将使得建立宽阔的路障变得困难，并且能提高维持秩序的军队进入的可达性。修建林荫大道的其他原因也多种多样，包括改善卫生条件、引入更平和的社会环境和大量绿地，以及改善交通状况。[13] 在工业规模的扩大中，林荫大道也起到了一定作用：大规模生产和资产阶级的兴起催生了新的消费模式。通过林荫大道向商店运送物资将更容易，而乐蓬马歇百货公司（Le Bon Marché）和莎玛丽丹百货公司（La Samaritaine）等新类型的商店也逐渐发展了起来。因此，林荫大道就形成了一个新的基础设施，一个新的平台，各种各样的新服务都可以在这里发展起来，比如热闹的咖啡馆文化和新的人行道咖啡馆，它们作为新的游逛场所在新资产阶级中很受欢迎。

对哈贝马斯来说，这些发展说明了他在咖啡馆里所描述的公共领域的丧失。百货商店的兴起和规模的经济增长，标志着从自由资本主义向垄断资本主义的转变：现在，大公司和社会机构，而非私人个体，扮演着重要的角色。其结果是，公共领域的性质也发生了变化：公共领域中共同理性探讨公共事务的理念，被不同的团体为了自身的利益产生的相互对立的力量所取代。[14] 在这场斗争中，最重要的参与者是有组织的集体，而不是作为私人的个体。结果，在 19 世纪，城市公共空间逐渐被大众所控制。从政治意义上讲，这些大众用示威来为他们的需求加码；从社会的角度来看，城市公共空间日益受到休闲活动的支配。哈贝马斯说，市民仍然在公共空间中是公众，但他们不再形成公共领域。他们宁愿被娱乐所取悦，而不愿与对方进行讨论。哈贝马斯通过他的英语翻译，谈到了从"公众"到"观众"的转变。

在理查德·桑内特的著作中，可以找到一种相关的批评。他用被动的公共描述了 19 世纪巴黎的林荫大道，人们在一个小桌子上喝咖啡，沉浸在自己的思想中；或者，就像"漫游者"（flâneurs）一样，让他们的目光在大街上的各种表演上徘徊，这主要是作为一个被动的公众："这是漫游者受欢迎的原因，"桑内特说，"他要被观察，而不是跟他说话。要了解他，你必须学会'看'的艺术。"[15] 在巴黎的林荫大道上的人行道咖啡厅，一种新的公共协议逐渐形成，其理念是在公共范畴内保持沉默：

> 这产生出一个概念，人们认为陌生人没有权利相互交谈，每个人都有自己的一个公共权利和一个看不见的盾牌，以及一个被抛在一边的权利。公众行为成了一种观察，被动参与，一种特定的窥视行为。[16]

咖啡馆不再是一个有不同背景的人见面讨论的地方，而是客人的私人范畴的延展。这一发展符合桑内特提出的一个更广泛的趋势：城市社会由于规模和工业化的增加而变得更加复杂，人们不得不学会与来自不同背景的陌生人生活在一起。为了回应这种情况，理想的发展是避免与陌生人发生互动。市民们退回到地方领域，在那里他们主要与志同道合的人相遇。如果有温暖、友谊和亲密关系，那么社会关系就会变得越来越有价值，这正是大城市里缺乏人情味的生活所缺少的品质。

桑内特对城市生活的地方化感到遗憾。毕竟，公共领域的多样性的经历使我们的生活变得更加有层次：

> 城市是人们可以学习和陌生人生活的地方，可以进入到陌生生活的体验和兴趣里。同一性将使人的头脑愚笨；多样性则刺激并扩展它。[17]

城市居民应该去寻找断层线、界面、城市的震动："这些城市的震动，"桑内特写道，"对于一个人来说是非常需要的，他必须保留一种对自己信仰的怀疑感，这是每个文明人都必须拥有的。"[18] 对桑内特来说，这是至关重要的：学会欣赏差异的目的不仅是一个当代的个人自我实现的理想，而是使人能够意识到政治和社会环境不是固定的而是可被质疑的这样一个事实。[19]

城市居民必须认识到，为了进行共同的行动，他们不一定必须是相同的。但要实现这一目标，必须满足两个条件：首先，共同的会面场所是必要的——不同的城市居民的世界必须继续重叠；其次，这对桑内特来说是至关重要的一点，从这一重叠中发展起来的公共领域必须受到保护以抵制私人范畴的亲密关系。只有当我们在公共领域内作为市民见到彼此时，我们才能畅所欲言，制定一个共同的目标，或者在公开的讨论中以不同的观点来面对彼此。"城市"，桑内特总结说，"应该是这一行动、这一讨论平台的指导者，在其中，没有强制需要了解他人的情况下与他人一起的讨论才会变得有意义。"[20] 公共范畴必须作为一个中立的地带，城市居民可以作为市民在那里相遇。

阿伦特、桑内特和哈贝马斯的愿景都很有意思，因为他们展示了如何通过与特定地点相关的协议来形成公众。一个地方本身并不是决定性的，而是一种管理交流的气质，我们在那里所观察到的参与者暂时远离他们的私人身份的协议。讨论中的参与者创造了一个"共同的世界"，使他们在讨论中联合起来。另一个有价值的因素是，这三位思想家表明，公共领域可以存在，这要归功于其中有差异的各方的冲突；和谐并不一定是占主导地位的基调——事实上，在不同的观点之间存在着一种斗争。尤其是桑内特的观点，城市居民之间不一定要建立私人的相互了解才能相互合作或共存。这一观点是一个重要的贡献。

然而，这一观点也存在着被诟病的地方：一个"共同世界"的理念不过是一种空想——即公民摆脱个人身份，每个人在平等的基础上参与讨论。咖啡馆并不是哈贝马斯所描述的民主场所，例如，"体面的"女性并没有进入其中。[21] 而且，这些思想家所青睐的私人、地方和公共领域之间的严格区分是否有效是值得商榷的。南希·弗雷泽（Nancy Fraser）对于一个中立的公共领域可以存在，公民可以暂时地摆脱自己身份的这一想法持批判的态度。"公共范畴不仅是形成散漫意见的竞技场，"弗雷泽说：

> 此外，他们还为社会身份的形成和制定提供了舞台。这意味着，参与不是简单能陈述对表达形式保持中立的建议性内容。更重要的是……参与意味着能够以自己的声音说话，从而同时通过习语和风格来建构和表达自己的文化认同。[22]

换句话说，公共领域是否一定要以非个人的交流互动为主导？城市公众能否不从公众的成员展示他们自己生活方式的情境的角度出发集体塑造城市的未来？我们在下一位思想家的著作中发现了这个论点，他极大地影响了公共领域理论的形成：马歇尔·伯曼。和他一起，我们将会再看一看 19 世纪巴黎和圣彼得堡的林荫大道。

马歇尔·伯曼的作为革命界面的林荫大道

在 19 世纪末期，巴黎林荫大道的建设给人留下了深刻的印象。他们笔直地穿过蜿蜒曲折的小径所构成的城市肌理，他们的长度让巴黎人有了一种可以无限延伸到远方的感觉。因为把这个城市看作一个单元的概念，豪斯曼的计划是革命性的：直到 19 世纪中期，大多数巴黎人面对的都是自己的社区或地区，而城市则是由一个个社区组成的大迷宫；[23] 在豪斯曼的干预下，一个支配一切的环绕着整座城市的基础设施被建造出来，并在视觉上连接了城市的不同区域。[24]

林荫大道在建成后就开始实现各种各样的新功能。豪斯曼没有预见到的是，一种新型的城市生活在大街上发展：经过他们"编排设计"的人行道、人行道咖啡馆和百货商店吸引了各种各样的新公众。新兴的资产阶级来这里购物和散步；这些人是由角色和职业直到那时都不存在或不寻常的城市居民组成的：店员、银行职员、官僚和游客。旧巴黎的工人和商人也在林荫大道上混在一起。尽管林荫大道已经取代了一些凌乱的旧街区，但在林荫大道之间的原始城市结构中，有很大一部分旧街区仍得以幸存。因此，这条大道上的城市居民成了极为混杂的公众的一部分。

根据费耶罗（Fierro）所说，当林荫大道以笔直的直线无情地穿过城市时，它们提供了一个看不到的地方的切片。在大道的严格控制的立面后面，可以看到下层阶级的社区，那里的受众完全可以自由地进入城市的主干道。因此，林荫大道不仅为中产阶级的展示提供了舞台，还为不同经济阶层和民族的广泛人群结构提供了舞台。[25]

年轻的、年老的、富有的和贫穷的人们在同一条大道上相遇，并作为当时新的城市大众的一部分。[26] 在这一经验中，有三种全新的元素：首先，这些新群体被视为不寻常的，因为他们也提供了某种从社会控制中获得的自由，尽管大街上也有许多其他人在场。在更传统的乡村社会里，居民彼此相互了解，互相注视，大城市里的新人群则是由陌生人组成，并且他们彼此一直是陌生人。第二个新奇的地方是，那些聚集在林荫大道上的城市居民属于不同的群体，他们可以在擦肩而过中互相注意到对方。城市贫困本身并不是新的，但现在不同的群体在空间上相互面对彼此。规划史学家彼得·霍尔（Peter Hall）描述道，在林荫大道上，中产阶级和上层阶级经常遇到工人阶级的成员，而在这之前，对于他们来说，这个世界基本上是不可见的。[27] 第三个变化是，这些陌生人变得难以辨认彼此。在工业化前的城市，人口群体也在一定程度上混合在一起，但由于阶层的消费限制，他们之间的相互关系往往是显而易见的。"豪斯曼的作品"，勒内·布肯斯写道：

> ……将不同的邻里、社会团体和社区聚集在一起，形成了一大批城市居民。这导致了许多新涌现的包括无名的、可移动的、城市大众、永久的流动、拥挤的街道上的购物城市居民等日常现象，但作为一个意想不到的结果，一种新型的对城市的应对方式也成为可能。[28]

　　一个重要的细节是：所有这些不同的城市居民都不是为了形成一群共同的公众而来到林荫大道；这形成了一个副作用。由于不同的原因，这些城市居民来到了林荫大道，正是由于大道上各种各样的"程序"吸引了所有这些群体，所以一个混杂的公众群体从中发展出来了。

　　但是这一过程是如何在林荫大道上进行的呢？林荫大道是以什么方式作为一个界面的呢？马歇尔·伯曼在《一切坚固的东西都烟消云散了》(*All That is Solid Melts into Air*)这本书中描述了两种社会机制，这两种社会机制导致了大街上的公众的发展：会面场景和识别场景。为了解释这是如何起作用的，伯曼引用了在19世纪的巴黎报纸上连载的夏尔·波德莱尔的两篇散文诗。在第一首诗中，波德莱尔描述了两个情人在一个新修建的林荫大道上的人行道咖啡馆里喝了一杯饮料；背景是被拆毁的工人房屋的废墟，与咖啡馆里明亮的、充满活力的内部形成了鲜明的对比。这一场景演示了情侣如何在林荫道上的人行道咖啡馆内可以以一种新的方式成为公众：短暂的感觉被一个梦幻般的城市景观包围着——咖啡馆的照明，人行道上熙熙攘攘的人群，他们珍惜着一个处于公共的城市生活中的私人时刻。

　　但这并不长久：突然间，这对情侣被一个贫穷的家庭注视着；他们得到的是一种不那么顺从甚至有些责难的眼光。穷人们凝视着一个他们知道永远都不会属于他们的奢侈的世界。对于这种短暂的对视，情侣们有着不同的反应。这位男士同情穷人；这位女士则想尽快摆脱她们。他们的不同反应也让这对恋人之间产生了新的距离，尽管这不是波德莱尔的主要观点。根据伯曼的说法，这首诗显示了大道上不同阶级之间的面对导致了文学上的冲突场景：这种对视意味着恋人们必须以某种方式与那个充满渴求目光的家庭联系起来：

> 　　这些神奇地激发了浪漫爱情的场景，现在却变成了一种相反的魔法，把恋人们从浪漫的包围中拉出来，拉进了更广阔的、并不休闲的关系网中。在这种新的光晕照射下，他们的个人幸福呈现成了阶级特权。林荫大道迫使他们作出政治上的反应。[29]

　　在林荫大道上，情侣们以一种新的方式成为城市公众的一部分，但这也意味着相应的义务：通过这些对视，他们被迫不断地与周围的发展联系起来。[30]

　　伯曼对这一观点也有相似的看法，林荫大道也为那些不太有特权的阶层提供了一个场所。在一个识别场景中，他们可以意识到自己的处境，而这种意识可能会导致集体意识和集体行动。为了说明这一点，他引用了波德莱尔的第二篇散文诗：在这首诗中，诗人在穿越林荫大道时差点被满街的汽车撞死。伯曼认为这是现代经验的隐喻：现代人类被拖入一场运动的漩涡中，为了不被践踏，他必须在一定程度上加入到运动中去。与此同时，现代交通的大混乱也提供了参观新地方的自由，这些地方是由林荫大道开辟的。但伯曼想知道，如果现代人不必独自对交通作出反应，会发生什么？如果那些不断被咆哮的交通所威胁的男女联合起来会怎么样呢？

在一个光辉的时刻，构成现代城市的众多个人在一种新的相遇中相聚在一起……他们控制着城市的基本物质，并把它变成自己的。在一段时间里，个人的唐突的、混乱的现代主义运动让一种有序的大众运动的现代主义成了可能。（……）这种可能性是在碎石路的泥潭中的人的意识里、在运动的混乱中、在奔跑中的一个至关重要的希望。[31]

这条林荫大道威胁着所有人，要把他们都拖进那里发生着的混乱的生活中，但它也提供了相遇或认知的前景，以及创造了一个新的集体意识的前景；一个掌控自己生活的机会。在这里，城市居民可以识别其他面临相同问题的城市居民，这也可以创建一个动力，导致集体的行动："个人在街道上的相遇涌现为一个政治事件，"伯曼写道，"现代城市如媒介般运转，在其中，个人生活和政治生活将一起涌动，并融为一体。"[32]

伯曼认为，公民在公共场所揭示的个人身份是导致政治意识发展的一个方面。他用一种浪漫的革命气氛来阐述这个观点：伯曼设想了新一代的公众，他乐观地将之描述为几乎无一不是从林荫大道上的群众中涌现出来的，就像快闪（flashmob）的出现本身是先于描述他们的词汇出现的一样（avant la lettre）。举个例子，他描述了在圣彼得堡最重要的林荫大道涅瓦大街上的一个示威游行：

> 1876年12月4日上午，涅瓦大街上的几百名乌合之众突然聚集成了一群人，聚集在喀山大教堂（Kazan Cathedral）前宏伟的巴洛克式柱廊上。[33]

有一段时间，林荫大道上满是过路的行人，下一刻，这些显然是因纯粹的巧合聚在一起的人群，已经转变成了一群占领了街道的具有革命性的公众。潜在的社会机制仍然隐藏在视线之外。那些必须说服工人离开他们的工厂区，穿过涅瓦河（Neva river），在权力的中心进行示威游行的领导人们在哪？为什么这些工人准备冒着生命危险？他们的家人是否试图劝阻他们，还是鼓励他们？学生和他们所在的教育机构扮演了什么角色？如果我们再一次相信伯曼的描述，在他自发地向人群发表演说之前，那名示威者的旗帜突然从哪里升起？伯曼让它几乎看起来就像是林荫大道本身或多或少地创造了公众，但这当然是太天真了。

这并没有影响伯曼对公共领域概念的有趣的扭曲。在他看来，公共领域不再专属于个人之间的理性辩论：个人的表现，身体的经历和视觉上的面对也会起到重要的作用。这标志着阿伦特和哈贝马斯所定义的私密范畴——那里建立了人的身份特征——和公共领域——在那里，完全发展的相互联系——的明确区分的消失。伯曼表示，正是通过让个人生活方式公开化，新的（政治）身份才可以发展。这使得城市居民能够在公共领域认识彼此并共同行动。在公共领域，城市居民可以成为所有基于集体经验或兴趣的公众的一部分。

这一公共领域概念的转变意味着我们也需要一种新的方式来看待城市居民以及他们在那里的表现方式。这里的一个线索是漫游者的形象，这位虚构的城市居民，在波德莱尔19世纪中叶的诗歌中漫步在巴黎的林荫大道上。

瓦尔特·本雅明，勒内·布肯斯以及漫游者

在20世纪，漫游者成为一个神秘的人物：自从法国诗人波德莱尔在150年前用他的存在吸引了读者们的注意以来，无数的作家都让他在巴黎的拱形购物游廊里闲逛。我们看到他漫无目的地漫步在被明亮的商店橱窗所唤起得城市梦幻世界中；他漫步走过人行道咖啡馆，那里的顾客都穿着最新的时装；他在这里的一个小亭子里拿起报纸，在那里无意中听到一个公园里的谈话，让他的目光越过那些在新建的林荫大道上移动的群众；他毫不费力地吸收了所有这些令人眼花缭乱的印象，并汲取灵感，形成他自己的生活方式。

这是一个多世纪以来我们所熟悉的漫游者的浪漫形象。例如，考虑一下，齐格弗里德·克拉考尔（Siegried Kracauer）在1927年将漫游者与吸食大麻的对比。漫游者是：

> ……一个无目的的漫步者，他试图通过吸收上千种印象来掩盖他周围和他自身的空洞。商店橱窗陈列，印刷，新建筑，时髦的衣服，精美的装备，卖报者——他不加选择地吸收了他周围的生活景象。……对漫游者来说，城市的景色就像一个吸大麻者的幻觉。[34]

然而，这对于漫游者来说并不是完全公正的。对于瓦尔特·本雅明来说，特别是在勒内·布肯斯对他的作品的解读中，漫游者并不完全是一个浪漫的逃避现实的说法：漫游者首先是一个哲学形象，一个让我们思考我们处理现代城市社会经验方式的哲学形象。

布肯斯将漫游者的崛起与19世纪中叶以来欧洲许多城市的大幅发展联系起来。工业化导致了移民，而对于移民来说，长途跋涉来到工业大都市意味着他们到达了一个新的世界。有着无数新印象的现代城市经验淹没了城市

居民，这与传统的乡村生活方式截然不同。为了让这一差异清晰，布肯斯使用了本雅明的关于经验的不同概念：一种短暂的（强烈的感觉）体验（Erlebnis）和有意义的经验（Erfahrung）。有意义的经验指的是获得新的经验，这些经验可以被放在早期经历的持续流动中：我们可以把我们在这里的现在的经历和所有意识和无意识的个人和集体记忆联系起来。这意味着我们可以定位正在经历的这里的现在，因此，我们可以理解当下的情况，并觉得当下嵌入了一个更大的整体。个人经验可以被整合成一系列的集体经验。在传统社会中，它们甚至在某种程度上有重叠：仪式将个人经历与集体体验联系起来。[35]

根据本雅明的说法，现代城市生活很难提供这些机会。现代城市生活更属于短暂的体验的范畴：与个人或集体记忆无关的短暂、离散的体验。本雅明认为这是一种震惊的状况：一种几乎不能再被放在一个情境中，不能被同化到个人或集体体验框架中去的情况。勒内·布肯斯简洁地总结了这个对立面：

> 然而，传统经验是基于一种整合之物，其内容包括一系列之前被吸收了的不相关联的事件、在逐渐形成的习惯和培养过程中形成的短暂经验，传统经验还包括大尺度的城市社会中阻止的、被相似的信任感连接、同化的事件，这些事件的激进新奇性和不可预测性也属于传统经验。震惊实际上会破坏任何潜在的联系和可持续性：免疫系统会通过隔离一个事件来对震惊作出反应，因此这个事件保持了一次性。[36]

本雅明并没有把他的短暂的体验和有意义的经验的对立面变成一个怀旧的阐述，即对一个已经失去的但我们必须将之从现代化中恢复回去的有序世界的怀念。在这种新的城市经验中，他实际上看到了以一种新的方式成为各种集体的一部分的机会和可能性。漫游者的形象是这一过程的第一步。本雅明在波德莱尔的描述中建立了他对漫游者的描述：一个有艺术气息的城市居民，他让他冷漠的目光毫无目标地在不可名状的城市民众里游荡。他有能力挑选出那些能激发他创作新诗或艺术作品的元素。[37] 布肯斯将漫游者的态度与私人侦探和记者所采取的态度进行了比较，这两种让当时的社会着迷的职业在19世纪结束时也开始出现。这里的核心概念是布肯斯所描述的"分散的注意力"：一种介于震惊和短暂的、离散的经历之间的状态，它被用来指导构建漫游者的故事，并从无关紧要的和快速连续的经验、事实或图像中做出有意义的选择。[38] 正是这种庞大数量的印象让现代城市居民在公共领域作出了不同的选择，并被他在林荫大道上所遇到的各种公众所吸引。这种描述让人想起了"网络个人主义"：作为个人的城市居民是各种各样、部分重叠的公众的一部分；在城市公共空间中，所有这些公众聚集在一起，这反过来又导致了新的交叉联系的发展。

本雅明在这里添加了一个批判性的注解：对漫游者的强调也会导致一种过于个人主义的生活方式，这是自由主义城市理念的一部分。快乐的漫游着的城市居民会把他的身份剪切和拼贴起来，但除此之外，他对周围的环境并不太在意。这不是本雅明所提倡的。现代城市居民的任务，不仅是在拥有混乱本质的现存社会中寻找一个位置；漫游者也必须能够创造新的公众，例如质疑现有的具有压制性的权力结构。本雅明认为对于那些试图将他们个人生活嵌入集体经验的城市居民来说，去主动寻找"辩证的视野"是非常重要的——那些视野表明了不同故事、看待事物的观点和方法之间的碰撞，例如，不同的制度是以怎样的方式在城市的建筑中产生等级的。[39]

本雅明把漫游者与一个相关的发展联系了起来，他把私有化和城市生活的地方化联系在了一起，他用"茧人"（cocooned human）的形象来说明（或者更确切地说，是嘲笑）这种与漫游者相反的人。本杰明描述了在19世纪中期资产阶级如何开始退缩到私人范畴。大约在这段时间里，经济活动从家庭中消失了，而这使得家庭具有了越来越亲密的属性。正因为现代的公共领域创造了如此混乱的（或用本杰明的描述来说，迷宫般的）印象，那些有手段的人退到了他们自己的领地，那里有某种规则和清晰的秩序。我们之前在桑内特的著作中看到了这一分析。家庭被认为是一个与外面严酷的世界截然相反的地方。室内空间成了这样一个地方，在这里人们可以表达自己的身份，在这里梦想和幻想都会被珍视。

19世纪的资产阶级室内空间装饰着世界各地的丝绒、古董家具和奇珍异品。"最重要的是，这个室内空间是一个天堂，"布肯斯写到，"在那里，几乎没有什么东西可以让人想起外面居民的生活。"[40]个人的家庭，他的住所，逐渐变成了一个隔离的茧，同时在外面的公共生活越来越被视为混乱的和危险的。因此，本杰明似乎并没有用漫游者的形象来描述一种被广泛接受的行为，而更像是用此形象来介入一场讨论。他为公共领域辩护：个人必须在这里，在大众中去塑造他的生活，而不是在受保护的私人范畴里。

在他的著作《一个临界世界》（Een drempelwereld），和《新混乱》（De nieuwe wanorde）中，布肯斯也认为城市居民应该在复杂的公共领域里寻找联系点以塑造他们的生活，并与其他的城市居民联系在一起。这是一个发生在城市公共范畴的各种领域里的复杂的事情：

> 城市公共范畴是一种难以捉摸的现象。人们可以用严格的空间术语来表达这个公共范畴，根据公共领域这一概念，指的是城市中所有人或许多人都可以接触到的空间，从城市街道、广场

到咖啡馆、咖啡厅，甚至是半公共的室内空间，如剧院、百货商店和购物中心。除此之外，公共领域也可以被理解为公共生活。虽然这种生活在很大程度上会在公共空间中发生，但纯粹的空间术语并不能完全解释它。公共生活反映在一种出版的传统中，然而，这一传统正以各种不同的方式变得制度化：从印刷厂、出版业的世界和政治宣传册到电信的世界和电子大众媒体。这反而是都基于一个更少制度化的、公共行为中的实践和习惯的整体（一种网状的集成）：酒吧谈话、街上的相遇与交流、市场生活、公共活动、聚会、夜生活甚至更多的日常活动，比如购物或散步。[41]

因此，城市公共范畴包括了这些地方，在那里，我们能够从做事、思考、观察、散步和交谈的过程中获得一个属于更广泛集体的身份。然而，伯曼认为，新的革命的公众在林荫大道上会无中生有地出现并地团结在一起。布肯斯指出，通过所有这些微妙的、半无意识的碰面、遭遇，甚至是简单的擦身而过，我们成了一个更难以捉摸的公众的一部分：这个城市是一个陌生人的社区。然而哈贝马斯和阿伦特强调了理性讨论的重要性，以及公共领域作为一个中立的会面场所的概念，对布肯斯来说，城市公共空间实际上是由日常生活主导的。对他来说，一个重要的概念是"连续性"：这不是像现代主义的阐释那样——关于为城市居民创造一个无中生有的（ex nihilo）全新体验的世界；这是为了让不同的经验世界重叠，这样他们就能在混乱的世界中提供一个立足点，而不会导致相互隔离。因此，共和主义的城市理念被赋予了更多的日常解释。

因此，布肯斯将这一视角转变为公共领域的个人感知。作为城市居民，我们怎样才能成为不同城市公众的一部分，而不会脱离它或者退缩回去？他展示了私人和公共领域是如何相互交织的。在他的论点中，抽象的高度是有价值的但同时也是困难的。公共领域必须是个人和集体身份有和谐统一的可能性的地方，在那里，我们可以在被陌生人包围的时候感到自在。但这也让我们面临一个新的两难困境：到底是哪种协调才是可取的或是必要的？是否存在一种特定的关系或范围，在其中，一个实际上是一个陌生人的社区的城市能够发展，并且当这种关系低于一定的最小值或超过某个最大值时，它会受到威胁吗？这个最小值在哪里呢？我们可以从哪些构成要素中创造经验呢？这个理论给了设计师们一些实际的立足点。

另一方面，对连续性和嵌入城市生活的强调，确实为二战后出现的关于公共领域的许多其他主流观点提供了一个受欢迎的立足点。两个新先锋派（neo-avant-garde）运动提供了两个对城市公共空间的相互矛盾的视角：情境主义艺术家如康斯坦特·纽文海斯（Constant Nieuwenhuys）基于现代主义的，期待创建一个新的经验世界以替代现有的世界的思想主体，阿基格拉姆（Archigram）运动则拥抱一个更自由的公共领域，在其中最新技术将帮助城市居民协调他们的生活与个人喜好。

新巴比伦和插件城市：新先锋派们的交互式城市

新巴比伦（New Babylon），这个艺术家康斯坦特的未来主义城市从未建成。但是，一个针对现代人的迷宫般的城市的理念仍然存在于无数的素描、有比例的模型、水墨画、绘画、地图和文本中。人们能够看到一个巨大的结构，一个由相似的通道、塔楼和平台构成的一个永无止境的网状物，位于地球表面 15 米高的地方。在其下方，有足够的空间用于交通，让工厂在没有任何人影响情况下提供产品，或是自然保护区和水域。在其中一幅画中，新巴比伦的结构让人想起了蒙德里安（Mondriaan）绘画中的韵律和米罗（Miró）绘画中优雅的形状。在一幅图中，设计中的高高的井架和其他工业元素显得十分突出；这些模型强调了这些通道和裸露的空间的无尽的重复的本质；这些建筑工程结构被绘制在了巴黎和阿姆斯特丹的地图上，强调了它的巨大规模。新巴比伦不是一个建筑，而是一个至少和我们的城市一样大的构筑物。

总而言之，康斯坦特的工作是对未来的探索，在这个未来中，科技让人类从日常琐事中解放了出来。在康斯坦特的后工业时代乌托邦中，机器已经取代了所有的工作，而人类完全可以自由支配时间。这种新人类生存于一个由通道和空间构成的迷宫系统，他们自己可以用各种方式来安排所有空间。光线很难穿透进通道；相反，一个先进的"空调"科技系统调节了气候。人在其中很容易迷失，因为没有任何可识别的地方："每个空间都是暂时的，没有什么是可识别的"，康斯坦特写道，"一切都有待发现，一切都在变化，没有什么可以作为地标。"[42] 如果有必要的话，空调也可以为这种气氛作出贡献："然而，没有任何试图对大自然进行忠实的模仿的尝试；相反，这些技术设施被设置为强大的、创造气氛的资源……"[43] 在康斯坦特的理想城市里，可识别的位置是多余的，由于自动化技术，生活现在不再是工作而全是娱乐，如果人们不再需要工作，也就不再有理由住在相同的某一个地方，就像纽文海斯所说的那样：

> ……久坐不动的生活将失去它存在的理由（raison d'être）。人们的行为在无需工作的时期——假期——为此提供了充分的证明。没有了工作的限制，四处走动就会变得比待在家里更重要：因为居所可以是临时的而不是永久的，居住性质的市镇就失去了它的功能。[44]

纽文海斯认为新的游牧自由是一个重要的成就。在他看来，现存的建筑和规划中的教条过分强调了空间的统一性，这是一种让城市居民在其中可以专心的连续性。这样一个框架对个人的约束太大，而且会影响到人们塑造自己的生活和世界的自由。相比于一个提供稳定视点的环境，康斯坦特提倡一种环境：能够持续产生让新巴比伦的居民们感到惊讶的情景。

> 如果我们获得这一个概念，在其中，生活不表现为连续的，而是由一系列时刻所构成，而这些时刻又在不停地改变它们自身的属性和方向，所以每一个后来的时刻将否认和消除之前的那个时刻，如果我们获得了这种辩证的生活观，我们将不再把生活环境看作一种安顿，一个固定的住所。[45]

因此，康斯坦特的迷宫与本雅明所理解的城市截然不同。本雅明把漫游者放在了聚光灯下，作为一种在迷宫中找到了协调个人和集体身份的一种方法的人的例子，这个迷宫是城市本身的属性，因此使这个迷宫是"可居住的"。对于康斯坦特来说，可居住性的概念似乎包括放弃所有形式的连续性："在新巴比伦长期逗留"，他说，"肯定会有洗脑的效果，会抹去所有的风俗习惯。"[46]他所在的城市由庞大的、空荡荡的大厅组成，这些大厅可以由使用者以各种方式设定。城市居民会不断地在那里寻找新的体验，寻找新的"情境"，从而从国家或资本主义的束缚结构中释放出来。毫无疑问，新巴比伦的草案是相当模糊和不完整的：新巴比伦的意图是成为一个平台；最终的解释是由——用互联网行业最近流行的一个词来说——"用户生产内容"来产生的：[47]

> 新巴比伦人在他们自己设计的背景下，与他们的同胞们一起设计了自己的游戏。这就是他们的生活，在其中就是他们的艺术。[48]

我们必须在情境国际（Situationist International）的背景下来审视康斯坦特的乌托邦，这是一个以居伊·德波（Guy Debord）为中心的新先锋派运动。在二战后的巴黎，德波提倡了一种新的城市愿景。在那之前，城市文化严重地被资产阶级的生活方式所支配。新兴技术的出现创造了一种关于休闲时间的新体制，但这主要导致了"休闲之战"，在其中统治阶级用使人意识麻木的休闲产业来娱乐无产阶级：无论是从空间上还是在电视中，公共领域都会训导工人阶级去跟随资产阶级的喜好。[49]德波宣称，我们必须创造出漂移（dérive）或者异轨（détournement）这些新方法来打破这一进程。徘徊在背后的是心理地理学（psychogeography）的概念：研究地理环境如何影响个人的情绪和行为。这项研究应该包括在城市进行的各种各样的干预，以研究它们的影响。[50] 漂移的干预措施包括一种"通过快速改变环境氛围的方式来实现脱离常规的激情之旅"。干预的一贯目的是唤起"情境"，这种"情境"会产生疏离的效果，或者是玩弄性地扰乱生活中不被注意的日常性——在特定的社会和空间的星丛（spatial constellations）中被认为是"正常"的规则和协议。或者，正如德波所言："生活永远不会太让人迷失方向。"[51] 吉斯·范·奥宁（Gijs van Oenen）写道，"情境主义的核心是一种'单一的城市主义'的想法，目的是从私人、社会或政治的传统的手中夺取城市生活。"[52] 德波声称，建筑师因此必须不再设计唤起特定情感的建筑，取而代之的是指引他们自己去设计可以扰乱现状的"情境"（界面）：情境主义者们试图不断地通过他们的干预来持续将公共领域重新编程，他们希望通过这种方式让城市居民能够意识到他们作为它的一部分身在其中具有压制性的社会结构。

根据范·奥宁的说法，新巴比伦可以被看作是一种极端的漂移干预手段，"（……）通过创造短暂的超越任何中央组织权力能够触及的环境，漫游行为能够慢慢破坏城市的结构"。但是，尽管康斯坦特希望这能够解放城市居民，并赋予他们一种新的、自我构建的身份，范·奥宁主要着眼的是无目的的游荡的个人：

> 在当代读者的眼中，康斯坦特作品的草图给人一种完全不同的印象：孤独、徘徊的个体，他们无法再决定方向或目标，而他们主要是在这个项目的巨大空间中寻找自我。他们似乎从未真正接触过任何其他人或任何事物。[53]

在情境主义者的想法中，有价值的是建筑师、艺术家或设计师可以充当"界面设计师"，通过特定的程序设计，可以创造出引起政治意识的情境。这就是新城市公众如何出现的。但以其最极端的形式，如在新巴比伦所体现的那样，这种方法也排除了每一种形式的根植于某处，在某处的家的感觉。康斯坦特假设了一个由那些想要构建自己身份的完全没有嵌入任何事物的人组成的世界。我们在康斯坦特的作品中所看到的对任何形式的连续性的极端拒绝，意味着公共领域在他的视野中几乎是不可行的。

当 20 世纪 50 年代的巴黎，情境主义者把马克思主义理论与在公共空间中好玩的干预活动联系在了一块时，在 20 世纪 60 年代的"摇摆的伦敦"，有 9 期《阿基格拉姆》（Archigram）杂志出现了，这些杂志的作者们实际上主张对公共范畴进行更自由的解读。[54]

《阿基格拉姆》的背后是一群有着相同名字的建筑师团体，他们的"设计语言"明显受到了早期先锋派如达达主义的启发。[55] 尽管阿基格拉姆和情境主义有意识形态的差异，他们对很多问题的想法却都很相似：两种运动都假定一个建筑的出发点是"情境"或"事件"。建筑电讯派的建筑理念也不是围绕着建筑物转的；相反，它的核心是一种特定的、动态的、可以创造一种体验的方式的空间表演。从传统意义上来说，建筑只是这一表演的一个方面。正如著名的阿基格拉姆成员彼得·库克（Peter Cook）用魔法般的语句所说：

> 在牛津大街下雨的时候，建筑并不比雨更重要；事实上，在那一刻，天气可能与生活城市的脉动有更多的关联。[56]

阿基格拉姆认为，新的（计算机）技术应该被用来绘制和显示这个经验和社会过程的无形世界。为建筑物配备诸如传感器这样的现代技术，可以使建筑环境随着城市的社会进程而改变并与其始终保持一致。[57]建筑师的任务将是"调教"和"放大"城市社会进程：建筑师不仅要设计出一个现成的环境，还要设计出这种环境能够与所发生的活动一起发挥作用的算法。

这个想法在阿基格拉姆最著名的原型之一——"插件城市"（Plug-In City）的大量图纸和草案中得到了详细阐述，而它的设置会让人联想到新巴比伦。这个插件城市包括一个复杂的由通道和路径构成的基础设施网络，上面悬挂着各种各样的单元，如商店、卧室和办公空间。这些单元可以通过作为结构一部分的大型起重机来重新安置。这座城市永远不会有保持不变的形式：它的建筑永远是流动的。[58]这个插件城市并不是自给自足的：它的存在有赖于它的影子和神经中枢——计算机城（Computer City）来实现。城市里的各种进程都将被测量，并将数据转化为对物理基础设施的调整。为了说明这个想法，阿基格拉姆的《生活城市》（*Living City*）展览包括了一张"穿孔卡"的图画，这是当时操作电脑的标准界面。标题读起来像一首诗：

谁会直接喜欢上它？
谁又会买些什么？
谁相信什么？
谁又会生存或死亡？
思想，行动
连锁反应
生命的力量
在张力中平衡
这个城市社区
这座城市
人群[59]

他们的建议是，例如计算机能够根据用户的购买模式，绘制出个人的生活方式。正如我们在第三章所看到的，这一领域的第一次实验发生在 20 世纪 60 年代。然而不同的是，阿基格拉姆所提出的利用这些信息来协调建筑本身的环境的建议："如果我们能找到一个真正即时回应人类愿望的建筑，"彼得·库克写道，"那我们就能真正取得一定的进展。（……）人机界面。信息反馈会导致环境变化"。[60]

这在当时是一个具有革命性的想法。带着这些想法，阿基格拉姆接受了当时的新兴科学"控制论"的关于互动系统的研究：[61] 这一研究希望计算机能够被用来编排各种"反馈回路"。因此，这个插件城市并没有一个总体规划；取而代之的是它有一个动态的系统，可以随时预测这个城市发生的一切。建筑因此成了一种"场景机器"，根据西蒙·赛德勒（Simon Sadler）的说法，"这是一种建筑的不断创新重组，是一种由用户设计的生活和好玩的过程。"[62]

在这方面，阿基格拉姆与一个情境主义的策略有相似之处——"好玩的情境"是为城市生活中的干预而发展出来的。然而，这两个运动之间也存在显著的意识形态差异。对情境主义者来说，通过这些好玩的疏离策略实施干预措施的目的，是为了从资本主义的资产阶级和感官论者的社会中重新夺回这座城市。它的目的是对社会系统进行批判性的反思：这些干预措施的目的是作为"提高意识的界面"。另一方面，阿基格拉姆则拥抱了当时的"波普"精神，以及它的逐渐繁荣和及时行乐的世界。想想看，例如，《生活城市生存工具包》（Living City Survival Kit）装置，一副由阿基格拉姆用他们所认为的当代城市生存必需品所组成的拼贴画：可口可乐瓶子和一罐白天享用的雀巢咖啡、香烟、金铃威士忌酒（Bell's whisky）和晚上听的爵士乐，和服用一包我可舒适（Alka-Seltzer）止痛药后的第二天早上。[63] 建筑电讯派描述的建筑是为了满足城市居民的愿望，但它的实现是建立在自由论的个人主义基础上的。计算机城将使城市能够适应个人，但是，需要予以呈现的社会关系，更不用说社会的对抗，并没有得到解决。"系统的美丽新世界"，西蒙·赛德勒写道，将服务于"垮掉的生活方式"。在阿基格拉姆的城市里，情境主义者想要揭露的阶级差异根本就不存在了。自动化将会导致一个富足的城市出现，这个城市将被一种令人愉快的"雀巢咖啡无政府主义"所主导——这是 21 世纪初"创意阶层城市"中的卡布奇诺城市主义的先驱，在接下来的章节中我们会更详细地讨论这个问题。阿基格拉姆的城市生活包括在爵士俱乐部里的漫长夜晚和时尚精品店的开张香槟宴。

这导致了一个不再被本雅明的"震惊"所主宰，而是被"反馈"（kick）所主宰的公共领域：城市居民将受到各种新时尚潮流和生活方式的刺激和启发。城市是这样一个地方：

> ……在那里发生着如此多的事情，以至于一个活动会受到所有其他活动的刺激。它是所有事物的集合，每个人都进入了一个紧密的空间，使得交叉刺激得以延续。潮流指导着城市。城市的情绪是疯狂的。这一切都在发生，一直都在发生。[64]

这个概念让人想起了本雅明的漫游者，但它也与这个形象有所不同。毕竟，本雅明也给了漫游者任务，就是去寻找辩证的图像，以应对过去和现在共存。对于阿基格拉姆来说，"踢踏"的乐趣在于成为一个万花筒般的、匿名的城市场景的一部分。公共领域中的"其他人"可能是塑造自己生活的灵感来源，但仅此而已。在《生活城市》展览的背景下，阿基格拉姆声称，"我们不希望与所有人交流，而只与那些思想和情感与我们自己相关的人交流。"[65]

从公共领域的问题来看，新巴比伦和插件城市面临着许多与我们息息相关的问题，因为今天的新媒体开发者们都受到了情境主义者和阿基格拉姆的启发。他们认为这些运动是交互式城市主义的原型，因为他们把建筑作为"场景机器"和把艺术家作为一个具有煽动性的场景的设计师的角色的启发性想法。通过设计具体的程序，这两种运动都旨在创造新型的公众。一个重要的动机是个体的自治和自由：一种能够根据自己的见解来安排自己生活的、不用考虑社会习俗的自由。在康斯坦特的设计中，迷失方向和破坏固定的集体框架是项目的起点和终点。新巴比伦提供了无限的自由，但几乎没有任何个人可以参与的新的集体经验。插件城市则有着相反的问题："对于阿基格拉姆来说，"斯科特·麦克奎尔（Scott McQuire）认为，"问题是，对权威的质疑瓦解为关于个体选择的事情。"[65] 因此，公共领域成了一个平台，一个可以与提供灵感的来源的其他人相遇的平台，目的还是为了安排自己的生活方式。

我们不能忽视这两个运动在当时都是具有先进性的事实。他们的目标是各自为他们所认为的令人窒息的主流文化提供另一种选择。在情境主义者的例子中，这是感官主义的社会和过度消费主义的兴起。在阿基格拉姆的例子中，他们的运动所强调的"垮掉的生活方式"是一种逃避 19 世纪 50 年代强制性的共产主义的感觉，并打开了个人自我实现的前景。

但是，如果阿伦特的重新流行有什么是可以遵循的，那么在当前的讨论中，个人自由的缺失不再是主要问题。现在的问题是，在一个个人主义和地方化的时代，我们如何确保公共领域的持续存在。这方面的主要问题是，这个公共领域应该是什么样子的：它是否应该是一个中立的空间，所有的城市居民都作为公民在此相遇？或者，我们是否会以一种有点混乱的方式发现，在现代城市中，各种各样的日常生活经验都是重叠的？后一种方式最适合于地方化的发展，这在一定程度上受到了城市媒介的兴起的刺激。但它也让我们面临一个艰难的挑战：需要什么样的程序才能确保这些经验世界确实时不时地相互重叠？

　　关于公共领域的讨论首先是一个规范性的问题。中心问题始终是：城市居民如何与其他城市居民，以及他们不同的想法、身份、期望等等联系在一起的？在自由主义的城市理念中，城市居民只能自己去找寻答案。在共产主义的理念中，参与公共生活是一种责任：城市居民可能不会退回到同质化中，但是他们被期待愿意去体验他们之间的不同。但是根据这里引用的一些哲学家的说法，如果这些城市居民们不这么做，那么这个城市作为一个社会的持续存在就会受到威胁。

　　这一责任必须由公民、设计师和决策者来完成。他们必须设计出能启发这种公共领域的城市界面。在接下来的章节中，我们将讨论这些是否发生以及如何发生。以鹿特丹的肖伯格广场（Schouwburgplein，字面意思为"剧院广场"）为例，次章概述了在过去的五十年里，鹿特丹这个公共领域的争论和设计是如何发展的。

第五章

肖伯格广场：公共领域的实践

Schouwburgplein:

the Public Domain in Practice

1997 年 6 月 21 日星期六几近午夜时分，时任鹿特丹市长的布拉姆·佩珀（Bram Peper）在该市的肖伯格广场（Schouwburgplein）上举行了一场简短的演讲。在古巴人坎迪多·法布尔（Candido Fabre）的大乐队将要为纪念广场的开幕式开始表演之前，他邀请了一些公众来一起干杯，为了庆祝刚开幕的新的"缪斯广场"——对广场所处位置的一种引用，它处在剧院，德·多伦音乐厅（De Doelen concert hall）以及一个多功能电影院的中间。在关于该广场未来的持续了几十年的争吵以及否定掉了无数提案之后（据一位鹿特丹的建筑历史学家计算，有四十项提案），这件事终于看上去被解决了。新的肖伯格广场，由来自西 8 城市设计（West 8 urban designers）的建筑师阿德里安·高伊策（Adriaan Geuze）设计，现在终于正式开放了。

　　当天早些时候，公众参观了用于翻新广场的特殊材料：有一条有 70 米长的长凳的木板路，它被用一圈橡胶与广场的其余部分隔开；旁边铺着钢板，以及用相思木和绿色环氧树脂拼接成的"马赛克地板"；巨大的液压起重机提供了照明，并被漆成与威廉姆斯堡大桥（Willemsbrug bridge）相同的红色，这是对鹿特丹港口的一个引用。整个广场比周围的环境高 35 厘米，这是一个城市的"舞台"，希望这个城市的公共空间能被城市居民所"占领"。

　　这一设计并不是没有被批评：建筑史学家伯纳德·哈斯曼（Bernard Hulsman）认为，从空中看，广场看起来很漂亮，但所有这些奇异的材料从日常行人的角度来看都不是特别吸引人。[1] 女性的细高跟鞋会被卡在了金属网里，而环氧树脂地板上的雨水并没有被适当的排水设施排走。批评人士称，这个广场在画板上看起来如此吸引人，但毕竟只是"设计师"广场。它在国际建筑出版物上的表现很好，它的独特设计为鹿特丹提供了一个很好的标志，但是作为一个城市公共空间，作为一个见面或休息的地方，它是不可用的。

　　并非所有人都持批评态度：鹿特丹的建筑历史学家赫曼·莫斯卡韦特（Herman Moscoviter）在《鹿特丹日报》上发表了一篇专栏文章，他说，尽管肖伯格广场不是一个充满了活泼的户外咖啡馆的传统公共场所，但它确实为城市中产阶级外的其他群体们提供了一个平台。例如，溜冰者、轮滑者和骑行者们完全利用了这个广场。[2]

　　围绕着鹿特丹的肖伯格广场展开的辩论是关于城市公共范畴的辩论。在这场辩论中，关于这个城市公共空间功能的不同概念被清晰地表达了。它应该被中产阶级的生活所主宰吗？肖伯格广场是否应该属于所有的鹿特丹人？或者，一种特定的亚文化群（溜冰者和骑行者）认为广场是他们的"家"，这实际上是不是一种积极的发展？城市公共空间的主要功能是作为会见场所吗？还是应该把它作为一个标志来帮助城市实现国际地位？

　　20世纪90年代末关于肖伯格广场的辩论并不是第一次：从20世纪40年代末的鹿特丹战后重建计划中，第一次出现了关于广场的设计和使用的辩论。总之，所有这些争论都让我们对市议会和设计师们如何看待和塑造公共领域的最佳方式的不同的看法有了洞见。

　　在这里，作为"哲学时刻"的两场辩论扮演了一个关键的角色：在20世纪70年代末，建筑师赫曼·赫兹伯格（Herman Hertzberger）提出了一个20世纪60年代的现代主义设计的替代方案。最初的广场被现代主义的设计原则所主导，即功能和交通流线的分离，但赫兹伯格（一个结构主义者）现在提出了一个更接近共和主义城市理念的计划。然而，当时的掌权者们认为他的将广场看作"城市的客厅"的想法没有任何价值。

　　直到20世纪90年代初，一个新的设计才被批准。关于阿德里安·高伊策设计最终被实施的争论导致了许多新的发展。在过去的几年里，公共领域的城市政策日益受到城市营销和中产阶级的休闲文化的支配。与此同时，也有可能追随城市空间使用的变化，部分原因是相比于公共领域，城市居民越来越偏爱地方领域。这转化成了对于肖伯格广场的一个设计目标，至少在理论上，公众被赋予了更重要的角色：他们将根据自己的想法来"占有"这个空间。

　　所有这些发展都使城市公共范畴以一种新的方式运作。它不再是所有城市居民会面的中心平台，这也不是说城市居民之间的互动消失了，而是形成了重叠的地方领域的城市网络。海耶和雷恩多普的分析表明，这种方法也为城市公共范畴的设计提供了新的线索。这些发展都将由肖伯格广场作为案例来说明。

赫曼·赫兹伯格的提案（1977）

　　1977年，赫曼·赫兹伯格在鹿特丹市议会的要求下，提出了一项新的（并迅速变得极具争议性的）关于肖伯格广场的提案。赫兹伯格在他提案的简介中写道，"一个广场是……城市的象征意义上的客厅，在那里，城市居民的某种程度上仍然属于一个整体的感觉应该被表达。"[3]赫茨伯格认为，一个广场应该让城市居民感到他们是城市社区的一部分。这不应该是一个具有明确划分的社群主义社区；相反，他的观点似乎与共和主义的城市理念相吻合：应该有多个视角的空间。赫兹伯格认为这是建筑师的任务，"帮助扩大我们经验世界的范围"。广场应该以这样一种方式来设计，游客和使用者们将会被在这里获得的新印象而吸引。

在 20 世纪 70 年代末，这些想法遭到了来自鹿特丹艺术顾问基金会（Rotterdamse Kunststichting，简称 RKS）的巨大阻力。它认为赫兹伯格的计划是既"粗俗的"又"古怪的"，并且"和是其中任何一种又都不一样"。[4] 它根本不符合市议会的现代规划理念，即城市公共空间主要被认为是基础设施和交通运行的空间。该计划之后的辩论和鹿特丹艺术顾问基金会对它的反应，构成了对城市公共领域的思考的一个转折点。最终艺术咨询基金会获得了胜利，赫兹伯格的提案没有实施。尽管如此，他的设计方法慢慢地得到了发展，最终现代主义的视角逐渐消失在了历史的背景之中。

当赫兹伯格呈交他的提案时，肖伯格广场仅仅只有 30 年的历史。1946 年，它首次出现在鹿特丹的地图上，是在城市建筑师考内利斯·范·特拉（Cornelis van Traa）的鹿特丹二战后重建的基础规划上，在二战期间，该市被大规模的轰炸袭击严重破坏。然而，直到 1960 年代中期，一项基于一个叫做法丁加（Fokkinga）的工程师的设计出现之前，这座城市都没有成形。[5] 现代主义建筑的信条指引着他的设计，使得他专注于城市功能空间上的分离以及交通流线（广场坐落在多条穿越道路之上，并且也在广场的地下建造了停车设施）。法丁加将肖伯格广场变成了一个开放的表面，两侧是三条水渠，另一个则是三个小摊。这使得该广场与周围的环境没有任何直接的关联。

法丁加的规划更倾向于为广场提供更多的绿色植物、欢愉、餐馆和咖啡馆，喜力（Heineken）啤酒厂甚至提出了一项规划，该规划提倡多种功能混合：商店、娱乐和文化。这个广场从来都不受欢迎，尽管它是供附近办公室的商务人士在天气晴朗时的午餐时间使用的。当当地报纸报道这个广场的时候，同样的字眼总是反复出现：风大的，光秃秃的，不适宜停留。从 20 世纪 70 年代开始，为了整修广场，不断有新的规划被推出来。

赫兹伯格的提案是最引人注目的。赫兹伯格属于一个更广泛的运动范畴，从 20 世纪 50 年代末开始，结构主义者们提倡在建筑设计重新引入人类的维度，并作为指导原则。他们拒绝了"城市塑造"（在城市中心建设商业区）与"增长中心"（建设住宅区城市）相结合的发展。在他们看来，这座城市应该有一个充满活力的核心。城市设计应该给城市居民一个"家"，同时为人们提供会面的空间。在《论坛杂志》（Forum magazine）的一次讨论中，他们通过用欢快的广场的照片取代荒凉的公寓楼的照片来为他们的论点加码。[6]

关于"家"的设计在赫兹伯格的肖伯格广场规划的核心概念中得到了呼应："宜人的"。一个地方必须能够创造持久的意义和联想；它一定是一个可以放松的愉悦的地方，人们应该在那里感到像在家一样自在。他对应该放置在公共空间中的那类雕塑的描述清楚地代表了他的概念。他认为这些雕塑不应该让人想起：

> ……牙医的钻头……它的唯一的目标似乎是一遍又一遍地实现所谓的间离效果（在一个疏离感已经是我们最紧迫问题的世界里）……（相反）我们希望城市能够获得这样的雕塑，它能唤起温柔、友好、温暖的联想，通过这些联想人们能够建立一个情感链接。[7]

　　我们很容易把这看作是对情境主义观点的批判，正如我们已经看到的，情境主义者们实际上提倡疏远和颠覆性的经验。在赫兹伯格看来，现代生活已经足够令人困惑了。公共领域应该以这样一种方式来设计：使得这个混乱的世界再次成为"可体验的"。城市居民应该能够依附在一个地方；在那里，他们应该能够感受到他们是集体节奏的一部分。

　　为了让肖伯格广场更加"宜人"，赫兹伯格提议将肖伯格广场大而无吸引力的表面分成两部分。新的小尺度的空间会唤起一种更亲密的感觉。因为不同的文化机构将坐落在广场上，游客们将同时获得各种各样的新体验。此外，还有许多地方可以让人们坐下来放松。为了让人知道他的想法，他的规划里包括了米兰的埃玛努埃尔二世拱廊（Galleria Vittorio Emanuele）以及鹿特丹的二战前的玻璃顶覆盖的高街通道（Hoogstraatpassage）购物拱廊的照片。

　　赫兹伯格选择了两个拱廊购物街，这并不是巧合：它们符合公共领域的愿景，强调了感官的感受，以及现代城市生活的短暂而又嵌入式的体验。[8] 拱廊是瓦尔特·本雅明的"漫游者"的卓越领域：他在那里吸收了大众，在那里欣赏着陈列的商品，或者凝视着现代性的奇迹——高街拱廊是鹿特丹第一个用电灯照明的建筑。与此同时，以人类的维度为中心的拱廊，也为漫游者们提供了一个充满活力的"家"：在这里，他可以被现代城市生活所吸收，而不会完全在其中迷失自我。用布肯斯的术语来说，这些地方是"门槛世界"（threshold worlds），或者"界面"，在这里，个人和集体身份之间的协调，或者新的和旧的之间的协调将会发生。

　　在20世纪60年代和70年代，结构主义者们并不是唯一批评现代主义重建愿景的人，而这一愿景却在当时的鹿特丹奠定了基调。在媒体上，常常可以看到鹿特丹的市中心缺乏人类维度这样的讨论：建筑评论家和专栏作家雷恩·布里斯特拉（Rein Blijstra）在《自由人民》（Het Vrije Volk）报上写道，鹿特丹故意被设计成了毫无魅力的城市，"因为人们认为二十世纪的人有着一种不同的生活方式，以及不同的移动方式，例如，相比于中世纪的人们。这种假设是错误的吗?"[9]这种批评随着 1968 年 R·温托特(R. Wentholt)写的《鹿特丹市中心的体验》(De binnenstadsbeleving van Rotterdam)这本书的出版而发展了起来,在书中,他写道,大量的开放空间,太少的私密性,整体而言,建筑提供的亲密感很少,这些都使得人们难以在鹿特丹的市中心能够有家的感觉,或通过建筑环境进行自我辨识。所有这些批评都特别适用于肖伯格广场:"已经存在的广场周围的墙壁并不能很好地形成一个有着令人满意体验的广场,而之后将一小片没有用上的土地作为中央广场这件事并没有考虑或者协调城市强加限定的整体空间结构。"[10]如果希望广场成为一个充满活力的地方,那么需要活动的"密集化",也就是把各种各样的功能聚集在一起。与一个"美学意义上复杂精致"的大广场相反,他提出了一种"为多种文化使用的空间的缓慢积累"的设计。这些批评在当时得到了更广泛的支持,这在很大程度上归结于这一点:基于 CIAM (国际现代建筑协会)发扬的国际风格的肖伯格广场是一个无效的界面。这个建筑的目的是创造一个"城市界面",让一种新的人类能够成长一个完整的个体,但是它却忽略了人类的维度。那些本应在这些城市界面中发生的协调的过程从一开始就是失败的:CIAM 的建筑并不是如勒·柯布西耶(Le Corbusier)曾经希望的那样,成为"疏离感"的解决方案:相反,它反而加剧了这种情况。

当时,无论是温托特的书还是赫兹伯格的提案都不受 RKS 艺术顾问基金会的欢迎。1977 年 9 月,肖伯格广场研究委员会(Studiecommissie Schouwburgplein)将一份调查结果提交给了市议会。[11]在他们的报告中,作者强烈批评了赫兹伯格关于城市公共空间应该让居民能够获得在家一般的感觉的观点。RKS 艺术咨询基金会仍然在很大程度上支持现代主义的重建理念:一个好的广场,在 RKS 的建议中写道,"是一个为周边地区提供交流的容器。它是一个可以去往多个方向的交通节点"。报告的其他部分也强调了公共领域的流动性和运动:"一些著名的城市广场仅用作交通路口,而其他广场主要用作停车设施。"

这并不是说广场只应该有一个交通功能:RKS 也对广场上发生的社会活动给予了相当大的关注,比如"打鼓比赛、溜旱冰展示,以及用模型船和小艇航行"。只是这些活动不应该是被指定的或计划的。一个广场——或者从广义上说,城市公共空间——必须首先为各种各样的动态活动提供空间。这个概念与康斯坦特的新巴比伦是相似的:城市居民必须有机会根据他们自己的判断来组织他们的环境。每一种形式的嵌入都被称为"古怪的"和"粗俗的"而被 RKS 所拒之门外;正如所预期的那样,广场上建立文化机构的提议也遭到了 RKS 的拒绝。

赫兹伯格的提案和 RKS 的报告引发了相当大的动荡,最终该提案没有实施。赫兹伯格所提倡的强调了城市公共空间"如家一般的"感觉的人文主义观点，在 20 世纪 70 年代末，输给了在当时仍被定制的强调流动性和运动的现代主义重建计划。但不久之后，潮流发生了转变，赫兹伯格、温托特和其他一些人提出的论点逐渐在城市规划政策中获得了立足点。1978 年，市议会接受了"菱形鹿特丹"（Rotterdam binnen de Ruit）结构规划，这结束了不同城市功能之间的分离，并计划在市中心修建更多的住宅。紧接着，1982 年，一份由鹿特丹城市发展部门（Stadsontwikkeling Rotterdam）发布的关于肖伯格广场的报告认为，广场的设计必须更多地考虑"人的维度"。[12]

　　然而，直到 20 世纪 90 年代初，才作出了最终的决定，西 8 城市设计的阿德里安·高伊策被委托重新设计了肖伯格广场。如果要把这个设计放入到文脉里，首先要着重考虑一些与公共领域直接相关的更广泛的发展。

鹿特丹的公共领域（1980–1990）

　　20 世纪 80 年代，鹿特丹市议会对公共领域的设想发生了改变。这一转变与城市文化的更广泛的发展有关：商业化和本地化。随着时间的推移，人文主义的发展原则得到了广泛的接受，但它们却被扭曲了：它们并没有成为服务于共和主义城市社区的理念；相反，它们被城市营销和消费社会等概念所主导。

　　这些发展在 20 世纪 70 年代末开始变得引人注目。越来越多的商店和娱乐功能，包括咖啡馆和餐馆，在荷兰城市的市中心被分配了更多的空间。城市居民越来越多地被视为享受"快乐购物"的消费者。各城市都非常愿意利用这一点，部分原因在于，把自己与其他城市区分开来变得越来越重要，因为这样可以吸引企业们来这里建立自己的品牌。在服务经济中，与全球通信网络的崛起紧密相连的是，企业的总部和生产部门的具体地理位置不需要像从前那样紧密地联系在一起了。因此，也许与直觉相反，位置的重要性没有降低，反而变得越来越高了：人们或公司可以自由地在任意的所有地方建立自己的品牌，他们可以选择最具吸引力的位置。由于这一发展，城市发现自己处于一场竞争激烈的斗争中，它们试图超越对方。公共空间的组织在这里扮演着重要的角色：它获得了一个越来越具有代表性的角色。城市试图通过雄心勃勃、高质量的公共空间设计来区分出自己。越来越多的人把重点放在城市公共空间的标志性价值上，同时，这一公共空间日益受到休闲消费主义的支配。[13]这意味着公共空间的设计越来越趋向于一个新的城市居民群体（"创意阶层"）的品味，他们正是这些城市想要吸引的人群。[14]

　　美国学者唐·米切尔（Don Mitchell）认为，这一转变标志着公共领域概念化的重要转变。它不再是一个表现政治诉求的平台；相反，它已经成了一个为了无忧无虑的休闲时光而存在的平台。他在一篇关于 20 世纪 60 年代伯克利人民公园暴动（People's Park riots in Berkeley）的开创性文章中对比了这两种公共领域的视角。他将城市公共范畴的概念描述为一个自由的政治空间，公众可以自由地组织自己，不受当权者的干扰。公共领域是一个（政治）表现的地方，不同的团体可以通过他们的实际参与来加强他们的政治主张。这也意味着，公共空间有时可能会有些混乱，或者可能呈现出政治斗争的场景。这正是伯克利所发生的事情：无家可归的人占据了人们的公园，为了他们的权利而挺身而出；他们与许多机构（大学，市议会）展开了一场斗争，这些机构对公共领域有不同的看法，并且想要把那些无家可归的人从公园里驱逐出去，这样他们就可以开发这些地方。对他们来说，城市公共空间是这样一个地方：

> ……一个用来娱乐和消遣的地方，对于一些合适的公众来说，可以被允许使用。因此，公共空间构成了一个可控的、有序的休息区域，在那里，一些行为得体的公众可以体验到这座城市的景观。[15]

因此，米切尔描述了一种转变，即城市公共空间越来越受到后一种观点的支配。

这种转变也可以从鹿特丹的发展中看到。1984年，城市规划部门（Dienst Ruimtelijke Ordening）编制了一份名为"肖伯格广场：从荒凉的广场到娱乐的中心"（"Schouwburgplein: van tochtgat tot uitgaanscentrum"）的备忘录。[16]可以追溯到1985年的政策文件规定，鹿特丹必须成为一个"有吸引力的城市"。在1993年的"内城计划"（Binnenstadsprogramma）中，它着重强调了公共空间必须成为"城市的展品"。[17]在《户外空间》（Buitenruimte）一书中，城市委员会解释了它在公共空间上的政策变化，这个空间被描述为"一个在功能性和建筑意义上的公共领域，它表现了城市的特性和它的组成部分"。[18]一项预算调整强调了这一政策的变化：直到20世纪80年代中期，鹿特丹的公共空间的建设主要是为了达到"民主性"：当这些空间被建造时，同样的预算原则被适用于所有这类空间的建设。20世纪80年代中期，这种政策发生了变化：具有特定（代表性）功能的公共空间有了更多的资金可用。[19]

在一段时间内，似乎这样一种公共开放空间的愿景将会在肖伯格广场的新设计中被实践，那就是一种被明显的标志性特征所主导的，同时也试图对消费社会的兴起作出适当回应的公共开放空间的愿景。1987年，时任城市发展部门（Stadsontwikkelinkg）的新主任雷克·巴克尔（Riek Bakker）邀请了美国建筑师本雅明·汤普森（Benjamin Thompson）来制定一项新的规划。在他的规划中，广场将被设计为一个对角的玻璃屋顶，以创造许多被拱廊覆盖的市场摊位，类似于美国的购物中心。广场本身将配备有拉斯维加斯式的标志性装饰：像德·多伦音乐厅那样高的古怪造型的风车，一对巨大的木屐和代尔夫特瓷砖贴面。就像它的许多前任设计一样，这个设计在市议会被否决了。[20]

另一发展从 20 世纪 80 年代开始变得更加突出，并且影响了城市公共空间的观念的变化，就是私有化和地方化。私有化意味着一些传统上在公共场所进行的活动现在在半公共场所进行：百货商店和购物中心确实可以实现公共职能，但它们是私人财产；由所有者最终决定什么是被允许的，什么是不被允许的，谁可以或者不可以进入这些空间。"地方化"意味着某些特定的空间由某个特定的群体所主导；即使是在任何人都可以经过的公共空间里，一个特定的广场、公园或夜生活街都可能会由一群特定的城市居民所主导，让其他城市群体感受到他们是来这里的游客。[21] 这些类型的本地空间，对于特定的城市群体的成员来说是有意义的，相比于发生在公共领域的与其他城市居民的接触，这种本地空间的意义在城市居民的日常生活中逐渐变得越来越重要，这种发展我们已经在这本书的前三章有所接触了。

这一发展对于我们对公共领域的理解方式是有影响的，城市规划和更新部门（Dienst Ruimtelijke Ordening en Stadsvernieuwing）的员工在《户外空间》上解释说。公共领域已不再是这样一个明确的空间，在那里所有的鹿特丹居民都必须能够意识到他们自己并且能够与他人相遇；相反，城市公共空间由部分相互重叠的本地空间的网络所组成。在鹿特丹，市议会因此想要：

> ……创建一个精心设计的可以吸收当前的现实的开放空间系统。在这个网络中，特定的公共领域可以发展，可以由公共空间和集体空间所组成，这些空间可以被不同的城市社群在不同的时间占有和使用。市中心的户外空间不再具有不言自明的普遍利益。这是一个门槛地带，在那里，有时尖锐的极端相反的城市现实可能会相遇；在那里，人们之间的差异是被赞颂的。[22]

另一方面，人们也担心城市人口会变得支离破碎。根据市议会在 1998 年的"一个有吸引力的城市的行动计划"（Actieplan Attractieve Stad），公共空间作为一个整体也必须起到"城市水泥"的作用。它的目标是开发一个公共领域，可以"将所有东西聚集在一起，创造平静和可识别性，让这一空间属于每个人，每个人也都可以使用它。"[23]

以上所述的发展导致了一个包含了一定的张力的公共领域的愿景：一方面，有一种观点认为，市中心的公共空间必须成为城市的展品；他们必须赋予这座城市一个具有吸引力的身份，并且在某种程度上，被"城市营销"所支配。另一方面，对于城市居民来说，公共空间也必须是有趣的空间，在那里他们可以意识到自己并认识他人。政策制定者们意识到，不同的群体有时占有和支配不同的城市区域。与此同时，公共空间作为一个整体起到了"城市水泥"的功能。正是在这样的背景下，阿德里安·高伊策设计的肖伯格广场被批准了。

阿德里安·高伊策的肖伯格广场

1992 年《图像荷兰》（*Grafisch Nederland*）的圣诞特刊主题是城市公共范畴，其中一位作者是年轻的建筑师阿德里安·高伊策。与赫曼·莫斯考维特和保罗·范·伯克（Paul van Beek）一起，他发表了一篇文章，事后看来，这篇文章可以被认为是他肖伯格广场设计的宣言。这一宣言的开头是说，传统的城市公共空间已经失去了它最重要的功能：接触和交流主要发生在媒介网络中，而不是在物理空间中。20 世纪 90 年代的城市居民非常重视他们的隐私，但也非常具有流动性，因此日常生活中，我们不再能在日常生活中于城市中心广场这类城市公共空间的基本类型中见到他们。他更像是一个"游牧民"，整个世界都在他的支配下。他没有在林荫大道上漫步，而是在高速公路的立交路口上驰骋；节假日时，他不是在市中心购物，而是在由旅行社和廉价航班所开辟的旅游目的地享受阳光或雪景："传统的在大街上或林荫大道和广场上的公共生活在很大程度上被门后的世界挤出去了，电视、高速公路文化和打包的度假产品"。[24]

根据作者的说法，面对这种转变我们需要用新视角来看待公共领域。他们既不能从 19 世纪末的从大都会林荫大道上发展起来的公共领域找到启发，也不能从现代主义前卫派们的概念中获得灵感。19 世纪的理念对作者来说太局限了，因为这种形式的公共空间是由新兴的中产阶级所主导的。这些应用的标准都是他们创造出来的，并且随着时间的流逝，他们还发展出了新的协议；任何偏离这些协议的东西都是被禁止的："即使是最轻微的混乱也会迅速地具有一种对于富足生活的成就攻击的意味。"[25] 换句话说，林荫大道及其后继者，如商业街，实际上完全不是公共领域，而是中产阶级的地方领域。作者还否定了现代主义先锋派的公共空间，因为发现他们把功能分割地太死板了。

公共领域的新概念必须建立在"解放公民"的原则基础上：他不再让自己被人左右，而是自己决定什么是最适合自己的。他不再是大众文化的一部分，他可以与所有的城市居民分享，但他是一个有着自己的标准、价值观和习惯的小众文化的一部分。再加上当代生活的移动性的增加，这就意味着城市居民的"附属空间"虽然是由他们自己使用的，但这些空间不再必然位于市中心。作者举了三角洲工程（Delta works）大坝的例子：它们是作为水坝而被建造的，但现在却是鹿特丹居民的非常流行的休闲场所。这样的发展意味着公共空间的设计师们不应该再努力去以一个预设的寄希望于被所有城市居民同时使用的功能来开发一个公共领域：

> 现在是时候承认，公共空间的很大一部分并不总是具有相同的公共性，也是时候考虑这对它们的设计造成的影响了。亚文化已经在一定程度上占用了特定的地方，以至于人们可以说，普遍的和日常的公共空间都是属于少数人的。现代城市是一种亚文化的热带雨林，不断地编写和改编自己的剧本。[26]

高伊策在后来的一篇文章中阐述了这一概念：建筑师和规划者应该为公众提供"占领"公共空间的机会。高伊策发现，当时的公共空间有太多预设的规则：他们反映了官僚主义的城市规划方法，所有的规则都决定了什么样的活动是否可以在那里发生。在这篇文章中，他还讨论了他如何将这些原则转化为肖伯格广场的设计。巨大的空旷的广场表面和不同寻常的材料设计是为了"迷惑"使用者们。广场的布置方式和它所能创造的氛围是灵活的：液压起重机可以放置在不同的位置；这些喷泉旨在鼓励孩子们玩耍，它会用一种与天气相关的方式来喷水；而材料本身也会受到时间流逝的影响。其上发生的事情将把它们的痕迹留在金属地板上，[27] 在一次讲座中，高伊策也表达了他的希望，他希望木地板能够启发游客们在上面雕刻他们的爱情宣言。[28]

肖伯格广场因此被设计成了一个舞台，在这一点上，高伊策将自己与其他一些早期的建筑师和政策制定者所提供的规划保持了距离，这些人在他的眼中，都是试图将新生活注入被漂亮立面所围绕的意大利广场的概念上去的。相比之下，高伊策受到了不同的团体在一天中的不同时间占用广场这一状况的启发：晚上，苏里南男孩在那踢足球，中午时分，当地的办公室工作人员在那里吃午饭，在剩下的时间里那里充满了购物人群。[29] 因此，肖伯格广场也是一个"空无情境"，它会挑起游客参与到其中去；这是一个他们可以根据自己的判断来使用的地方。[30] 高伊策的设计似乎把两个理念结合在了公共领域：一方面，是"互动"的理念，这与康斯坦特的理念相关，它让城市居民可以自己塑造一个公共空间，很大程度上这个公共空间本身被设计成了"空无的"；另一方面，这一空间也必须提供一种"延续主义"的可能性，就像热内·布肯斯所描述的那样；[31] 这个广场必须通过各种各样的事件和活动在那里留下的痕迹，并随着时间的流逝来获得它本身的特征。

有一些建筑评论家拥护阿德里安·高伊策的想法。例如，在《建筑》（Archis）

杂志上，亚瑟·沃特曼（Arthur Wortmann）以类似的方式描述了城市文化的发展：他也提到了城市的"集群化"——用他的词汇来表达的"地方化"。那种如罗马论坛或传统市集般的，汇集所有的城市功能的，不同的群体在那里会面的传统公共空间已经不复存在了。沃特曼明确表示，城市不需要"怀旧空间"，但他们确实需要一些互动和相遇的场所，因此规划者应该让空间能够引起"故障"和"破坏性的时刻"。规划者必须利用地方化，同时也要尝试去让不同的亚文化群体之间相互碰面。在他的评论中，受到1993年的设计的启发，沃特曼表达了希望上述情况也能够发生在肖伯格广场。毕竟，这个广场开辟了不同的地方领域：属于古典音乐爱好者们和在德·多伦音乐厅参加会议的人们的，属于为广场所设计的大型电影院的观众们的，以及属于那些购物或外出的人们的。因此，该广场可以同时被不同的用户群体占领，而这正是它的优势所在。[32]

当肖伯格广场于1997年开幕时，人们仍然有意见分歧，正如我们之前看到的那样。虽然有些人称赞广场的创新设计，但其他人却与之保持距离。就像1966年的这个广场的第一次设计一样，人们认为它是一个没有吸引力的广场：虽然这个广场在国际建筑杂志上很流行，但相比于穿越广场，鹿特丹居民们更乐于绕开广场。NRC报的评论家伯纳德·哈斯曼的批评非常激烈：广场上不寻常的材质设计使得居民们无法去"占领"广场，他写道。但是一周后，编辑们却收到了情况与上述批评完全相反信件：广场被充分利用了：被踢足球的、玩飞盘的和滑冰的人们充分利用了。[33]

这里所面临的问题并不是新的肖伯格广场设计的是否成功。相反，我们更有兴趣去思考近几十年来关于公共领域的争论发生了怎样的变化。作为一个政治公众可以聚集的平台，公共领域的重要性已经下降了，而关于它的讨论也越来越多地由城市营销和各种亚文化如何使用公共领域所主导。这些发展符合了更广泛的社会发展，并对城市公众的发展方式产生了影响。

21世纪的城市公共空间：走向一个网络化的地方领域？

关于鹿特丹肖伯格广场的争论是关于公共领域的更广泛的争论的一部分，也是一个关于它应该如何发挥城市社区界面功能的问题。高伊策将他的设计与更广泛的发展联系了起来：在过去的几十年里，城市逐渐获得了一个不同的空间特征。这一观点与阿诺德·雷恩多普在各种书籍中所描述的"网络城市主义"很相似：中心和边缘的对比已经变得不那么清晰了。如今，各种"中心功能"，如电影院、购物中心和办公室，都可以在昔日的边缘地区找到。[34]这促进了碎片化城市格局的发展，这一格局不再由单一的清晰中心来主导。当代城市居民已经变得越来越移动化了，他们在用自己的方式使用所有地方：

他会根据自己的需要将城市"切割"和"粘贴"在一起成为他们自己的城市。在这个过程中，他更喜欢寻找志趣相投的人，而尽可能地避开其他人。这一过程我们在第二章中已经深入讨论了；下面我们将讨论这一变化对公共领域的影响。

一些批评人士认为，公共领域正受到这些发展的侵蚀：在日益扩大的范围内，日益增长的商业化导致城市空间变成了空间的碎片，并且绝大部分由可互换的"非地点"组成。[35] 色彩缤纷的本地咖啡馆几乎不再存在；城市居民受在世界各地有同样的菜单、同样内饰和同样音乐的星巴克的摆布。这些空间缺乏对当地特征的任何参照，而描述 21 世纪城市的比喻往往起源于购物中心和机场。城市居民尽可能多地撤回到了同质化的区域——在美国，经常被引用的封闭式社区是批评者们认为的最可怕的噩梦。这种发展情况更加糟糕，因为新的城市空间完全被消费所主导；它们不再是会面或碰撞的场所——事实上，建筑的所有内容都是为了确保尽可能高效地消费，并尽可能地避免摩擦。此外，这些空间也不是公共空间：空间所有者可以决定谁可以进入这些消费区域。在一篇开创性的著作中，迈克尔·萨金（Michael Sorkin）认为，结局是这座城市已经成为一种迪士尼乐园；[36] 永久存在的乐趣，强制性的微笑，任何不能购买门票的人都是不允许入内的。在《胶囊中的文明》（*The Capsular Civilization*）一书中，比利时哲学家列文·德·考特对这一发展提出了强烈的批评。在新自由主义经济风潮的影响下，一种新型的非常分散城市正在发展，这种城市主要由"胶囊"组成。

> 胶囊式建筑是一种类似于太空胶囊的建筑，它创造出一种人造的氛围，尽量减少其内部与外界的交流，创造出它自己封闭的环境。[37]

德·考特认为，胶囊建筑的崛起是自由主义城市理念的最终结果；它最终导致了"城市空间的疏散"。这个新城市是一个有着充满活力的户外咖啡馆文化的聚会城市，那里的每个人都永久地像一个游客一样生活。这种发展也有更加阴暗的一面。除了"迪士尼化"（Disneyfication）（在这个过程中，所有的城市区域，在设计巧妙的主题的帮助下，越来越被消费所占据）也有一个"布朗克斯化"（Bronxification）的过程：不是一个城市的所有部分都主题化了；城市的大部分也只能听天由命——权力机构撤出了这些区域，这里也几乎没有任何投资，黑社会团伙和犯罪分子控制了这些区域。这种对比也导致了城市生活日益军事化：迪斯尼乐园和布朗克斯之间的边界的特征是通过物理屏障、墙壁和各种各样的控制机制来隔离不受欢迎的群体的。德·考特将城市视为一个具有强大过滤作用的界面：任何不符合地中海咖啡馆城市主义理念的东西都被排除在现实之外——如果有必要的话，甚至使用武力。公共领域不再存在；城市要么是按照只知道购物的中产阶级的理念来设置，要么就被完全忽视。

德·考特的"求救信号"必须被认真对待：确实有许多发展正指向他的"胶囊"社会。他的书的可怕力量可以被解读为反乌托邦式的宣言，其结果来自对许多当下的社会发展的放大。这也是它的弱点所在：在21世纪的城市里，没有发展细微差别的空间，也没有探寻新的公共领域类型的发展空间。这种改变了的城市类型必然会需要新的方式来创造新的城市公众吗？

马腾·海耶和阿诺德·雷恩多普在他们的《探寻新的公共领域》（*In Search of New Public Domain*）一书中提出了一种更乐观的观点。他们还展示了一个城市的图景，这个城市已经被一个消费中产阶级社会所主导，同时它也由不同的城市群体或"部落"的空间群岛所组成：[38]

社会已经变成了一个飞地（指被包围的领地—译者注）的群岛，有来自不同背景的人发展出了越来越高效的空间策略来满足他们遇见的想要遇见的人，避开他们想要避开的人。……平衡的天平倾向于了一个个人化的城市，这个城市尽可能多地由精心挑选的、安全的、社会结构同质化的地方所组成，这些地方可以轻松、安全、舒适地通过汽车来抵达。[39]

然而，这些作家更喜欢往前看，而不是向后看。海耶和雷恩多普认为，把我们的城市社会与两个世纪前的维也纳或巴黎的理想城市公共空间进行比较，没有什么意义。问题不在于如何阻止这种发展，而在于如何利用新形势带来的机遇。首先，海耶和雷恩多普认为，在所有的批评中，现代城市居民很容易被认为是一种逃避矛盾的"作茧自缚的人"而被分散。现实情况则更为复杂：尽管大多数城市居民确实更喜欢他们能感到自在并被志同道合的人所包围的环境，但这种偏好并非没有模棱两可。在高速公路旁的工业区工作的人肯定觉得在那里工作更容易，因为相比于城市中心，他们可以更轻易地驾车抵达这些地方，但他们也会怀念市中心的城市感觉。郊区很受欢迎，因为当地居民觉得他们在那里很舒适，而且认为那里是一个适合孩子成长的好地方，但这并不意味着他们不再渴望有更多的城市生活。[40]尽管城市居民对空间进行有选择性的使用，但他们对获得新的体验仍然很感兴趣。

海耶和雷恩多普说，这正是公共领域的核心所在。他们将公共领域定义为"人们获得新体验的地方，在那里，视角的改变是可能的。"[41]这是最好的方法——在这里，他们进行了一次有趣的精神飞跃——通过访问不同群体的地方领域来实现。公共领域并不是像阿伦特的愿景那样是一个公共平台，尽管所有的城市居民之间有许多不同，但他们仍然能够在那里聚集到一起。恰恰相反：不同的城市群体有他们自己的地方领域网络。当我们访问另一个群体的领域时，公共领域的经验就会出现：

也许并不是地方化阻碍了公共领域的创造，事实上，反而是将公共空间作为所有社会群体的中立的会面场所的过高期待阻碍了公共领域的创造。[42]

因此，设计师的任务不是设计一个对每个城市居民都有吸引力的空间，而是确保不同的本地领域能够部分相互重叠或以某种方式相互参与，例如，因为将这些空间设置得相互靠近，所以不同的群体可以在穿过自己的领域时看到对方。

这是一个有趣的想法，这也部分地符合阿德里安·高伊策的肖伯格广场设计背后的哲学。将社会团结在一起的"括号"不再被放在公共空间的周围了，而是围绕着一长串的本地领域。这个公共领域的概念，也与伯曼、布肯斯和本雅明等思想家的理论相吻合，他们已经把各种城市范畴看作是多孔的和重叠的了。公共领域不再是一个固定的地方，而是一种可以在不同时刻被赋予形态的体验。

有一种批评是，这种公共领域的做法多少有些不负责任：这个城市公共空间的概念是否比参加文化节或在一个具有城市异域特征的区域吃午餐时的快速造访更有意义？换句话说，就像阿伦特的愿景一样，这种公共领域是否也需要一种碰撞，来寻找一种与不同人群一起生活的方式？另一方面，在一个高度重视个人自由的社会里，也许不可能从现代城市居民那里期待更多的东西。共和主义的理念可能要求的过于苛刻，而自由主义的理念则过于不负责任。根据自己的判断来安排自己的生活的可能性也可以被看作是一种自由。如果城市居民不再有任何共享的行为框架，那么这种自由就会失去控制，就像德·考特的末日场景一样。海耶和雷恩多普更倾向于以另一种方式来解释：只要地方领域继续重叠，而城市居民也准备偶尔离开他们自己的舒适区域，那么就有可能把这个城市称为一个陌生人的社区。它可能是一个最小的社区，但它的成员也允许彼此有一定的自由，可以以他们觉得合适的方式去生活。

那么，数字媒体的出现是如何利用这些发展的呢？他们是否加强了公共领域的私有化和地方化？或者，他们是否实际上为市民们提供了从这些发展中退出来的可能性呢？或者，继续海耶和雷恩多普的论点，在一个集体化的发展中，他们是否有可能在一个城市的不同地方领域之间建立新的交叉联系呢？这些问题我们将在最后一章中使用大量的测试案例来解决。

第六章

数字媒介与公共领域

Digital Media

and the Public Domain

从第一世界大厦（First World Towers）62 层的"行政公寓"，你通常可以看到新松岛（Songdo）的壮丽景色，这个崭新的城市是在韩国黄海（Yellow Sea）海岸附近的一个开垦的沙洲上从零开始建造的。但不幸的是，项目开发商盖尔国际（Gale International）的副总裁乔纳森·索普（Jonathan Thorpe）表示非常抱歉，一股风暴从东边的日本向今天的朝鲜半岛刮来，新城市的特殊设计仍然被厚厚的云层覆盖。

索普和他的同事斯科特·萨默斯（Scott Summers）在客厅的一个大电视屏幕上展示了一个充满激情的 PPT 演示，弥补了之前的设计所缺乏的远见。新城市的总体规划是雄心勃勃的，并且旨在整合全世界最好的东西：一个威尼斯运河，一个效仿纽约中央公园的公园，由顶级高尔夫球手杰克·尼克劳斯（Jack Nicklaus）设计的高尔夫球场，和拥有基于查德威克（Chadwick School）学校的课程设置的私立学校。查德威克学校是洛杉矶最著名的学校之一，好莱坞明星们的最爱。

但松岛基本上被认为是世界上第一个大规模建造的智慧城市。最新的科技产品很快就会与日常生活紧密地结合在一起，有时人们甚至不会注意到它。中央计算机系统收集来自城市的各种数据，从建筑物使用的能源到被占用的停车位的数量；从道路交通状况到目前所有公共汽车和地铁的位置；甚至有可能记录下谁在什么时候扔了多少垃圾——为了使用垃圾箱，你必须用智能卡来让它识别你。智慧城市期望，当所有这些数据整合在一起并被分析时，城市的生活可以得到优化：建筑将更经济，生活更有效率、更令人愉快和更安全。比尔·盖茨所说的"软件的魔法"即将在这个将被许多人视为未来典范的城市里实现。在这里，阿基格拉姆的梦想能否实现：它是否是一个能够自动完全满足人类需求的城市？

这个问题在世界范围内引起了广泛的讨论。而且，尽管大多数智能城市技术尚未实现，但作为智慧城市的标志，松岛在这场辩论中扮演了重要的角色。这是未来的城市吗？如果是，我们想住在这样的城市里吗？它的支持者指出，新技术将会带来更大的便利、舒适和经济增长，对于想树立自己品牌的公司们来说，松岛会成为一个具有全球竞争力和有吸引力的城市。因此，它会是一个接近自由主义城市理念的城市：城市基本上是一个市场，一个经济增长的平台，它是有组织的；这是一个给国际化的创意阶层生活的好地方。但正是这种自由主义原则是全球批评家们最反对的。他们担心，科技将把松岛变成一个封闭的城市，在那里，数字基础设施由商业公司管理，而公民主要是消费者，只有他们付钱的时候，他们才可以使用服务。这将是对公民可以自行采取行动的共和主义理念的公民社会的致命一击。

现在来说谁对谁错还为时过早。许多智慧城市技术都是潜在的而不是实际的。就目前而言，我们只能将就着看看思科（Cisco）和 ULife 解决方案（ULife Solutions）在互联网上发布的营销电影，这些公司正在为松岛开发基础设施和服务。他们的主题是便利和安全：很快你就不必再去相关部门更新你的驾驶执照了——你可以通过一个特殊的系统在网上完成这件事；孩子们将会得到一个装有芯片的特殊腕带，以便当他们被安全到达学校时，父母能收到信息；安全摄像头记录的图像——在松岛的街道上随处可见——将使用计算机算法进行监控，这样如果有一些不幸的事情发生，医院或警察会自动接收到紧急信号。"现在，你可以有百分之百的安全生活"，其中一个宣传影片的片段承诺。可持续性和效率是另一个重要的指向：密切监测能源使用应该能产生可观的节省效应。在智慧城市里，如果有人经过，道路或人行道将"知道"，并相应地调整路灯亮度，当最后一个人离开大楼时，办公大楼将能够关掉所有的电脑和灯。

思科希望将智能城市传感器所产生的数据提供给其他公司，这样他们也可以开发新的服务。例如，一个能让停车位与汽车导航系统进行交流的应用程序：TomTom 会引导你到一个可用的停车位。松岛被认为是一个模范城市，一个可以开发和测试这些技术的试点城市。不管有没有相应的城市规划，只要它们能够奏效，他们的目标就是在全球范围内输出这个模式。中国已经表示有兴趣订购两个松岛，包括学校和中央公园。

《航空大都市》（Aerotropolis）一书的作者格雷格·林赛（Greg Lindsay）表示，在智慧城市的场景中，有一种值得注意的现象，科技公司在塑造未来城市这一任务上负有责任："他们正在进入建筑和规划领域，但这些都是他们知之甚少的学科。"值得注意的是，在解决城市问题的技术上，人们给予了如此多的信心："规划者们曾经认为社会是可以创造的。"林赛说。他们认为可以在复杂的计算中捕获各种社会进程，然后将这些计算转换成总体规划。其结果就是巴黎郊区和阿姆斯特丹的柏尔莫开发区（Bijlmer housing estate）。就在我们放弃这种方法的时候，科技公司正在进入这一领域，他们的算法据说可以让生活变得更智能、更方便、更有效率。[1]

城市媒体研究员兼设计师亚当·格林菲尔德（Adam Greenfield）说，这是一个错误的起点。现代主义的方法是针对那些想让城市进程更有效率的管理者，或者是那些想要控制事情发生的机构，比如国家机构：

> 这是一种美学，这种美学对都市生活的混乱和复杂性感到厌恶，同时，它同样具有明显的政治含义：柯布西耶式（Corbusian）的城市将政府奉为神圣的城市，任何有机发展的潜力都服从于管理的需要。[2]

格林菲尔德认为，这一愿景并不能对城市及其居民产生公平。我们需要的理念不应该是有效的管理，而是为"自下而上的自发秩序"提供空间：简·雅各布斯等人将其描述为城市生活的本质的那些无法预测的，有时是混乱的日常行为。

理查德·桑内特也对智慧城市的理念持批评态度。他将一篇评论文章直白地命名为《没人会喜欢一个太智慧地城市》（No One Likes a City That's Too Smart），这篇文章刊登在 2012 年底的《卫报》（The Guardian）上，他写道，如果城市里的一切都组织良好，那当然是相当美好的，但是这些事情在松岛过多地被预设，太自上而下了：公民主要被当作消费者来看待，他们无法对自己生活的组织方式发表任何看法。他对阿拉伯联合酋长国在建智慧城市马斯达尔（Masdar）表达了这样的看法：

> 城市居民成了消费者们，摆在他们面前的选择都是经过了预先计算的，在哪里购物，或在哪里找医生会最有效。没有通过尝试和错误所产生的启发；人们被动地学习城市。"用户友好"在马斯达尔意味着选择菜单上的选项而不是创造菜单。[3]

桑内特的批评是基于他对公共领域的看法，公共领域应该通过公民自己的行为来塑造，并由公民们一起决定社会的规则。不同的人应该能够相互交流，学会相互同情，而不必成为某一个边界明晰的社群主义社区的一部分。当一个城市沦为一系列为消费者提供便利的服务时，我们就会面临这样的威胁："我们希望城市能运转得足够好，但也对变化、不确定性和混乱的生活都是开放的，因为这些才是真实的生活"，桑内特写道。

思科高层人士维姆·厄尔弗林克（Wim Elfrink）理解这些批评的一部分。但他认为，智慧城市并不打算取代我们熟知的城市。思科的想法是开发更多的附加服务，使生活更加愉悦。这一点很重要，他认为："你可以看到，世界各地的城市正日益相互竞争，例如吸引受过高等教育的工人。拥有最具吸引力的环境的城市将赢得这场战斗。"[4] 思科公司将其新技术应用于市场，使用了"智能和互联社区"的标签。但思科对"社区"的定义主要强调了经济视角：

"感谢我们的数据平台，每个人都可以开发新服务，"思科员工在被问及新技术如何被公民使用时回答说，"这意味着：新工作、新的商业模式、经济增长，以及由此改善的社会关系。"[5]

在松岛，思科的愿景正在逐步形成：宽阔的马路两边成条的摩天大楼和小街道商店，这些商店名最好是英语或法语，比如多乐之日（Tous les Jours）（一个"正宗的法国面包店"）和动物园咖啡（Zoo Coffee），还包括一个外卖披萨店和一个超市，当然还有一个韩国烤肉餐馆。它肯定不是像列文·德·考特所描述的那样一个胶囊社会。公共空间对每个人开放，而在松岛漫步也是一种愉快的体验。这座城市是为行人而设计的，许多带有操场的小公园已经被布置在了所有的住宅楼之间。这个城市也很受韩国流行歌手的欢迎：它的现代主义装饰经常出现在他们的视频片段中，而在 YouTube 上播放的全球点击率最高的视频《江南 Style》（Gangnam Style）的片段也有部分是在松岛拍摄的。

但松岛并没有首尔江南夜生活区那么充满活力的街头生活。尽管它也拥有世界大都会该有的那些东西和复杂的城市建筑，但这座城市实际上感觉很郊区。乔纳森·索普说，"我们总喜欢把自己和纽约比较，但也许这里更像是美国的奥兰治县"（Orange County，洛杉矶南部无边无际的一系列郊区）。不要误会他——这并不一定是一个负面的比较：一个干净整洁的"规划好的社区"有其自身的优势，即使有时它相当沉闷。

索普希望，"思科网真"（TelePresence）（将在每一套公寓中安装的思科的一项发明）将弥补松岛的郊区特征。这个拥有内置摄像头并连接到一个超快的互联网的巨大的电视屏幕使你可以观看和发送高质量的视频图像。居民们将能够使用这个屏幕来订购各种服务：跟一位著名的法国厨师学习烹饪课程；给孩子们做英语或者数学辅导——这是一个在韩国有很大潜力的市场：中产阶级家庭把超过三分之一的收入花在孩子的教育上；或者咨询医生，考虑到人口的老龄化，这是另一个增长市场。居民们自己也将能够开发新的服务，索普说：他希望人们可以开始通过这个系统举办音乐会或组织诗歌之夜。这将是这座城市必然从人们舒适的客厅中获得生机的方式。

这种远程呈现类似于苹果为手机开发的应用程序商店：一个消费者可以购买各种服务的屏幕环境。而且，就像苹果一样，它也不会是一个开源的系统：确实，各种各样的组织将被允许开发新的服务，但最终决定他们是否会被承认则与技术公司有关。

对智慧城市愿景的批评就是针对这方面的问题：这个服务平台实际上是什么样子的？它实际上是否是一个商业公司向消费者提供服务的封闭环境？或者公民本身也能在平台的发展中发挥积极作用？从实体层面和虚拟层面上说，松岛会获得一个地方领域的特征吗？或者市民是否也可以使用像远程呈现这样的平台和城市收集的数据来以一种新的方式来组织成城市公众？是否也有可能从开始就不需要获得那些控制机构的认可，不管这个控制机构是国家还是商业机构？市民可否利用这项技术在一个特定的事情上自我组织起来，比如环境污染问题？甚至他们是否可能被允许去管理某些一般事务呢？在这种情况下，将不再是一家公司来提供商业服务了，而是城市居民共同来开发一项公共服务，例如共享一辆汽车或共同开发一个菜园。人们可以通过技术发展出新的相互关联的方式来吗？在这种情况下，什么样的组织将会拥有什么样的机构？未来的智慧城市是否会以自由主义的个人自由理念为模板？智慧城市的设计是否基于以效率和控制为中心的管理理念？或者是否会发展出其他的替代方案来呢？

　　为了回答这些问题，我们必须离开松岛并再次考虑一些测试案例。这些案例为 21 世纪媒介城市发展公共领域的方式提供了不同的设想。首先，我们将会看到一个有影响力的博客文章，在其中都市学家丹·希尔（Dan Hill）将会在接下来的几分钟里揭露未来关于街道设计的困境。

测试案例4　"作为平台的街道"和"作为服务的城市"

　　2008 年 2 月 11 日，澳大利亚城市媒体专家丹·希尔在他名为"作为平台的街道"（The Street as Platform）的"声音之城"（City of Sound）博客上发表了一篇新文章。在一个非政府组织的邀请下，他大胆地描述了未来的街道。这是一项艰巨的任务，因为许多新技术干扰了街道上的生活，而这基本上是不可见的：

> 　　我们无法看到街道是如何沉浸在一股跳跃的、脉动的数据云里。这超越了以传统的电磁辐射及静态的无线电波以数字和模拟的形式传送的广播和电视直播这类受到管制的传播。这是一种新的数据形式，既是集体的又是个人的，既是聚合的又是离散的，既是开放的又是封闭的，事无巨细地不断记录着行为模式。这是街道的行为。[6]

　　希尔认为，街道越来越成为本书所说的"经验标记"。我们进行的许多活动留下了数据的踪迹，这些数据通过不同的网络进行了无形的交流，并存储在各种数据库中。所有这些数据共同构成了各种服务发展的新平台。

　　但希尔不知道这些数据来自哪里，以及它们会带来什么样的服务。他列出了一个长长的清单：慢跑者的鞋子里有一个测量他们速度和距离的装置；然后，他们的 iPod 将音乐选择调整到他们的节奏。一辆停在红绿灯前的宝马车向经销商的维修部发送了有关发动机性能的详细信息。街道本身有监测交通流量的传感器，获得的信息用来自动调节红绿灯。路人通过 Skype 或他们的移动网络打电话，以此向他们的供应商表明他们的位置。咖啡馆里的无线网络记录了发送的数据量和访问的网站。一位客户扫描他的客户忠诚度智能卡，他的订单被添加到客户数据库的"记录"中。房子里的电表记录了居民用电情况，并将其与邻居的用电进行了比较。一个男人在他的智能手机上通过一个特殊的信息服务提醒政府路上出现了一个大坑。公交候车亭可以识别等候的乘客的手机，并根据他们的个人资料调整广告。另一个数字广告牌显示了最近发生在附近地区的入室盗窃事件，这是一场警察通过他们自己的数据库中的实时数据展开的宣传活动。

尽管不是所有的技术都是像希尔所设想的那样工作：街道没有在一个全球定位导航服务供应商的地图数据库上得到正确的显示，因此司机会迷路；街上商店里的扫描器不工作，所以客户无法购买一双鞋。[7] 希尔利用所有这些信息勾勒出各种网络的令人眼花缭乱的图景，在其中，数据被收集、交换和聚合。这些数据随后被用来设置公交候车亭里的个性化广告、调节交通或者调整慢跑者的 iPod 上的音乐。

作为一个平台，街道的发展隐约让人想起了豪斯曼的林荫大道的建设。回想一下新松岛的例子，与林荫大道一样，改善安全和提高后勤效率等动机在新的基础设施建设中扮演着重要的角色。一旦这些基础设施到位，各种各样的新服务都可以开发，如人行道咖啡馆和百货商店。希尔在"作为平台的街道"中收集的数据集同样也使新的服务成为可能。

但与此同时，19 世纪的巴黎也发生了另一件事：一种新型的城市公众在林荫大道上发展起来。使用新基础设施和相关服务的城市居民为彼此建立了新的公共关系。"作为平台的街道"的崛起是否会再次导致新型城市公众的发展？

希尔描述了两种截然不同的情形，它们都有可能会以不同的方式导致新的公众："封闭街道"和"开源街道"。在"封闭街道"的情形中，商业团体组织对封闭系统中的数据进行记录和分析，并在营销和提供具体的、通常是个性化的服务的项目中使用它们。在这种情况下，用户几乎没有什么影响。这一过程可能导致史蒂芬·格雷厄姆（Stephen Graham）所称的"软件排序地理"（software-sorted geographies）：计算机软件编译客户档案，并利用它们在城市中为不同的公众提供吸引力。这最终可能导致相当大的社会分化和社会的胶囊化。

与之相反，在"开源街道"的情形中，一个具有城市生活细节的数据平台是公开的。公民、机构和商业团体可以向系统中添加数据，并使用系统中的数据获取信息或开发服务。希尔认为，"封闭街道"和"开源街道"之间的对比是一种夸张，这两个例子的各个方面都可能同时实现。它们主要用于概括一些发展的、可能的极端情况。这些极端情况也提供了一个研究城市的公共领域是如何获取生机的良好跳板。

因此，我们将仔细研究一下"封闭街道"。这种情况主要以一种服务导向的方法为特征：公司开发各种类型的通常是封闭的，或者在任何情况下都受到控制的平台，以此为消费者提供服务——想想新松岛中的各种例子。一个全新的业务部门已经出现，它将关注于数据的收集和服务的发展："现实挖掘"（reality mining）。一些"布道者"声称"现实挖掘"甚至会导致一个乌托邦式的未来，在那里，我们周围的世界将会在我们意识到这些需要之前满足我们的个人需要。麻省理工学院媒体实验室的研究员亚历克斯·彭特兰（Alex Pentland），同时也是第3章中提到的CitySense应用的发起者之一，写道：

> 对于个人来说，吸引人的是一个世界的可能，在那里，一切都是以你的便利而安排——你的健康检查神奇般地安排在你开始生病时，公共汽车就在你到达公共汽车站时出现，市政厅里再也不会有排长队等候的人。[8]

一些政府也采用这种方法。例如，韩国政府建立了一个名为"u-City"的主要项目，旨在刺激全国企业开发新的城市信息通信技术服务。字母"u"指的是"无处不在的计算"这个词，它是计算机系统的一种设计方法，在其中，计算机从图像中消失了。这个理想由一个存在于后台的系统组成，并在用户不注意的情况下完成它的工作。这样的计算机系统可以"无缝地"操作：它将收集数据，并悄悄地干预各种日常的社会和经济过程。这就是为什么"u-City"计划的核心口号是基于"作为服务的城市"：在这个设计方法中，城市被概念化为"基础设施服务"的集合，如交通、安全、住房或娱乐。在像新松岛这样的u型城市承诺，这些服务将被更有效地管理，它们将被调整以满足个人的需求。

这种"作为服务的城市"的想法与设计师、政府和项目开发商对城市基础设施的看法的转变不谋而合。一个多世纪以前，城市基础设施主要被视为公共财产，是作为所有公民都以平等的身份相互联系的网络。从20世纪50年代开始，这种方法已经让位于基础设施主要是为个人消费者提供的量身定制的服务的想法。英国地理学家斯蒂芬·格雷厄姆和西蒙·马文（Simon Marvin）在《碎片城市化》（*Splintering Urbanism*）一书中对这种发展进行了详细的描述。他们展示了我们大部分现代城市基础设施（电缆、水管、下水道和铁路）是如何在19世纪下半叶起源的。这也是民族国家在欧洲发展的时候，实证主义在科学上达到了顶峰。基础设施建设与这些发展密切相关。

通过把所有的地区连接到同一个系统，铁路建设以此统一整个国家的领土。林荫大道、电网和污水收集系统同样旨在将巴黎这样的城市合并成一个整体。新的基础设施将一个地区的居民整合到一个更大的整体上：根据格雷厄姆和马文的说法，"（技术基础设施）被认为会将城市、地区和国家结合在一起，形成一个地理或政治上的整体"。[9] 在这里，实证主义的进步思想发挥了作用："普遍连接"（universal access）成为新基础设施建设的一个重要目标，即把新国家所有公民的生活提高到更高的水平。

从 20 世纪 50 年代开始，这种理想逐渐消失了。越来越多的商业化、个性化和日益增长的对现代主义规划者普遍野心的批评在这一发展中起了作用。渐渐地，城市被认为是一个复杂的系统，不可能完全取决于特定的秩序：这是格雷厄姆和马文所说的"城市之汤"（urban soup），一种"增长与衰落、集中和反集中、贫穷和极端富裕组成的复杂拼合物"[10]。规划者、工程师和政策制定者越来越少地试图将这片支离破碎的景观融入一个普遍的整体中。相反，新技术被开发出来，并用来将这一景观面向不同的客户开放。大量城市基础设施的私有化是这一发展的一部分。人们期望市场能够更好地满足消费者的需求，而不是国家。

数字媒体是这一发展的下一步。他们在作为城市之本质的混乱中创造了一个额外的信息层。应用程序和其他服务帮助城市居民挑出对他们来说重要的东西。移动电话是一个指南针或过滤器，使城市累积的巨大的多样性得以宜居。目标不再是将个人融入更大的整体，而是完全相反：起点是"网络化的个人"的经验世界。与他在不同网络中扮演的不同角色相关联的需求，是如何被那些在城市中纵横交错的人、服务、市场和机构提供的极其复杂的服务量身定做的？

有趣的是，格雷厄姆和马文不断将这些不同的设计方法与特定城市公众的观念相关联："普遍连接"，用户被视为一种公民，在平等的基础上，被连接到将城市保存为一个整体的系统；在"作为服务的城市"的案例中，该系统"呼吁"个人消费者购买定制服务，并根据他们的用量付费。

这种转变不仅是隐喻性的或是出于本能的。"作为服务的城市"的出现实际上导致了其他机制的包容和排斥，以及形成城市公众的新方式。格雷厄姆在他的文章《软件排序地理》（software-sorted geographies）中阐述了这一主题。[11] 新技术使得针对个人对基础设施使用的电子监测及支付相应费用成为可能。价格也可以动态调整；用户不支付单位消费的固定价格，而是由环境决定的金额。例如，在收费公路上，可以根据交通量进行收费的调整：交通量越大，收费越高；而较高的收费将导致使用道路的人减少，从而确保交通的不间断流动。

格雷厄姆也看到类似的系统出现在其他地方。阿姆斯特丹史基浦机场

（Schiphol airport）有让乘客更快地进入离港大厅的付费系统：虹膜扫描仪确认他们的身份，准许或禁止他们进入专属休息室和离港大厅。另一个例子是：电信公司和银行都有最新的客户资料。当"好"客户打电话给呼叫中心时，他们被优先考虑，不必等这么长时间排队；他们经常得到更好的服务。[12]

这些例子有一个共同点：软件系统被用来区分不同的用户。格雷厄姆谈到了"不同速度的政治"（a politics of differential speed）。被系统信任的用户（因为他们已经透露了他们的信用卡详细信息和 / 或虹膜信息），并且被标记为"好"的用户可以访问快速通道。不能或不愿支付额外费用的其他人必须在排队或交通堵塞中等候。

从"作为平台的街道"中收集的数据也可以用来真正地承认或排除"不受欢迎的"。格雷厄姆把这称为"证券化的城市全知"（securitized urban omniscience）的梦想：数字技术可以让城市的空间变得更安全、更令人愉快，从而排除不受欢迎的行为，从恐怖分子到游荡的青少年。基于这种设计方法，数字媒体被用来更容易地控制城市空间及过滤掉可能不受欢迎的元素。软件被用来分析来自安全摄像头的图像，例如，购物中心或城市广场：如果拍摄的动作模式偏离了软件识别的"正常行为"，一个保安或警察就会收到警报。在这种情况下，"正常"或"良好"行为的概念被转换成一种分析公众的软件算法。这可能意味着，根据某一特定规范，被"嫌疑"的某一类人将被拒绝接纳。格雷厄姆担心，类似的算法将被部署在城市的特定地区，以排除"失败的消费者"（未成年人、少数族裔、无家可归者）。

> 这里存在严重的危险，算法控制的闭路电视系统可能会在新自由主义的城市权力景观中深化已经建立的正常化和妖魔化的生态系统。夸大了的对"失败的消费者"、年轻人、难民或其他妖魔化少数民族的"排斥"的逻辑，在日益分化的当代城市景观中，可能会被嵌入面部识别闭路电视系统工作的代码中。[13]

上面的例子显示了界定什么是"正常行为"的某些协议是如何存在于软件之中。此外，文化协议在软件代码中的设置方式在一定程度上决定了城市生活是如何形成的。地理学家尼格·斯瑞福特（Nigel Thrift）和肖恩·弗伦奇（Shaun French）认为：

> 这些被写成软件的分类正在成为生成空间的主要方式之一……软件挑战我们去了解新的技术政治形式和新的政治发明、易读性和干预实践，这些我们才刚刚开始理解为政治之物：标准的政治、分类、度量和阅读。[14]

　　格雷厄姆把这种开发称为"软件分类地理"。而豪斯曼的大道无意中创造了一个混合城市公众，因为不同背景的城市居民聚在一起，相反的情况现在起到了威胁：在格雷厄姆的情景中，新自由主义服务经济、政府强调的"安全模式"和复杂的软件的使用的组合可能会导致城市居民的空间分类，这样他们不再彼此面对。这一发展可能会加强列文·德·考特所描述的社会的被膜化的发展。

　　我们如何理解这个理论？我们真的必须害怕"软件分类"吗？如果是这样的话，那么对公共领域的影响是什么呢？如果他们被解读为反乌托邦宣言，格雷厄姆和马文的研究就会变得尤其有趣。他们警告，如果仅仅基于他们所描述的设计方法，数字技术就会对公共领域的功能产生怎样的影响。然而，"封闭街道"的景象并不是一个绝对的情形。格雷厄姆自己也指出，现实还没有那么像这样的完全控制的神话式的极权主义。从实用的角度来说，很难将各种计算机系统和数据库连接起来，以使它们能够进行明确的软件分析。因此，不是一个根据新自由主义意识形态组织整个社会的大系统。

　　……我们可能会发现无数小故事的生产——一群混乱的"小兄弟"们，而不是一个无所不知的"老大哥"。其中一些可能是商业的，一些私人的，也许是一些军事化的。[15]

　　因此，"作为平台的街道"不太可能成为一个完全封闭的系统；总会有"利基（Niche）"和小缺口。

　　然而，这并不能消除格雷厄姆和马文所表达的担忧。一种反对意见是，尽管有很多细微差别，通过强调效率、个性化和可控性，他们的方法主要是对新自由主义的意识形态批判，而不是对设计方法本身的批评。在他们看来，一条动态收费的收费公路导致了不平等，并将公民分为不同的阶层和相关的地理区域：富人的收费公路，普通大众使用的拥堵的普通道路。然而，这主要是社会经济不平等的结果，这意味着对一些公民来说，更高的价格是一个主要问题。

　　但是，如果驾车者不使用信用卡，而是用"交通点"来支付收费公路的费用，这些积分被分配给每个公民，由他们自行决定使用。这样的系统会是一种诚实的方式来共享稀缺资源，比如流动性吗？这一替代方案在格雷厄姆的工作中基本上是缺失的：他描述了一种令人震惊的新系统的出现，它可以使用"街道作为平台"生成的数据，以便在地理上"分类"城市居民。这些例子令人信服，他的担忧是合理的，但这些系统的逻辑也不可阻挡吗？城市居民是否能适应格雷厄姆所描述的系统？或者公民也可以用其他方式使用街道的数字平台，并以新的方式组织自己成为城市公众？希尔的第二个场景，开放源码街，探讨了这种可能性。为了深入研究这个问题，我们现在去了罗马，麻省理工学院可感知城市实验室（SENSEable City Lab）在 2007 年"白夜节"

（Notte Bianca）测试了一个新的开放平台。

测试案例 5 "作为平台的城市"与"维基城市"

在 2007 年"白夜节"——一个在夏初时在世界各地的城市举办的大型文化节——的傍晚，大屏幕出现在了罗马的不同地方。这些屏幕由麻省理工学院的研究机构可感知城市实验室所放置。在黄昏和夜晚，美国研究人员把罗马的动态地图投影到屏幕上。地图上的浅蓝色区域显示了城市最繁忙的部分，这基于实时收集手机用户的位置信息。来参加活动的游客可能一眼就看到哪个城市里的哪站最为拥挤，并相应地调整自己的路线。事实上，在同一地图上呈现的罗马城市公交更容易让人参考：黄线表示他们更新的位置。此外，新闻记者也进行了现场直播，并直接反应在了地图上。[16]

研究人员称这个实验是罗马的"维基城市"（WikiCity）。那天晚上，他们想要研究是否在技术上有可能开发一个数据平台，以实时地将不同人提供的不同数据汇集在一起。但是这个装置不仅仅是作为一个技术的"测试案例"：研究人员主要是想提出一些政治问题。这样的数据平台能以"开源"的方式开发吗？也就是说，公民可以自己向平台添加数据并根据自己的判断使用这些数据吗？发起者认为这很重要：互联网的力量在于它是一个开放的系统；没有一个中央的、有层级的权威来决定用户能否被允许使用技术基础设施。因此，"维基城市"还必须成为由不同各方提供的不同数据集的网络。理想的状况是"普遍接入"：就像一个城市的道路系统是一个开放的基础设施系统那样可以被所有城市居民使用，所有城市的数据集也应该是公共财产。然而，还并不确定这是否也适用于未来的数字媒体系统：各种各样的公司实际上都在试图建立他们自己控制的（部分）封闭系统，从苹果的应用程序商店（App Store）到思科的远程呈现（TelePresence）。

在罗马实验后的 5 年里，针对诸如"维基城市"这样的开放系统的热情逐渐引起了政治上的关注。一些城市现在已经接受了"开放数据"的概念。地方政府试图让尽可能多的数据功能被开放获取，部分原因是希望这种公开将会带来一个新的"公共领域"。例如，鹿特丹开放数据库倡议（Rotterdam Open Data）这样描述其目标：

> "鹿特丹开放数据库"是鹿特丹应用科学大学的一项倡议，鹿特丹的公司和鹿特丹市政府将共同组织获得关于鹿特丹市的信息，并使这些信息清晰易懂。这将有助于鹿特丹的公民获得信息的权利，并以此帮助他们作出决定，这将增强鹿特丹的公民与城市和彼此之间的团结意识，并使他们能够更好地为我们生活的城

市作出贡献。[17]

这是否会自行发生还值得怀疑。正如我们前面所看到的，城市公共空间并不会自动成为公共领域；它也可以发展成一个特定的群体的地方领域。同样，让数据公开并没有说明这些数据将被使用的方式：一个开放的平台也可以导致个性化服务的出现，这有助于将一个城市"分类"为不同的生活方式。

问题因此是：一个像"维基城市"这样的平台或一个"开放数据"的倡议如何能够真正地为公共领域的发展作出贡献？至少有三个可能的答案。首先，数据可以用新的方式将城市居民在空间上聚在一起。其次，这些数据可以形成新的公众形象呈现的基础，就像围绕着哈贝马斯的咖啡馆里的报纸所发生的那样。第三，这样的平台也可能使新的公共控制形式成为可能，并为"共同"的概念注入新的生命，在其中，公众产生发展，并共同负责共享财产。

"维基城市"的发起者在第一个答案中看到了最大的潜力。他们指向了第3章所讨论的使用数据设计"发现"服务的可能性。但是，可感知城市实验室的研究人员改变了这些系统的逻辑：软件中的算法不会被用来把已经有很多共同点的人聚集在一起，而是诱使用户尝试一些新的改变。克洛克尔·卡萨布蕾丝（Calabrese, Kloeckl）和莱提（Ratti）想知道，什么样的城市元素能促成其公民的建设性新发现？[18]这让人想起了凯文·林奇的作品。林奇是最早关注城市居民如何对周围的空间赋予意义的理论家之一。这可能导致一种地方化的过程，即一个特定群体的象征意义与特定的地方相结合。林奇认为设计师的任务是打破这种动态：

> ……良好的视觉环境的作用可能不是简单地促进日常的出行，也不能支持已经拥有的意义和感觉。同样重要的可能是它作为新探索的指南和刺激。在一个复杂的社会里，有许多相互关系需要掌握。在一个民主国家，我们反对隔离，颂扬个人发展，希望各群体之间不断扩大的交流。如果一个环境具有很强的可见框架和具有高度特征的局部，那么对新区域的探索就更容易，也更吸引人。如果沟通中的策略联系（如博物馆、图书馆或聚会场所）是明确的，那么那些可能忽视它们的人就可能会被吸引而进入。[19]

林奇认为，一个精心设计的城市能邀请城市居民了解他人的生活。视觉设计在这里起着决定性的作用。在 21 世纪初，这意味着不仅物质环境，而且虚拟环境也应该满足这一需求。一个算法或界面设计是需要的，因为它实际上能邀请城市居民探索城市的新部分或其他观点。"维基城市"这类系统收集的数据应该能够为这些设计提供输入数据。

最早探索这种可能性的原型之一是"城市挂毯计划"（Urban Tapestries project），该计划于 2002 年至 2004 年间由伦敦的普洛波西斯（Proboscis）实施。普洛波西斯将"城市挂毯"描述为是对城市可能的"公共编写"的研究：它的居民的集体节奏和惯例决定了城市是如何被体验的。"城市挂毯"的目的是让这些体验变得可见，因此普洛波西斯开发了一个数字媒体平台，在那里，居民可以留下与特定地点相关的信息。对此感兴趣的人可以打开这些信息，例如使用电脑或智能手机。

在接受安妮·嘉勒威（Anne Galloway）的采访时，该项目的发起者吉利斯·莱恩（Giles Lane）说，他希望可以将同一个地方作出的不同的注解作为一个催化剂，例如，那些想要围绕一个地方问题组织自己的行动小组。如果城市居民对他们周围的环境、他们认为重要的问题以及与这些问题相关的地方进行了注解，那么其他公民将能够得益于此。有时它涉及个人记忆，有时涉及政治问题。因此，通过地图进行的交换可以产生一个运动过程，并在"城市挂毯"通信系统之外产生影响。例如，它可能导致事件、示威或街头派对。莱恩说：

> "城市挂毯"的设计是为了创造一种地点上根本匿名的异步交互。……为人们提供机会使他们的环境通过共享的知识建立起来。其结果可能会有其他表现，如示威、社区聚会等。[20]

"城市挂毯"的用户因此能够发现新的观点，并与各种各样的人和组织接触。这又让人想起了本雅明的理想，即城市居民不同体验世界的重叠，或者伯曼的理想，即当城市居民彼此认识时，作为一个识别场景的林荫大道。但是，21 世纪的漫游者们不仅在逛商场的时候拾起这些经验；他们还通过数字系统接收这些信息。这使得一个具有明显"地标"的界面的设计比以往任何时候都更加重要：当一个人在一个城市里穿行时，会自动看到凯文·林奇的图书馆或其他惊人的城市地标建筑，但这存在一个非常真实的风险，所有这些在线的城市体验的加倍都将是隐形的。

另一方面，在"维基城市"系统中收集的数据也可以导致新的城市公众的发展：通过收集、分析和可视化数据，具体的社会过程如环境污染、空置住房或社会不平等可以变得清晰。然后，公众可以围绕一个特定的形象来形成，并着手处理目前的问题。这一过程让人联想起报纸在哈贝马斯的咖啡馆里的作用：因为辩论的参与者公开了他们的意见，争论可以在另一个咖啡馆继续进行；报纸促进了一项使辩论成为可能的协议和参与这场辩论的公众的发展。现在，不是辩论的参与者在"报纸"这样的平台上发表新闻或进展，而是从城市各处收集数据并在数据平台上公布这些数据的传感器。

"空中西班牙"（Spain In the Air）项目就是一个很好的例子。在马德里，空气污染的数据以不同的方式收集和可视化：西班牙首都有一个在线地图，上面有空气中不同气体浓度的投影。[21] 项目的发起者还开发了一个喷泉，它的颜色和高度使当前的空气质量在有形的公共空间可见。可视化有几个目的。发起者希望有关空气质量的信息可视化将会增加人们在环境问题上的参与度；收集到的信息可以在公开辩论中使用，并引发"政治行动"。一款应用程序也将被开发，它将空气中的数据与旅行计划结合在一起：它将为用户提供关于他们的旅程将会对污染造成多大影响的信息，以及他们如何通过选择不同的交通工具来增加或减少他们的碳足迹。设计者希望这不仅能让公众了解一个问题，而且能让他们真正参与到空气污染问题中来。未来的另一个计划是要求人们帮助收集关于空气污染的细节：目前，数据仍然来自政府数据库，但在技术上有可能由参与者提供吗？带有小型传感器的手机或在阳台上安装测量仪器，并通过"维基城市"系统共享信息。

此项目的这一方面让人想起了一种政治哲学运动，它强调了公众在特定问题上组织自己的重要性。[22] 在两篇发表于纽约建筑协会（Architectural League of New York）的《情景技术手册》（Situated Technologies Pamphlets）上的论文中，作者将这一愿景与"物联网"的崛起联系起来：各种各样的物体是与互联网联系在一起的，可以收集和分发数据，如"空中西班牙"的空气污染传感器，或者它们可以接收到指令，如"空中西班牙"的喷泉。[23] 在"微公共场所"（MicroPublicPlaces）的文章中，汉斯·弗雷和马克·波恩将这种发展与两个不同的思想家的理论联系在一起：汉娜·阿伦特和布鲁诺·拉图尔（Bruno Latour）。他们采纳阿伦特关于将不同背景和不同兴趣的人聚集在一起的"公共领域"的概念。正如我们前面所看到的，阿伦特的公共领域是一个卓越的物质环境，一个基于经典城市广场理想的城市公共空间。弗雷和波恩认为，在我们这个时代，我们需要新的"圆括号"来将这些差异结合起来，他们在布鲁诺·拉图尔的"问题政治"（Dingpolitiek）中寻找这些"圆括号"。在拉图尔的理论中，一件事是可以使公众聚集的"问题的关注"。就像阿伦特的"公共领域"一样，拉图尔的公众并不是一个一致的群体，而是有不同意见和利益但又必须以某种方式达成和解的人。[24] 一个数据流可以将城市生活的过程描述成这样的"事物"吗？即作为一个客体，拥有不同想法的城市居民可以围绕它组织自己来采取行动。像"空中西班牙"这样的项目能以一种新的方式创造公共领域吗？数据可视化能像哈贝马斯的咖啡馆中的报纸那样，作为一个中心的"谈话片段"，作为把新问题提上议程，引出辩论，从而将公众在不同地点的辩论联系起来的媒介吗？

本杰明·布拉顿（Benjamin Bratton）和娜塔莉·杰瑞米琴科（Natalie

Jeremijenko）在《情景技术手册》上的第二篇文章中表达了这种希望。他们看到了可能的未来，如"空中西班牙"这样的项目会导致新的政治实践，导致"代议制民主"过渡到"代表民主"的转变。[25] 在日常城市生活中产生的数据流的再现可以在公共辩论和政治过程中发挥作用："如果物体以新的方式获得信息"，本杰明·布拉顿认为，"它们声音的公开不仅是可能的，而且在某些方面是不可避免的。"[26] 例如，聚合数据的可视化可以使直到现在都是不可见的各种过程可见和有形。然而，布拉顿和杰瑞米琴科认为目前的项目不足以实现这一目标，因为他们虽然在重要问题上提供了见解，但他们最终只能做到这一点。公众如何通过这样的信息流来参与重要的问题呢？围绕数据流形成的协议如何真正导致行动？这些都是没有现成答案的开放式问题。

还有第三种方法，如"维基城市"等平台可以在创建公共领域中发挥作用。对各种城市服务使用的精心监测也使这些服务的公共管理成为可能。在之前的测试案例中，我们看到了数字媒体如何使监控个人使用高速公路引入了"付费使用"系统的可能性。斯蒂芬·格雷厄姆警告说，这可能导致他所谓的"软件分类"。但如果该软件不被用于服务——在这个例子中，交通——的市场化然后提供给那些支付最多的人呢？如果相反，该服务是集体管理的呢？就这个例子而言，移动性也可以被看作是共享资源，一个可以通过数字媒体进行通讯管理的"公地"（common）。"公地"一词指的是英国农民可以用来放牧的普通牧场。在经济理论中，通常被认为是一种有趣但不再可行的组织形式。经常被引用的美国生态学家加勒特·哈丁（Garett Hardin）甚至谈到了"公地的悲剧"（the tragedy of the commons）：对于个别的农民来说，让尽可能多的牲畜在一个共同的地方放牧是很有吸引力的，毕竟，每一只额外绵羊的产量都能使他受益；但是，如果每个农民都追随他的本能，追求利润最大化，这对整个社会来说都是灾难性的，因为通常会导致过度放牧，农民就会成为自己成功的受害者。数字技术的兴起能改变这种过程吗？想象一下，每只羊都装备了一个传感器，它精确地记录了它吃了多少草。在一个集体的层面上，可以建立一个损益表，以此显示农民们对公地的使用在多大程度上超出了他们应得的份额。交通能够像公地那样分配给城市居民吗？例如，通过一种交通计分系统，城市居民能够用来支付动态收费公路的费用？

数字媒体能因此产生声誉体系和集体管理的形式吗？在这个集体管理的过程中，新的公众或者重叠的时刻可能会被创造出来吗？这需要什么样的程序和所有权关系呢？目前有许多正在进行的实验，其结果是无法预测的：可以与社区居民共享汽车的汽车车主的网站；其他的平台如让城市居民有机会把工具借给邻居，或者从私厨订餐。这是非常实用的，每天的实践都能带来新的实践，以此让不同背景的城市居民见面。这可能不同于如向邻居借一把电钻那种短暂的、非正式的照面，而是一种更有组织的合作形式，如社区花园或文化中心的公共管理。这是一种适合小尺度邻里或乡村社会的合作形式，那里的人们通常认识彼此，因为他们经常通过学校、俱乐部或教堂相互接触或参与。这些平台往往在大型的、个性化的城市环境中消失。通过声誉系统，数字媒体能给这种机制注入新的生命吗？越来越成为一种私人之物的所有权，又会变成一种公共的东西吗？或者它能以新的方式让其他人使用它吗？

一个很好即便是轻松的例子就是"沙发客"（couch surfing）的兴起：一个城市居民为游客提供沙发床的在线平台。当他们自己旅行的时候，他们也可以利用别人提供的过夜住宿。它让游客有机会认识城市居民和他们的生活方式，而不是待在一个不知名的酒店。这创造了新的重叠的时刻，传统的私人领域暂时成为城市居民和游客可以熟悉彼此的公共领域。主人和访客也可以在平台上互相评价，逐渐建立起别人可以参考的名声。由于Couchsurfing.com 的设计，"全球沙发床收集"成了一个"公地"，可以由主人控制，也可以被其他人使用，从而有可能创造新的重叠的时刻。

这三个例子——"城市挂毯"、"空中西班牙"和将城市作为一个数字管理的公地的想法，仍然在实验探索作为一个平台的城市如何以一种新的方式创造公共领域。从理论上讲，设计系统可以吸引城市居民离开他们常去的道路。城市公众也有可能在理论上开始围绕通过数据流所呈现的问题来组织自己，或者更进一步，城市公众将发现自己处在公共管理结构中。但是这样的系统也有它们的问题：声誉系统确实是"公地悲剧"的解决方案吗？他们所要求的透明度实际上是可取的吗？那么用户的隐私呢？我们真的想在数学损益表中捕捉整个世界吗？这不会破坏一种基于人类信任的团结吗？这些都是与"作为平台的城市"发展相关的非常重要的问题，它们都需要得到回答。

目前，主要是艺术家在尝试这些例子，他们的影响仍然有限。诸如"城市挂毯"和"空中西班牙"等项目也受到了批评：它们往往是短期的，只触及很小的公众；一些批评人士怀疑，公众是否存在于一个带注释的记忆和情感的地图之中。如何确保交换确实发生，并且媒体层也变得清晰可见？[27] 这些批评是相关的，但这些艺术项目表明，在封闭的街头环境中有其他选择。然而，仅仅提供一个数据平台本身并不会导致共和主义意义上的公共领域；这也需要针对不同城市居民的设计。一方面，这为设计师创造这些计划提供了机会。另一方面，数字媒体也为公民提供了工具，让他们能够以新的方式来规划公共空间，正如下面的测试案例所显示的那样。

测试案例 6 快闪：国际枕头大战日

2010 年 4 月 3 日下午，数十名年轻人聚集在鹿特丹的肖伯格广场。他们中的一些人穿着橙色的斗篷，另一些人穿着带有蓝色十字的白色 T 恤。在这些人当中，有相当多的人拿着塑料袋，在大约三点钟的时候，他们（或多或少是同步的）从塑料袋里拿出一个枕头。突然，人群中的人们开始互相攻击，开始了一场大规模的枕头大战。枕头飞过天空，羽毛飘落在肖伯格广场上。大多数在场的人都完全沉浸在战斗中；一些人用手机拍摄了这些事件。后来，这些图像出现在诸如 Hyves、Facebook 和 YouTube 等网站上。那天在肖伯格广场上的活动是全球活动的一部分：国际枕头大战日。枕头大战发生在世界各地的几十个城市，从加纳的阿克拉（Accra）到土耳其的伊兹密尔（Izmir），再到美国的波士顿，再到澳大利亚的悉尼。通过 Flickr 和 YouTube 等网站，所有这些事件都被联系在一起，来自各个城市的照片和录像片段被放在一起。

肖伯格广场的枕头大战是一次"快闪"（flashmob），字典上将其定义为"通过互联网召集的一群不了解彼此的人，他们或多或少意外地在一个特定的地点聚集，去做一些无聊的事情"。根据一些文化批评人士的说法，尽管快闪经常关注无聊的行为，但他们创造的方式表明，城市居民可以使用数字媒体来创建新的自下而上的城市公众，并决定城市空间的使用方式。快闪的组织是一个集体过程，通常并不源于一个中央的机构。通过使用诸如短信和社交网络这样的网络媒体，公众在某种程度上创造了自己。这可能会产生重大的政治影响——例如最近阿拉伯世界的起义。这是一个有趣的说法。但这是真的吗？如果是，那它一定是一个积极的发展吗？难道没有社会混乱的真正危险吗——想想 2011 年夏天的伦敦骚乱？肖伯格广场的枕头大战似乎是一个微不足道的例子，但它提供了一些可以用来更细致地研究快闪的潜在机制的线索。

国际枕头大战日的目标是为城市公共空间注入新的活力，以取代"诸如看电视之类非社会、品牌消费体验"[28]。国际枕头大战日的目的是将被动的消费者变成一个活跃的公民社区，并从商业化、个体化和地方化中寻回城市公共空间。因此，像国际枕头大战日这样的快闪也能与情境主义者的干预措施相比较：安德里亚·穆比·布莱恩蒂（Andrea Mubi Brighenti）和克里斯蒂娜·马蒂奇（Cristina Mattiucci）写道，"他们的目标恰恰是改变城市空间的本质，将人们聚集在一个不寻常的互动机制中。"[29]

在关于快闪的讨论中，经常强调的一个重要观点是，快闪的公众不是在一个机构或领导人的命令下创建的（想想工会组织抗议游行或在苏联国家组织的五一节游行）。当然，有一个最终的发起者，他提出了邀请，但最终，公众是通过社交媒体的网络结构创造出来的。公众形成的方式与"网络个人主义"的发展相契合。城市居民是多种多样、部分重叠的网络的一部分。如果来自这些网络的人在信息中识别出自己，或者觉得一个问题与他们有关，他们也会在他们的其他网络中宣传这一信息。因此，召集一次快闪的呼声可以从一个网络跳到另一个网络，在某种程度上说，公众创造了自己。伯曼描述的"识别场景"（recognition scene）实际上指的是社交网络，而不是林荫大道：人们通过"点赞"、"推特"和"再写博客"等方式在信息中识别自己，并保持他们的循环。然后他们利用网络来协调集体行动。

这一过程可以追溯到枕头大战的举办方式：宣布该活动的网站，www.pillowfight.com，并没有把这个想法归因于任何组织或个人；唯一被提到的人是网站管理员。它指的是"许多人合作组成的一个松散、分散的城市游乐场活动组织者的遍布世界各地的网络"。[30] 任何想在他或她的城市组织一场枕头大战的人都可以在该网站注册，并被鼓励使用社交网络、邮件列表和其他数字媒体以引起人们的注意。[31]

这种类型的社会组织能否被用于不只是微小的事件？在霍华德·莱茵戈德（Howard Rheingold）颇具影响力的书《智能族群》（Smart Mobs）中，可以找到一种关于快闪的更广泛的思考，他在书中描述了城市居民使用手机组织自己的不同案例。他这样定义智能族群：

> 智能族群包括那些即使不认识也能一起行动的人。那些组成智能族群的人以前所未有的方式进行合作，因为他们携带具有通信和计算能力的设备。移动设备将他们与环境中的其他信息设备以及其他人的电话连接起来。[32]

因此，由于软件和移动媒体的结合，现在互不不认识的人有可能以新的方式合作或见面。在莱茵戈德的观点中，这并不一定会导致更好的民主或对公共领域的新解释。那些使用手机来动员和协调战斗的足球流氓也是智能族群。从这个角度看，在贝弗维克（Beverwijk）的高速公路旁起冲突的荷兰足球俱乐部费耶诺德（Feyenoord）和阿贾克斯（Ajax）的支持者可能是荷兰第一个智能族群。[33] 尽管有这些消极的方面，莱茵戈德还是很乐观的：数字媒体使分散的沟通和协调的新手段成为可能，这也许会导致公共领域的新解释。

为了研究这一说法，我们需要比较在莱茵戈德著作中扮演了重要角色的两个最早的智能族群，而这应被视为阿拉伯起义的前兆：两个发生在完全相同的地点，马尼拉的艾普法诺·德·洛斯桑托斯大道（Epifano de los Santos Avenue，简称 EDSA），并有 15 年间隔的"革命"。1986 年，马科斯总统（Marcos）在愤怒的民众抗议他的政权 4 天之后逃离了菲律宾；2001 年，在马尼拉市中心的这条大街上再次举行了为期四天的示威活动，这一次迫使总统埃斯特拉达（Estrada）下台。事实上，每一篇讨论公共领域内数字媒体的可能的民主效应的文章都提到了这些历史性事件。据称，在 2001 年，这场革命的一部分原因是"智能族群"的形成。

作为界面的城市——数字媒介如何改变城市

在第一次人民力量运动中（People Power movement），随着事件的进行，广播和分层的社会组织在动员公众方面仍然发挥着重要作用。1986年2月22日，一个不受政府直接控制的天主教电台维利塔斯电台（Radio Veritas）广播了一场新闻发布会，两名军方领导人宣布马科斯在最近的总统选举中犯有欺诈罪。广播电台通过广受欢迎的大主教杰米·卡地纳·辛（Jaime Cardinal Sin）呼吁听众在当天动员起来，支持对总统的抵抗，并聚集在艾普法诺·德·洛斯桑托斯大道。听众们大规模地响应号召；在广场上，示威者密切关注收音机的内容。当局试图通过切断源头来阻止动乱：忠于总统的军队切断了通过以太广播维利塔电台信号的无线电桅杆。另一个虽然不那么强大的信号发射台很快就被安装，电台因此继续广播有关军方最新部队行动的报道。

一般看来，在2001年的"人民力量II运动"（People Power II）中起到核心作用的是手机和它帮助创建的分散的点对点网络。这一次，埃斯特拉达总统是目标，因为对他的弹劾程序突然停止了。霍华德·莱茵戈德在他的书《智能族群》中这样描述了当年的事件：

> 反对派领导人播放了短信，在总统弹劾程序突然中止的75分钟内，20000人聚集了起来。……通过短信，超过100万的马尼拉居民（被）动员和调动起来……2001年1月20日，菲律宾总统约瑟夫·埃斯特拉达成为历史上第一个由于智能族群失去权力的国家元首。[34]

根据莱茵戈德的说法，起义迅速发展成一场大规模运动的原因在于，那些参与的人发了一些短信，比如"前往艾普法诺·德·洛斯桑托斯大道，穿黑色来哀悼民主"。在晚上11点，人们给他们手机通讯录内的每一个人都发了信息。[35] 环球电信（Globe Telecom）当天发送了4500万条短信，几乎是正常的两倍。[36] 网络迅速变得超负荷，以至于电话公司在艾普法诺·德·洛斯桑托斯大道附近放置了额外的移动传输天线。其他分散的"草根媒体"（grassroots media）也起到了一定的作用：对埃斯特拉达的批评经常以讽刺漫画的形式出现并通过电子邮件发送，在线论坛 E-lagada 据说收集了91000个反对总统统治签名。[37]

但费南德斯·阿德瓦尔·卡斯泰尔斯（Castells, Fernández-Ardèvol）和邱（Qiu）都怀疑这是否真是使起义成功的"不可战胜的技术"。智能族群是通过新的定价过程来推动事件的发展的吗，因此，个人的孤立行为而不是大众媒体的权威导致了群众的动员？是否有个人成为"广播电台"，在国家没有能对这个过程产生任何影响的情况下，保持信息的流通？[38]

　　许多示威的参与者都同意这一描述。在《手机与人群：当代菲律宾的救世主政治》(The Cell Phone and the Crowd：Messianic Politics in The Contemporary Philippines)一文中，文森特·拉斐尔(Vicente Rafael)记录了许多参与者在报纸和在线讨论中言语："移动电话是我们的武器"，一个失业的建筑工人如此说；"移动电话就像火药桶的保险丝，点燃了起义"。在另一篇同样乐观的散文写道："只要你的电池不是空的，你就'处于最佳状态'，你就会感到斗志昂扬。"还有："通过短信和电子邮件联系到我们的信息和电话将有组织和没组织的抗议者团结起来。从我们的家、学校、宿舍、工厂、教堂，我们涌上街头，继续审判埃斯特拉达。"[39]

　　拉斐尔在更广泛的文化背景下对这些陈述进行了反思。在 20 世纪 90 年代末，手机在菲律宾变得非常流行，特别是在全球供应商推出了可以选择便宜的短信付费订阅服务后。人们把电话称为一个有关键品质的"新肢体"：无论他们在哪里，他们都可以同时在别的地方。在每一个社交场合，他们都可以与不在场的自选的小组成员进行交流。反之亦然，电话可以作为一种在群众集会中使用的团结工具："虽然电信允许一个人逃离人群，但它也打开了发现自己与它行动一致的可能性，充满了它的欲望，并被它的能量消耗。"[40] 短信成了一种象征性的行为：它被呈现为被称为"TXT 的一代"的"想象中的共同体"的表达。短信可以被视为挥舞革命旗帜的当代等价物。拉斐尔的描述让人想起了马歇尔·伯曼对圣彼得堡耐维斯基大街(Nevski Prospekt)的公众人物的叙述，这些人自大众中自发地聚集在一起，并突然意识到彼此的存在。这种识别不再发生在大道上，而是通过短信和社交网络的媒体网络。

　　但移动电话是否也标志着权威结构的转变，如莱茵戈德和其他人宣称的那样？这是一个创造了自己的公众吗？我们必须警惕这里的技术决定论。正如卡斯泰尔斯等人指出的那样，声称仅仅是手机本身是罢免埃斯特拉达的原因的说法是很有问题的。许多其他因素也起到了一定作用：像军队和教会这样的传统权威机构也领导了针对埃斯特拉达的反对，还有一些最初的短信来自反对派领导人。此外，国家的权力已经被削弱了，因此，政府不能有效对起义作出反应。在国家权力更大的国家，政治智能族群远没有那么成功。在伊朗，2009 年的"推特革命"(Twitter revolution)被一个强大的国家粗暴地镇压，而这个国家仍然有安全部门。在菲律宾，一个更强大的国家可能也能够关闭短信网络，就像它在 1986 年阻止了维利塔斯电台的通信一样。相反，从短信中获得成倍收入的电信公司实际上在艾普法诺·德·洛斯桑托斯大道设置了额外的移动传输天线。

　　因此，说这场革命仅仅是由于手机和短信的文化实践而发生的实在是有点过头。然而，在菲律宾的文化、政治和经济环境内，移动电话在使这种社交网络变成可能的过程中也起到了一定的作用。拉斐尔对作家巴特·金戈纳

（Bart Guingona）对论坛的贡献的分析很有趣：金戈纳属于一个组织了第一次抗议会议的组织。起初，他对使用手机作为一种动员工具持怀疑态度。当有人提议通过短信发送请求时，他并没有期望在没有得到授权的情况下起效果。一位参与了准备工作的牧师建议就像 1986 年一样使用维利塔斯电台。

但人们决定发送一条测试消息。第二天早上，当金戈纳打开他的手机时，他的朋友和朋友们的朋友已经把这条消息发到他的收件箱了：他已经间接收到了他自己的短信，但现在增加了三倍。[41] 根据拉斐尔的分析，金戈纳对短信的力量几乎没有什么信心：在他看来，它们与谣言地位相同，而且为了获得可信度，它必须得到传统权威的支持。这被证明是一种误解。一条短信并不是来自未知的可疑来源的未连接的信息；它是来自一个已知的发送者的消息，不管消息被转发了多少次，发送者自己的社交网络保持不变。信息不是由权威验证的，而是通过在网络中转发或不转发的个人决定的积累而生效的。拉斐尔写道：

> 在这里，与公开解释和激起公众辩论的能力相比，发短信的力量与强迫他人保持信息流通的能力更有关系。一个人收到信息，然后通过重复它来回应。一个人把它转发给其他人并期望他们也会这样做。通过不断地转发消息，人们不断地会得到确切的消息，这些消息是机械增强的，因此在语义上不会改变。[42]

莱茵戈德也得出了类似的结论。与编写文本消息相反，转发消息非常简单：只需采取几项操作就可以使它快速传播。不利的一面是，这也适用于谣言——莱茵戈德写道，在菲律宾，一个宣布教皇约翰·保罗二世去世的虚假短信在不断转发后引发了公众的恐慌情绪。

人民力量运动（The People Power movement）是最常被引用的由智能族群组织的政治抗议运动的例子之一，但它肯定不是唯一的。在西雅图的世贸组织（WTO）抗议活动中，手机发挥了重要作用。2002 年，通过移动电话及诸如我信网（Ohmynews）之类用户生成的内容网站的动员为韩国的政治局外人卢武铉（Roh Moo-hyun）的选举作出了贡献。在西班牙，在 2004 年 3 月发生恐怖袭击后，短信被用来协调反对政府的示威活动。2011 年，在发生于几个西班牙城市的中央公共场所的愤怒者运动（indignados）抗议营地的组织中，社交网络也扮演了重要角色。[43] 最近，最吸引人的例子无疑来自中东——我们现在谈论的是"脸书革命"，不仅是网络，而且脸书的象征性也起到了一定作用。就像菲律宾的年轻人和新兴的中产阶级将手机和短信视为一种将他们与其他群体区分开来的象征性行为一样，脸书发展成为年轻的阿拉伯人抗议当权者的象征性表达。它不仅是一种传播手段，而且是团结公众的旗帜。[44]

"人民力量 II"的例子显示，在马尼拉公共空间的验证和动员过程中，点对点网络在政治问题上发挥了作用。它还表明，为了充分理解这些现象，我们不能只关注于技术或网络传播的过程：我们必须考虑一个事件的整个背景和一个生态系统的相关组成部分。[45]在这种情况下，是不同媒体尺度——大众媒体、利基媒体（niche media）和 p2p 网络——之间的互动，在突然中止的弹劾程序的问题上创造了一个即时的公众。一个消息的验证——例如，是否有人会对一个请求作出反应——可能会受到网络效应的影响：如果某人突然从他的网络中收到来自不同人的相同诉求，这就可能是一个重要的因素。但是，验证仍然是一个复杂的过程，它基于以下几个因素，包括个人关系、采取行动的可能后果、某人对某个具体问题的重视程度等。

然而，短信和脸书确实在动员方面发挥了作用。移动电话和互联网开辟了公众组织自己的新途径。这些媒体可以被用作"地域装置"，以占有城市公共空间。这涉及两倍的动态：公众成员认识到媒体网络中的一个共同问题，并以此来组织自己。政治行动本身发生在城市物质空间。空间上的聚集仍然是提出政治主张的最有意义的方式。这一说法随后获得了更广泛的意义，因为它被拍摄下来，并在推特、脸书或 YouTube 上获得了第二重生命，这反过来又能促进动员。

快闪的影响不应该被理想化，但这个分析确实表明，城市居民在数字技术的软件分类逻辑面前并不是完全无能为力的。在第一种情况下，我们看到斯蒂芬·格雷厄姆在数字技术软件被编写时安置的话语权（agency）:这个"编码"是一个建立文化规范、法律、理想和/或服务的概念的过程，这个过程是关于提供街道层面服务的软件和算法。在这个例子中，一些作者把话语权放在用户的一边，他们可以通过技术在城市公众中组织自己。这或许过于理想化了，但在某些情况下，数字技术确实能够以新的方式组织城市公众，尽管这些并不总是拥有"好的"意图的公众，正如 2011 年夏天的伦敦骚乱所显示的那样。

这里引用的例子表明，数字和移动媒体确实给公民提供了一种动员公众的新手段。然而，这只是政治进程的开始。对公共领域的挑战不仅是一个动员问题：毕竟，作为一种发展于无数个体行为的总和中的现象的智能族群几乎没有什么结构；没有明确的领导人，也没有一个机构能够影响群众运动的方向。从这种运动中产生的政治进程如何获得方向？如何将群众的能量转化成结构和制度？被动员的公众（主要由一群没有明确领导人的个人组成）的要求如何能转变成一个持久的政治变革？也许答案可以在前面的测试案例中找到，城市居民围绕着一个集体利益使用新媒体来组织自己，或者获得对共享资源的集体控制。但是，目前还不清楚这些例子是否也可以在更大范围内使用。

测试案例 7　身体电影

当鹿特丹于 2001 年 9 月成为欧洲文化之都时，在肖伯格广场展出了一个特别的互动视频装置：由墨西哥艺术家拉斐尔·洛扎罗－赫默（Rafael Lozano-Hemmer）制作的"身体电影－关系建筑 6"（Body Movies－Relational Architecture 6）。他在百代（Pathé）电影院的侧壁投射了巨大的幻灯片，其内容是人们购物的场景。这些图像并不是特别清晰，因为与此同时，两盏明亮的氙气灯的光束在墙上闪闪发光。只有当人们碰巧穿过氙气灯的光束时，他或她的影子才会再让投影的一部分变得可见。当路人意识到他们可以用他们的影子"暴露"照片时，他们就开始进行实验。很快，许多路人开始玩传统的影子游戏：通过他们的身体的形态或者通过距离灯光的远近，他们创造了各种形状的影子，每次都揭示了原来照片的不同部分。如果有几个人同时走在光束上，投影照片的更多部分就可以被看到了。

洛扎罗－赫默在他的装置中容纳了一个互动的、好玩的元素：当路人的影子与投影照片上人的轮廓完全吻合时，一个新的照片会出现——一个带有图像识别软件的相机不断分析影子的运动。因此，路人被鼓励一起在氙气灯前做出与电影院墙上的构图相匹配的姿势。在鹿特丹，这导致了"经常是滑稽的，有时甚至是感人的表演"，这是后来《每日汇报》（Algemeen Dagblad）所写的。"无法预料的路人的影子被巨人亲切地拥抱或无情地践踏。这些巨人原来只是小男孩们，在那一刻，他们相信自己是巨大和强大的。"[46]

近年来，身体电影（Body Movies）已成为与数字互动媒体有关的艺术批评的一个典范。这些作品特别指出了城市公共空间中越来越大的、主要是展示广告的"城市屏幕"的影响。通过身体电影，洛扎罗－赫默提供了一种不仅是在内容上，而且是在形式上的替代方式：他的屏幕不是被动的，而是一种互动的媒介。观众扮演着积极的角色，身体电影的设计也使得路人进入短暂的彼此间的社会关系。现有的协议——在公共场合内陌生人不打扰彼此——因此被打乱了。根据许多评论家的说法，正是这个方面使得洛扎罗－赫默的工作变得如此重要。桑内特认为，沉默的协议威胁着城市公共领域的持续存在，而像身体电影这样的项目表明，数字媒体可以带来新的社会互动形式。

"城市屏幕"的出现正适合这样一个悠久的传统，建筑装饰有铭文，无论是寺庙的雕塑、教堂的壁画和彩色玻璃窗还是东京涩谷或纽约时代广场上闪烁的霓虹灯广告[47]"城市屏幕"所带来的创新之处是媒体层的内容可以变得灵活。壁画和彩色玻璃窗已经成为几个世纪以来建筑的一部分；数字屏幕或霓虹灯装置的内容与它的基座基本无关。在某些情况下，这个媒体层也可能受到路人或位于那里的用户的影响。《建筑设计》（Architectural Design）杂志认为身体电影是形式和内容不断变化的建筑的一个先驱：通过用媒体来诠释物理环境，洛扎罗－赫默展示了"特定建筑或城市背景的主流叙事"[48] 如何变化得越来越容易。

随着城市屏幕的出现，我们似乎已经接近完整的循环：正如前面所描述的，一些批评人士认为，电视的出现，加上日益增长的郊区化，导致了私有化的兴起和城市公共空间的侵蚀。城市公共空间的意义在电视屏幕上的信息交换中消失了。保罗·维里利奥（Paul Virilio）说，"屏幕变成了城市广场"[49] 而公众是围绕电视屏幕上发展的。我们现在看到的发展似乎与此相反："城市屏幕"再次成了公共空间的中心。城市屏幕的出现对于公共领域的经验的确切意义显然取决于如何使用屏幕：一方面，有一些通过城市屏幕形成公众的例子，比如集体观看一场音乐会、政治活动或足球比赛。这样一来，城市公众就围绕着公共领域的媒体内容形成了，物质上在一起的事实和屏幕上的内容在创造公众的方式中共同扮演着一个角色。

但城市屏幕的出现也很容易与公共领域的商业化联系起来。许多"城市屏幕"主要展示广告，并以消费者的形象吸引消费者。最新一代的屏幕甚至可以将信息在空间中传递给公众。

洛扎罗－赫默使用诸如身体电影之类的项目来谴责这种日益商业化的现象。他的目标是为全球流行和商业文化的崛起提供另一种选择，全球化的后果之一是，世界各地的一切都开始看起来是一样的，无论是星巴克（Starbucks）或麦当劳（McDonald's）的分店，还是购物中心和机场的设计。根据洛扎罗－赫默的说法，广告牌也促成了这一趋势：它们经常是全球广告宣传活动的一部分，因此在一定程度上剥夺了一个城市的当地身份。他认为，"城市充斥着图像和信息，但它们很少表现出多样性，也不在一个亲密的层面上与公众联系"；它们主要唤起一种距离感。[50] 洛扎罗－赫默试图通过身体电影来扭转这种感觉——他引人注目的装置实际上是为了唤起一种亲密感和参与感。[51]

情境主义者关于身体的思考是洛扎罗－赫默的灵感的重要来源。像那群在 1950 和 1960 年代围绕着居伊·德波的艺术家一样，他的目标是使城市居民一种新的方式去看待自己和周围的城市，去"解放"他们或者至少提供一个消费社会的约束机制的替代品；将他们暂时从日常生活中解放出来，邀请他们对这个城市做自己的"阅读"和"诠释"。[52] 洛扎罗－赫默尤其被称为"虚拟约会"（virtual appointment）的情境主义实践所吸引：有人会被指示在预定时间出现在一个特定地点，在那里他会遇到一个收到类似指示的人。这将大大加强参与者感知周围环境的方式：

> 每个路过的人都可能走进你的生活。最轻微的动作都放大成一种认识的突然发生的符号。周围的空间不再是一个中立的框

架。它被预期的目光所充满，并导向潜在的方法。[53]

根据洛扎罗－赫默的说法，城市艺术的干预应该有类似的质量：格言是"超越预期"，这源于情境主义者所说"漂移"和"异轨"。[54]

身体电影展示了数字媒体如何赋予公共领域新的意义。不像广告宣传活动那样展示国际名人和体育英雄的真实形象，身体电影是由一系列"普通"人的照片组成，这些人在日常的城市生活中被拍摄，比如购物或出去散步。交互式投影在城市地理位置上增加了一层，为它们提供了可能被物质设计和标识所侵蚀的本地文脉和身份。

洛扎罗－赫默不仅关心投影的内容，还关注他的项目所带来的社会互动。例如，身体电影中的游戏元素邀请城市居民一起做动作，以此让系统跳转到下一张照片。这让我们看到了项目介入城市公共空间方法的另一个方面：在鼓励或阻止各种社会关系的过程中媒体界面所起到的的作用。洛扎罗－赫默关于互动性的具体概念使什么样的社会协议成为可能？根据斯科特·麦克奎尔的说法，身体电影是如此的特别，因为短暂的公众围绕着这个装置形成了，而直到片刻之前他们都还是完全的陌生人；他们短暂地分享了一段轻松的经历，他们发现通过集体的编舞可以影响周围环境的气氛。[55]洛扎罗－赫默的作品在"关系美学"的背景下得到了讨论，这个概念是由有影响力的法国策展人和艺术评论家尼古拉斯·布里奥（Nicolas Bourriaud）提出的：艺术作品的目的不是为了表达艺术体验，而是为了创造新的社会关系。[56]这个自发的编排部分是由于洛扎罗－赫默的具体交互方法。公共空间中的交互系统通常以这样的方式发展，在一段时间内只可能有一个交互：某人或某物提供输入的内容，然后装置产生结果。这包括两种可能性：要么公众的成员轮流使用装置，在这种情况下，每个人都可以以自己的方式影响交互系统；要么系统测量参与者的平均值，并使用这个平均值来产生结果。洛扎罗－赫默发现两种可能性都不令人满意，这就是为什么他认为对身体电影来说这一点很重要：几个人可以同时参与装置，他们的相互作用在整体结果中起着重要作用。一方面，每一个参与者都可以以自己的方式参与，而且他的输入不会消失在民主的平均值中，另一方面，其他所有的集体模式都会发展[57]。因此，洛扎罗－赫默指的是"关系建筑"，而不是交互性。交互性已经成为一个陈腐的术语，可以表示任何东西，因此也可以毫无意义。通常情况下，"交互"用于表示"反应"：用户按下一个按钮，然后根据预先设置的模式发生一些事情。"关系"一词的目的是表达他的工作所能产生的多种关系："'关系'具有更高的水平，更具有集体性。事件发生在活动的领域，并可能在网络内的几个地点引起共鸣。"[58]

许多评论家都看到了洛扎罗－赫默通过数字界面来诱发短暂关系的方式

和诸如理查德·桑内特等思想家关于城市公共空间的理论之间的关联。正如我们早些时候看到的那样，桑内特指出，公共领域越来越多地由沉默主导。城市居民不再闲聊，不再进行甚至是基于没有人情味的角色扮演的讨论。城市居民越来越感觉到，他们没有权利互相说话。自从19世纪林荫大道上的人行道咖啡馆文化兴起以来，人们充其量就是互相对视，甚至这种视觉上的对抗也受到了压力，因为城市居民继续退到他们感到舒适的地理区域，他们主要是在那里遇见志同道合的人。[59]

诸如身体电影之类的混合界面是否能被用来阻止这种情形？类似的干预能让城市居民再次产生简短的相互交流吗？互动设计能诱使市民打破公众的沉默吗？根据麦克奎尔的说法，像身体电影这样的装置在这里扮演着至关重要的角色：

> 通过相互参与，人们发现他们能够对中心城市公共空间的外观和感觉上进行干预，尽管是短暂的。简而言之，他们是鼓励创造性公共行为的平台，能让城市成为一个实验性的公共空间。[60]

这种洞察力的反响超出了这个具体的艺术干预。麦克奎尔认为，桑内特的作品表明，他对城市文化的理想的阐释不是一种自然状态：它是一种后天习得的态度。桑内特强调的是，城市居民应该接受一些与日常生活环境有关的协议，比如咖啡馆。移动媒体的界面是否能刺激甚至实施类似的协议？

身体电影可以在一个更广阔的发展背景下进行讨论。近年来，艺术家们常会利用数字媒体试图为城市公共空间注入新的活力。例如，在21世纪初，一个更广泛的艺术家群体接受了"定位媒体"（locative media）这个词："定位"将一种艺术实践与当时出现的有关定位技术的商业应用区分开来，这通常被称为"定位服务"。这些相同的技术经常被用来使城市体验变得更个性化或更有效率。定位媒体艺术家和拥有同样精神的后来者们强调了这项技术的不同应用。在《未来主义宣言》（Futurist Manifesto）的百年纪念上，美国研究人员埃里克·波洛斯（Eric Paulos）呼吁将数字技术用于诸如轻松、意外发现和好奇的城市理想。在《公开破坏和参与的宣言》（*Manifesto of Open Disruption and Participation*）中，他写道：

> ……我们声称，成功的无处不在的计算工具，我们真正想要与之同在的工具，将是那些包含了全部生活经验的工具。通过工具，我们想要的不仅是生产力，还有我们对好奇心的热爱、惊奇的喜悦以及未知的新鲜感。[61]

像身体电影这样的艺术作品能给公共领域注入新的活力吗？他们能把情境主义者的好奇心带回来吗？能否为城市居民的社会交往注入新的活力，甚至为新协议的发展作出贡献？也许这对艺术家提出了过多的要求。尽管如此，这些问题确实表达了诸如洛扎罗－赫默这样的干预措施的重要性：它们表明，另一种界面设计可以在日常城市生活中刺激短暂的接触。它们还显示了设计中一个关于"交互性"的开放概念的重要性。

这让我们回到了最后三章开头提出的问题：数字媒体的出现是否威胁到公共领域的共和派观念？普通的聚会地点会消失吗？城市居民会被化约为消费者吗，正如韩国智能城市新松岛的建设所引发的担忧？城市居民是否还会在数字世界中保留主动权？包括不同背景的城市居民在内的公众能否以新的方式发展？

对于这些问题仍然没有明确的答案。汉娜·阿伦特倡导的集合了所有的城市社区的公共领域现在越来越难以在一个地方体现，但这并不意味着城市公共领域注定要消失：它可能通过新的平台并在意想不到的地方发展起来。私人、地方和公共领域相互重叠。此外，城市媒体比以往任何时候都更容易让我们找到地方领域，但这些地方领域并不是完全没有歧义的。它们经常表现出与他人的地方领域和私人领域的重叠。正是这种重叠拥有创建新的公共领域的潜能——通过数字媒体层使这种重叠变得可见，或诸如洛扎罗－赫默的装置那样邀请我们短暂地走出自己的茧，然后与其他路人开始短暂的关系。数字媒体也可以使新的公共问题变得可见，并为城市居民提供了在他们周围组织自己的机会。这些测试案例有一个共同点，那就是它们并没有试图让19世纪的中央公共空间的概念复活。集体空间的概念不是中心化：出发点是共同的兴趣，或者是共享的实践。问题一直是：一个由不同背景的城市居民组成的公众怎么能在这样的兴趣或实践中，暂时团结为一个更大的整体呢？

在这里，力量似乎已经在一定程度上转向了城市居民个体：他们可以利用技术来塑造他们的世界。开放数据的运动和快闪组织表明，公民可以使用平台本身来积极地塑造他们的生活。然而，这一事实远非不言自明。"城市作为平台"的功能是一个封闭的系统，在其中，城市居民主要是被看作消费者，而这导致了各种的发展。交互通常被简化为"反应"，而公民实际上几乎没有机会质疑所提供服务的规则。

结　论

未来的城市，城市的未来

The City of the Future,

the Future of the City

我们的大城市还能被称为城市社区吗？他们是否真的逐渐变成了一个个独自生活的人们的大群体？他们是否确实觉得与所属的社会群体有联系？在这些群体外，他们是否感到迷失在群众中？[1]

　　这些话是鹿特丹市长彼得·乌德（Pieter Oud）在1946年所说的，用以表达他对自己城市未来的担忧。由于港口和工业规模的增加，以及来自诸如布拉班特（Brabant）、泽兰（Zeeland）和弗里斯兰（Friesland）等偏远地区的移民，鹿特丹在第二次世界大战前的几十年里迅速扩张。但这是否将这座城市变成了一个缺乏"和谐生活"的"砖瓦沙漠"？现代化是否也导致了城市社会的异化和分裂？或者，在最乐观的情况下，现代化是否发展出一系列不同的、孤立的群体？

　　自21世纪初以来，一些批评家和艺术家再次提出了关于城市未来的问题。城市媒体对都市的影响是什么？数字媒体技术在日常生活中的出现是否会导致城市社会的剧烈地方化？是否存在一个新的风险，用彼得·乌德市长的话来说，即这座城市将会由"拥有各自生活的人所组成的大群体"构成，而这些人只是"感觉与自己所属的社会群体有联系"？

　　这些问题并不令人惊讶，因为它们毕竟是在其第一次提及的半个世纪后才出现。毕竟，自19世纪末现代工业大都市崛起以来，这些问题一直在不断地出现。在20世纪初，芝加哥学派的社会学家认为，现代城市的本质是它对密度和分化的结合。大多数现代城市结合了稠密的人口和多样的生活方式。正是这种结合体现了现代城市的力量：城市是商品、服务、思想和身份的市场，而由于高密度的人口以及各种各样的人，任何的供给和需求在某一领域都有可能得到对应。但这也引发了一个复杂的社会问题：我们如何与这些我们不认识并且相当不同的人生活在一起？从瓦尔特·本雅明到理查德·桑内特，从汉娜·阿伦特到简·雅各布斯，从建筑电讯派到洛扎罗－海默，在我提到的各种辩论中，这个问题一直是存在于核心之处。

　　电车、火车、汽车、电视和现在的移动电话：新的技术、经济和文化的发展使公民能够以新的方式在空间和社会上组织自己。每当这种情况发生时，它就会改变地方领域和公共领域形成的方式。不变的是如何协调这两个域的问题：城市如何作这样一个界面，在其中，公民可以组织与自己志趣相投的公众，同时也在某些方面与所有那些位于他们地方领域之外的人发生关联？这两个域之间的理想关系应该是什么样的呢？

彼得·乌德市长在一本名为《未来的城市，城市的未来》(*De stad der toekomst, de toekomst der stad*) 的书的前言中表达了这种担忧，在这本书中，博斯委员会展开了其"邻里概念"，一个为鹿特丹的战后重建而产生的新的设计理念。这本书总结了一些设计原则，如果应用得当，将确保这座城市成为一个"界面"，在这里，城市居民可以被吸收到一些当地的社群主义化的社区里去。

这本书也可以被看作是对城市未来以及未来城市的哲学探索。我已经讨论了一些设计方法，设计师、决策者、建筑师、程序员、新媒体设计师、艺术家和其他各方可以使用这些方法来思考城市生活的设计和组织。这不是一套无可争辩、并可以用来强加一个预先决定的、自上而下的城市生活设计的准则。更确切地说，这是一种源于据简·雅各布斯精神的尝试，是可能有助于一些社会进程获得动力的"催化剂"。

我的原则始终是共和派关于"陌生人社区"的理念：城市社会必须为人们提供按照自己的观点安排生活的自由，但这种自由绝不能导致承诺的完全缺乏或社会分裂。城市居民首先是一个能够自发行动的公民，他们当然可以被期望承担共同的利益，并感到与整个社会有一定的联系。在社群主义和自由主义的城市愿景之间的轴线上，这个共和派的理念可以处于中间位置：它与其他两个理念并没有完全相反，而是成功地将两者结合在一起。核心问题始终是在个人自由与相互参与之间找到平衡的艰巨任务。

用洛特·斯塔姆－毕斯的话说，为潘德里赫特的城市设计提供方案的建筑师是基于邻里的概念："现代城市……应当在空间上组织起来，为那些生活于其中的人们提供多样性和诸多的选择，并让他们体验到有从众多可能性进行选择的自由。"但她也设定了一个重要的前提条件："不是要成为'一部分'"，而是"我们存在于一个空间内，就已经是它的一部分了。"

这突出了最后一个当前关于城市未来的讨论的不同寻常的特点：在21世纪初，由于城市媒体，任何一个"在某个空间内"的人不再自动地成为其中的一部分。作为"体验追踪器"和"地域装置"的城市媒体不仅改变了关于城市内某一地点的体验，也改变了城市居民的探访的地点，以及他们在那里遇到的其他城市居民。这可能会对城市公众的发展产生重大影响。

一系列的测试案例表明，城市媒体可以刺激城市的地方化：城市居民利用城市媒体寻找或创造自己的地方或私人领域。这些媒体帮助我们在相对混乱的城市生活中找到与我们相关的东西。这是一个既主动又被动的过程：有时城市居民会主动使用城市媒体来创建自己的地方领域，例如，当他们使用智能手机作为"体验追踪器"，并展示他们在不同类型的社交网络上的身份的时候。这可以刺激更广泛的发展，象征性的空间标志社会地位的功能变得更重要。反之亦然：伊藤瑞子（Mimi Ito）和里奇·林（Rich Ling）的研究表明，城市居民也用他们的手机在公共领域建立自己的地方领域：城市居民可以用他们的手机整天和网络内的人保持联系。手机是一种薄膜，通过这层膜，人们允许或拒绝其他人进入他们的经验世界。因此，"毗邻"不再是指身体附近的东西，而是那些可以快速被访问或发现的东西。

　　然而，这个地方化的过程并不总是可选择的发生：当我们通过使用我们的手机、社交网络和搜索引擎留下的数字痕迹被用于创建将我们的城市经验个性化的概要文件，不论我们有没有意识到这一点。就像在谷歌中输入同一个搜索词而得到不同的搜索结果的人们一样，不同的城市居民也可以看到不同的城市地图，看到根据一些（可能是秘密的）算法显示出他们感兴趣的地方。因此，客观的城市地图变成了一种主观的"活地图"从现在开始，我们将永远处于我们的地图宇宙的中心，一个闪烁的蓝色光点被整齐排列的可能是我们特别感兴趣的"有用的地方"包围着。

　　这些我们可以用来组织我们生活的新界面是对在城市媒体出现之前已经出现的许多空间和社会发展这一背景的回应。对城市媒体的使用与一个更广泛的发展相符合，如研究员巴瑞·威尔曼，扬－威廉·杜达克和门农·胡坎普提出的"轻社区"和"网络个人主义"：他们的研究表明，个性化并不意味着人们变得更加孤独，而是他们之间有了更多的他们认为自己所属的群体的选择。人们加入不同的群体，与不同的社会和社会角色联系在一起。这些群体并没有形成亲密的社区；相反，联系往往是不明确的，尽管这在各个群体之间是不同的。

　　从空间上讲，这就导致了阿诺德·雷多普所称的"网络城市主义"的模式：城市不能再用一个同心模型来理解，在这个模型中，最重要的功能集中在中心，外围是住房区域。相反，一个"城市场域"在不同的地方出现了，在其中，不同的功能和不同的公众的地方领域得以发生。用一个计算机程序的比喻就是，城市居民通过"剪切和粘贴"来形成他自己的城市。因此，这个内在的城市的中心地位变得越来越不重要：它不再是聚集城市生活中最重要的功能的中心地带。这意味着，作为传统公共领域的地点越来越少了，也就是说，所有城市居民聚集在一起，互相关注的地点越来越少了。

　　这一公共领域也面临着另一项发展的压力：公共领域的私有化和商业化。传统的公共领域的概念，如汉娜·阿伦特和理查德·桑内特所强调的，是公民可以自主行动以及他们也能建立规则和协议的空间。但在城市里，公共空间越来越多地被如"有趣的购物"之类的休闲活动所主导，有时甚至是被商业团体管理。安全摄像头的监视和各种各样的当地协议防止不正常的行为的发生。最重要的是，公共空间必须是一个愉快而有代表性的空间。此外，公共空间越来越多地获得一个标志性的功能，城市试图以此将自己与其他城市区分开来。在越来越大的程度上，城市基础设施被视为一种可以卖给消费者的商业服务。数字领域也体现了这种商品化，包括起到了城市媒体作用的商业和私人平台。脸书、TomTom、谷歌、思科——这些公司最终决定了在他们的平台上什么是允许以及什么是不被允许的，这些协议反过来也适用于那里的交流。当然，作为商业公司，他们不能完全无视付费客户的意愿，但这绝不是一个民主程序。

在空间上，所有这些发展都能导致两种不同的情况同时发生。一方面，城市媒体的设置可以加强一个地方领域的空间边界：电子访问门、动态定价机制或摄像头监控可以排除，或者更准确地说，减少一个地方对于那些认为自己不属于的地方领域或者不同意适用协议的人们的吸引力。因此，数字媒体可以加强不同城市群体之间的界限。史蒂芬·格雷厄姆名为"软件排序地理"的文章中提到了类似的情况：根据不同的背景，使用软件对人们的行为进行空间分类。

在安东尼·汤森德（Antony Townsend）的作品中可以看到一个截然不同的场景。他实际上预测了不同协议同时适用于不同用户的城市地区的崛起。不同的公众可能会使用同样的空间，但主要是与他们自己的"成员"保持联系。然后，软件帮助明确哪些人属于用户的公众，哪些地方是合适的见面地点。这可以刺激在城市研究中被称为"在一起分开生活"的更广泛的城市发展：城市中的不同地方领域可能就在彼此的隔壁，但它们象征的距离是巨大的。事实上，这对网络化的城市居民来说是非常方便的：毕竟，他是众多公众人物的一部分，所有这些网络的空间重叠使得他可以在这些不同的公众之间容易的、不断切换的角色。因此，未来的城市可能会变得更加异质和复杂。智能手机的界面，而不是物质空间的规划，将会给混乱带来秩序。

所有这些发展都导致了两种令人担忧的趋势。第一个问题是，城市居民的发展是否能使来自不同背景的城市居民团结起来；毕竟，城市居民现在可以利用城市媒体的界面来过滤对周围环境的感知，这样任何不符合他们喜好的东西就会从视野中消失。第二个担忧是，公民将不再有任何力量：公司和国家建立决定什么被允许、什么不被允许的规则，这在物质环境和指导我们了解城市的软件界面上越来越真实。

我的目标是表明上面所讨论的恐惧是有根据的。然而，他们不会不可避免地成为现实。城市媒体实际上可以以新的方式创造一个公共领域，但为了达到这个目的，我们必须与传统的公共领域概念保持距离。它不再是中心化、或多或少中立、所有城市居民在平等的基础上聚集在一起的见面场所。当来自不同背景的城市居民在混合公共场合通过共同的协议或目标来在更短或更长的时间内组织他们自己时，公共领域就会成为现实。

雷恩多普和哈耶尔发现，这不是一个地方化的问题，而是将城市公共领域作为所有公民的中立聚会场所的不切实际的理想。我们不能像19世纪的维也纳或巴黎那样依然关注于对城市的理念，而应对当代的发展持开放的态度。网络都市化和"网络个人主义"的崛起并不意味着不再有相遇或对抗的场合：经验世界的空间划分并不完整，大多数市民不愿意在同质化的区域中完全隔离自己，在其中，他们只结交志同道合的人。城市居民的社会和空间网络将会继续部分重叠。

因此，当我们访问公众的地方领域时，我们就会发现这样的公共领域经验，我们不属于所有的公众，或者我们只是其中一部分的成员。当地方领域短暂重叠时，公共领域就会发展。只要这种情况继续发生，城市居民就仍然能够互相注意彼此。这正是我在这里所说的共和派城市理想的关键所在：目标不是建立一个和谐、明确的社区；理想是"最小的凝聚力"，而不是"最大化的社区"。城市生活的多样性和由此带来的自由实际上是城市的巨大优势。这意味着我们也必须承认，群体之间总是会有摩擦，这是动态的，也是城市的一部分。

因此，公共领域应该被理解为一个多层次的整体。城市内不同居民的地方领域相互重叠的地方和瞬间构成了基础。第一个层次包括城市内不同居民的地方领域相互重叠的地方和瞬间，例如，每天甚至只是琐碎的偶然相遇。这些都是城市居民相互关注并且建立信任的时刻。这是简·雅各布斯所描述的公共领域，它主要包括表面的接触。

公共领域的下一层面需要更深入的参与。问题在于，新的公众能否从这些暂时重叠的时刻中发展出来。新的协议、新的集体节奏和新的做事方式是否会发展出来，让人们在不同的情况下集体行动？进一步的问题是，是否存在将城市社区作为一个整体的主题：我们能否在诸如环境、学校、医疗保健和日常生活质量等共同关心的问题上组织公众？我们能否澄清这些问题的共同利益，并让不同的城市居民以某种方式参与其中？不承诺的状况则会为参与和集体"主人翁意识"让路。这些过程不一定要发生在中央层面；它们更可能出现在网络结构中。

在所有这些层面上，城市媒体都扮演着重要的角色。这些媒体被设置为"地域装置"，使不同的世界更容易在空间上重叠。他们可以加强"在一起分开生活"的场景，为这些不同的世界创造偶尔重叠的新机会。通过城市媒体产生城市"加倍"也让城市居民的不同的经验世界变得清晰可见，尽管我们还不清楚如何通过城市媒体来进入这些世界。城市居民怎样才能真正注意到其他城市居民的数字世界呢？一个数字平台可能不足以实现这一目标。鼓励交互的编程实际上是必要的，比如本着凯文·林奇的精神的界面设计可能激发好奇心。这意味着设计师的任务不是开发智慧城市的"无缝设计"，在这样的设计中，城市的体验被设置为最好是在他或她没有注意到的情况下适应了城市居民的个人喜好或要求；相反，设计师的任务是开发一种"有缝隙的设计"：一种实际上让城市居民意识到他们周围的断层和界面的设计。[2] 另一个让重叠可见的方法是通过编程，就像马里奥·博施的社区博客一样，同时处理不同的群体；或者通过对物质空间的干预，如洛扎罗－海默的身体电影。好玩的元素可以在这里扮演重要的角色，暂时中止现有的协议并为新的交互创建基础。

在接下来的一层中，数字媒体可以在使集体的节奏或问题可见的过程中扮演一个角色。空气质量数据、运动模式、交通规律、资源的共同使用等等的可视化可以使通用模式可见或者提供关于将社区作为一个整体这一问题的洞见：集体层面及个别城市居民在创建或解决一个问题时所扮演的角色都能变得可见。公众可以围绕这些问题以新的方式发展出来，而人们的参与程度也会有所不同：从最小的脸书"点赞"到发起集体行动。快闪族的案例研究表明，可以通过新的方法来形成可以动的公众。

然而，更进一步是共同管理城市资源的公众的出现，从共享汽车到邻里花园，从向邻居借用工具到建立一个集体电力公司。在这种情况下，数字媒体的功能是一个供应和需求在非常实际的问题上相遇市场。正是数字媒体的声誉体系使得这种集体交流成为可能。因此，有些事情也可以作为"共同"来管理。在这里，参与的程度也会有所不同，从向邻居借一把锤子，到社区设施的共同管理，包括处理与此相关的所有纠纷。

这三个例子有一个共同点：它们都与"网络个人主义"的出现相吻合。城市居民是不同公众的一部分，这一事实意味着新的公众可以在所有这些网络之间的重叠中发展。正是因为这种重叠，一个网络中的集体问题才会"跳越"（leapfrog）到下一个网络。这意味着公共领域不会因为同时共享一个城市中心空间而发展，而是因为城市居民是在公共问题上组织起来。非常实际的问题可以在这一过程中扮演催化剂的角色：巴黎林荫大道的例子表明，公共领域之所以没有发展，是因为它是自上而下创造的，而城市基础设施是以这样的方式组织起来：不同群体同时发现这个领域具备十足的吸引力或者非常重要。在"在一起分开生活"的场景中，不同的地方领域在一个物质的邻里内纵横交错。非常实际的事情会导致短暂的重叠——每个人偶尔需要一辆车或一个特定的工具。智慧城市（使城市基础设施更加高效）的想法也可以导致社会城市的发展（这种基础设施的共同管理）。

但这取决于一个条件：公民必须保有力量。平台的设计必须是真正的交互式的：这让参与者有机会建立或改变协议，而不是被迫遵守公司制定的规则。神奇的软件自动为我们安排一切，这听起来很吸引人，而商业派对提供的服务无疑将使生活更加愉快和惬意。这并没有什么错，但最终，当这些服务的平台是可访问的，并且公民可以以自己的方式适当地使用相关的数据和协议时，我们的情况会更好。

这些结论也导致了本书的局限性：我试图探索城市媒体对城市公众发展影响的潜在可能性。我已经证明，它们首先可以促进地方的发展，从而也能加强自由主义的城市理想。然而，这并不是一个明确的发展。各种城市媒体正在涌现，这可能会给共和派的城市理想注入新的活力。

"可能"是这里的关键词，因为我们正处于一场技术革命中，计算机不仅存在于我们的办公桌上，而且已经成为城市生活中不可或缺的一部分。城市媒体的出现正在改变着城市的日常生活，而这一过程还在如火如荼地进行着。我的希望是，这本书将为所有关心城市设计的人提供线索，从建筑师和城市规划者到界面设计师和黑客，从公民到规划官员，从公司到消费者；提供如何开发催化剂的新思考方式，而这种催化剂可能注入新的共和派理想：理想的出发点不再是公共空间，而是城市公众在空间和调解实践的共同作用下的发展方式。

正如宝拉·安托内利（Paola Antonelli）所说，"设计师站在革命和日常生活之间。"[3] 正是城市媒体的界面创造了使城市媒体更可控的技术革命。这些界面的隐藏可能性在它们最终干扰日常城市生活的方式中发挥了作用。因此，设计以及政策不仅是实际解决方案的发明，同时也是一种哲学练习。我的目标是开始这个哲学练习。我们现在需要的是新一代的、可以翻译本文中讨论的设计方法的测试案例。

前 言

1　Bill Gates, 'The Enduring Magic of Software', *Information Week* 18 October 2000, http://www.informationweek.com/the-enduring-magicof-software/49901115 (2012 年 10 月 18 日访问).

2　引自 : P. Dourish, *Where the Action Is: The Foundations of Embedded Interaction* (Cambridge, MA 2004), viii.

3　P. Goldberger, 'Disconnected Urbanism', *Metropolismag.com*, 22 February 2007, http://www.metropolismag.com/story/20070222/disconnected-urbanism (2013 年 2 月 28 日访问).

4　A. Blum, 'Local Cities, Global Problems: Jane Jacobs in an Age of Global Change', in : T. Mennel, J. Steffens and C. Klemek (eds), *Block by Block: Jane Jacobs and the Future of New York* (New York: Princeton Architectural Press, 2007), 51-53, 53

5　参见 Danah Boyd in: D. Boyd, 'Taken out of Context' (UC Berkeley, 2008), 17. 参见 S. Livingstone, Audiences and Publics: *When Cultural Engagement Matters for the Public Sphere* (Portland, OR: Intellect, 2005).

6　参见 L.H. Lofland, *The Public Realm: Exploring the City's Quintessential Social Territory* (Piscataway, NJ: Transaction Publishers, 1998), 31. On urbanism, theatre and roles, 参见 S. Lennard and H. Lennard, *Public Life in Urban Places* (Southampton, NY: Gondolier, 1984).

7　M. Berman, *All That is Solid Melts into Air: The Experience of Modernity* (New York: Verso, 1987), 196.

8　J. Jacobs, *The Death and Life of Great American Cities* (London: Pimlico, 2000 [1961]), 40.

9　Wirth, 'Urbanism as a Way of Life'.

10　L. Lofland, *A World of Strangers: Order and Action in Urban Public Space* (New York: Basic Books, 1973), 10.

11　同上 , 9.

12　引自 A. Blum, 'Local Cities, Global Problems', 53.

13　参见 M. de Lange, 'Moving Circles: Mobile Media and Playful Identities' (PhD thesis Rotterdam: Erasmus Universiteit, 2010) and A. Galloway, 'A Brief History of the Future of Urban Computing and Locative Media' (PhD thesis Ottawa: Carleton University, 2008) for an extensive overview of different technologies.

14　参见 : Tuters and Varnelis, who refer to 'annotation' and 'tracing' as qualities of what they call 'locative media'. M. Tuters and K. Varnelis, 'Beyond Locative Media: Giving Shape to the Internet of Things', *Leonardo* 39 (2006) no. 4, 357-363.

15　M. Ito, D. Okabe and M. Matsuda, *Personal, Portable, Pedestrian: Mobile Phones in Japanese Life* (Cambridge, MA: MIT Press, 2006), 15.

16　K. Fujimoto, 'The Third-Stage Paradigm: Territory Machines from the Grils' Pager Revolution to Mobile Aesthetics', in: M. Ito, D. Okabe and M. Matsuda (eds), *Personal, Portable, Pedestrian: Mobile Phones in Japanese Life* (Cambridge, MA: MIT Press,

2006), 77-102, 98.

17　M. Castells, 'The Culture of Cities in the Information Age', in: I. Susser (ed), *The Castells Reader on Cities and Social Theory* (Malden, MA: Blackwell Publishers, 2002) 382. 参见 S. McQuire, *The Media City: Media Architecture and Urban Space* (Thousand Oaks: Sage, 2008); 史蒂芬·约翰逊在他的著作《Interface Culture》中将"界面"作为一种文化隐喻的概念流行化了。在荷兰，玛丽安·范·邓·博恩早在 1996 年发表了一篇论文，名叫 "De stad als interface" (literally, 'The city as interface') , *De Helling* no. 1 (spring 1996), http://boom.home.xs4all.nl/artikel/stad. html (2013 年 2 月 28 日登录); S. Johnson, *Interface Culture* (San Francisco: HarperEdge, 1997).

18　E. Kluitenberg, 'The Network of Waves', *Open* 11 (2007), 6-16,14

19　Galloway, 'A Brief History of the Future of Urban Computing and Locative Media', 41. Galloway 也基于 Gaver 的理论在她的研究中使用了"文化探针"的概念 B. Gaver, T. Dunne and E. Pacenti, 'Design: Cultural Probes', *ACM Interactions*, January – February 1999, 21-29.

20　Dourish, *Where the Action Is*, viii.

21　参见 : M. de Waal, 'The Ideas and Ideals in Urban Media', in: M. Foth et al. (eds), *From Social Butterfly to Engaged Citizen* (Cambridge, MA: MIT Press, 2012), 5-20.

第一章

1　D. van der Ree, 'Een deel van je leven', in: *Project Zuidelijke Tuinsteden* (Rotterdam: Dienst Stedenbouw + Volkshuisvesting, 1992), 10; D. van der Ree, 'Van boerenzij naar stadswijk', in A. Reijndorp and H. van der Ven (eds), *Een reuze vooruitgang: Utopie en praktijk in de zuidelijke tuinsteden van Rotterdam* (Rotterdam: Uitgeverij 010, 1994), 105-118.

2　R. Bijhouwer, 'Ruimtewerking en ritmiek: Een analyse van het stedenbouwkundige oeuvre van Lotte Stam-Beese', in: H. Damen and A. Devolder (eds), *Lotte Stam-Beese 1903-1988: Dessau, Brno, Charkow, Moskou, Amsterdam, Rotterdam* (Rotterdam: De Hef, 1993), 94-95.

3　A. Bos, *De stad der toekomst, de toekomst der stad: Een stedebouwkundige en sociaal-culturele studie over de groeiende stadsgemeenschap* (Rotterdam: Voorhoeve, 1946), 18.

4　W.F. Geyl and S. Bakema-Van Borssum Waalkes, *Wij en de Wijkgedachte* (Utrecht: V. en S., 1948).

5　同上

6　同上

7　Bos, *De stad der toekomst, de toekomst der stad: Een stedebouwkundige en sociaal-culturele studie over de groeiende stadsgemeenschap*, 18.

8　同上 , 95

9　同上 , 98.

10　Bos, *De stad der toekomst, de toekomst der stad*, 362.

11　参见 : C.A. Perry, 'The neighborhood unit' (1929), in R. LeGates and F. Stour (eds), *Early Urban Planning* (London: Routledge, 1998),

12　他在 C.A. Perry, *Housing for the Mechanical Age* (New York: Russell Sage Foundation, 1939) 中展开了这一理论 .

13　引自 P. Hall, *Cities of Tomorrow* (Oxford: Blackwell, 2002), 130.

14　Bos, *De stad der toekomst, de toekomst der stad*, 45.

15　同上 , 53.

16　T. Idsinga, 'Het Nieuwe Bouwen in Rotterdam 1940-1960: Wat is stedelijk wonen in een open stad?', in: W. Beeren et al. (ed.), *Het Nieuwe Bouwen in Rotterdam 1920-1960* (Delft: Delft University Press, 1982), 108-138, 123.

17 参见 A. Reijndorp and H. van der Ven (eds), *Een reuze vooruitgang: Utopie en praktijk in de zuidelijke tuindsteden van Rotterdam* (Rotterdam: Uitgeverij 010, 1994), 42; A. Hebly, 'Op het ritme van de Horsten: Een stedenbouwkundig plan voor een buurt in Zuidwijk', in: A. Reijndorp and H. van der Ven (eds), *Een reuze vooruitgang: Utopie en praktijk in de zuidelijke tuindsteden van Rotterdam* (Rotterdam: Uitgeverij 010, 1994), 196; B. Jansen, 'De ideale woongemeenschap in naoorlogs Rotterdam', in: K. Hage and K. Zweerink (eds), *Van Pendrecht tot Ommoord: Geschiedenis en toekomst van de naoorlogse wijken in Rotterdam* (Bussum: Thoth, 2005), 20-25; Blum, 'Local Cities, Global Problems', 23.

18 L. Stam-Beese, 'De stad als wooncentrum', in: *Studium Generale*, March 1959, 72.

19 引自 Bijhouwer, 'Ruimtewerking en ritmiek', 92

20 L. Stam-Beese, 'Aantekeningen over Pendrecht', archive NAi Rotterdam STAB #17.

21 同上。

22 引自 E. Velzen, 'Pendrecht opnieuw bezien: Ontwerpstudies voor de vernieuwing van Pendrecht', in: A. Reijndorp and H. van der Ven (eds), *Een reuze vooruitgang: Utopie en praktijk in de zuidelijke tuinsteden van Rotterdam* (Rotterdam: Uitgeverij 010, 1994), 212.

23 引自 R. Blijstra, *Rotterdam, stad in beweging* (Amsterdam: Arbeiderspers, 1965), 220.

24 引自 Velzen, 'Pendrecht opnieuw bezien', 212.

25 参见 : J. Schilt, '1947-1957: Tien jaar "Opbouw"', in R. Dettingmeijer, R. Beeren and P. Wardle (eds), *Het Nieuwe Bouwen In Rotterdam 1920-1960* (Delft: Delft University Press, 1982), 148-149.

26 R. Grünfeld and L. Weima, *Wonen in de nieuwe wijk Pendrecht (Rotterdam)*, (Rotterdam: Wetenschappelijk Bureau Dienst van Volkshuisvesting Rotterdam, 1958).

27 Stam-Beese, 'Aantekeningen over Pendrecht', 122.

28 G. Anderiesen and M. Martens, 'Continuïeit en verandering: Oude en nieuwe bewoners van de zuidelijke tuinsteden', in: A. Reijndorp and H. van der Ven (eds), *Een reuze vooruitgang: Utopie en praktijk in de zuidelijke tuinsteden van Rotterdam* (Rotterdam: Uitgeverij 010, 1994).

29 Dienst Volkshuisvesting, 'Onderzoek in tuinstad Zuidwijk (Rotterdam) naar het oordeel van de bewoners over de nieuwe wijk', (1954).

30 Barends en De Pree, 引自 : Jansen, 'De ideale woongemeenschap in naoorlogs Rotterdam', 25.

31 参见 : J. Schilt and H. Selier, 'Van de oevers van de Oder tot Krimpen aan den Ijssel', in: H. Damen and A. Devolder (eds), *Lotte Stam-Beese 1903-1988: Dessau, Brno, Charkow, Moskou, Amsterdam, Rotterdam* (Rotterdam: De Hef, 1993), 10-37, 32; Bijhouwer, 'Ruimtewerking en ritmiek', 93.

32 Grünfeld and Weima, 'Wonen in de nieuwe wijk Pendrecht (Rotterdam)'.

33 T. Lupi, *Buurtbinding* (Amsterdam: Aksant, 2005); H. van der Horst, J. Kullberg and L. Deben, *Wat wijken maakt: De wording van functionele, sociale en expressieve kwaliteiten van Vreewijk, Zuidwijk en Ommoord* (Utrecht: NETHUR, 2002); M.J. van Doorn-Jansen, *Groei en gestalte van een nieuwe stadswijk: Verslag van een sociologische verkenning in Rotterdam-Zuidwijk anno 1955* (Utrecht: Rijksuniversiteit Utrecht, 1965).

34 Van-Doorn-Jansen, *Groei en gestalte van een nieuwe stadswijk*; Lupi, *Buurtbinding*, 48.

35 参见 E. van Es, 'Plannen Pendrecht 1948-1965', in: G. Van den Brink et al. (ed), *Prachtwijken?!: De mogelijkheden en beperkingen van Nederlandse probleemwijken*(Amsterdam: Bert Bakker, 2007).

36 引自 Anderiesen and Martens, 'Continuïeit en verandering', 116.

37 参见社区研究评论 J. Eade, *Living the Global City* (New York: Routledge, 1996) 以及 B. Wellman, 'The Community Question: The Intimate Networks of East Yorkers', *The American Journal of Sociology* 84 (1979) no. 5, 1201-1231. 参见 : Lupi, *Buurtbinding*, 55.

38 H.P. Bahrdt, *Die moderne Grossstadt: Soziologische Uberlegungen zum Stetebau* (Reinbeck bei Hamburg: Rowohlt, 1967); 参见 : R.E. van Engelsdorp Gastelaars and D.

Hamers, *De nieuwe stad: Stedelijke centra als brandpunten van interactie* (Rotterdam: NAi Uitgevers, 2006).

39　S. Groenman, 'Goede kanten van kleine gemeenten', *Intermediair* (1971), 引自：R.E. van Engelsdorp Gastelaars, *Veertig jaar territoriale binding* (Amsterdam: Vossiuspers UvA, 2003), 12.

40　参见 Ulrich Beck, who later wrote: 'Our antennas are our roots'. U. Beck, *Cosmopolitan Vision* (Cambridge, UK: Polity Press, 2006), 103.

41　参见 WRR (Scientific Council for Government Policy), *Vertrouwen in de buurt* (Rapporten aan de Regering no. 72), (Amsterdam: Amsterdam University Press, 2005), 29.

42　参见：Engelsdorp Gastelaars, *Veertig jaar territoriale binding*.

43　G.D. Suttles, *The Social Construction of Communities* (Chicago: University of Chicago Press, 1972); 参见 Lupi, *Buurtbinding* and Engelsdorp Gastelaars, *Veertig jaar territoriale binding*.

44　参见 'Straatagenda van de Sint-Annalandstraat' http://www. vitaalpendrecht.nl/pendrechtnieuws2007-2/publish/news_2269.html, (accessed 14 May 2011).

45　College van Burgemeester en Wethouders, 'Het nieuwe elan van Rotterdam…en zo gaan we dat doen: Collegeprogramma 2002-2006' (Rotterdam: Gemeente Rotterdam, 2002).

46　WRR (Scientific Council for Government Policy), *Vertrouwen in de buurt*, 11; 参见 SCP, *Zekere banden: Sociale cohesie, veiligheid en leefbaarheid* (The Hague: SCP, 2002).

47　WRR (Scientific Council for Government Policy), *Vertrouwen in de buurt*, 11.

48　参见：Anderiesen and Martens, 'Continuïeit en verandering'; A. Ouwehand, 'Wonen in de wijken van de vooruitgang: Bewoners als dragers van de identiteit van de tuinsteden', in K. Hage and K. Zweerink (eds), *Van Pendrecht tot Ommoord: Geschiedenis en toekomst van de naoorlogse wijken in Rotterdam* (Bussum: Thoth, 2005), 26-33; Reijndorp and Van der Ven, *Een reuze vooruitgang*; F. Hendriks and T. van de Wijdeven, 'Real-Life Expressions of Vital Citizenship: Present-day Community Participation in Dutch City Neighbourhoods', 文章呈现在 the Vital City Conference (Glasgow 2007); Gemeente Rotterdam, 'Rotterdam Zuid Zuidelijke Tuinsteden Wijkactieplan'; Van den Brink et al. (ed.), *Prachtwijken?!*.

49　潘德里赫特区并没有包含在 *Stadswijk* 的案例之内，但是在雷恩多普的书中，他作了相关发展的清晰对比描述。

50　A. Reijndorp, *Stadswijk: Stedenbouw en dagelijks leven* (Rotterdam: NAi Uitgevers, 2004), 146.

51　Van der Ree, 'Een deel van je leven', 48; 参见 Talja Blokland on a similar process in Hillesluis: T. Blokland, *Goeie buren houden zich op d'r eigen: Buurt, gemeenschap en sociale relaties in de stad* (The Hague: Dr. Gradus Hendriks Stichting, 2005).

52　Van der Ree, 'Een deel van je leven', 48.

53　Van der Ree, 'Van boerenzij naar stadswijk', 115.

54　E. Vogelaar, *Actieplan krachtwijken: Van aandachtswijk naar krachtwijk*, Ministerie van Wonen, Wijken en Integratie (Den Haag 2007), 8.

55　WRR (Scientific Council for Government Policy), *Vertrouwen in de buurt*, 11.

56　J. Uitermark and J.W. Duyvendak, *Sociale integratie: … Straataanpak in de praktijk: Ruimte maken voor straatburgerschap* (Essay Mensen Maken de Stad), (Rotterdam: Gemeente Rotterdam, 2006), 23.

57　参见 Lupi, *Buurtbinding*; S. Musterd and R. van Kampen (eds), *De stadsbuurt: Ontwikkeling en betekenis* (Assen: Van Gorcum 2007); F. Pinkster, 'Je bent wie je kent?: Buurtgebonden sociale contacten, socialisering en sociale moiliteit in een Haagse achterstandswijk', in: S. Musterd and R. Van Kampen (eds), *De stadsbuurt: Ontwikkeling en betekenis*, (Assen: Van Gorcum 2007).

58　参见，Musterd en Kampen (eds), *De stadsbuurt: ontwikkeling en betekenis*; S. Musterd, 'Ruimtelijk Beleid bevordert maatschappelijke integratie niet', *Geografie* 9 (2000) no. 4, 12-13; S. Musterd, W. Ostendorf and S. de Vos 'Neighborhood Effects and Social Mobility:

A Longitudinal Analysis', *Housing Studies* 18 (2003) no. 6, 877-892; W. Ostendorf, S. Musterd and S. de Vos, 'Social Mix and the Neighourhood Effect: Policy Ambitions and Empirical Evidence', *Housing Studies* 16 (2001) no. 3, 371-380.

59 A. Reijndorp and E. Mik, *Stad in conflict* (Groningen: Platform Gras, 2005), 21.

第二章

1 J. Epstein, 'New York: The Prophet', *The New York Review of Books*, 56, no. 13 (13 August 2009).

2 J. Jacobs, 'Downtown is for People', *Fortune* 57 (1958) no. 4, 引用同上。

3 参见 Lofland, *The Public Realm* and Lennard and Lennard, *Public Life in Urban Places*.

4 在布鲁克林相似的观察可参见 Blum, 'Local Cities, Global Problems'.

5 Jacobs, *The Death and Life of Great American Cities*, 67.

6 她的观点与更广泛的城市主义理念相适应，在这种理念中，城市被认为是一个格网用来将人们相遇的机会最大化。参见案例 C. Alexander, 'A City is not a Tree', *Architectural Forum* 122 (1965) no. 1, 58-61; L. Martin, 'The Grid as a Generator', in L. March and L. Martin (eds), *Urban Space and Structures* (Cambridge: Cambridge University Press, 1972), 6-27. 参见：K. Christiaanse, 'Een smeulend vuur dat oplicht in de duisternis', in: S. Franke and G.-J. Hospers (eds), *De levende stad: Over de hedendaagse betekenis van Jane Jacobs* (Amsterdam: SUN//Trancity, 2009), 21-30.

7 Jacobs, *The Death and Life of Great American Cities*, 49.

8 同上，73, 75-76.

9 同上，388; 参见 73.

10 参见 Blokland, *Goeie buren houden zich op d'r eigen*; T. Blokland, *Het sociaal weefsel van de stad: Cohesie, netwerken en korte contacten* (The Hague: Dr. Gradus Hendriks Stichting, 2006): T. Blokland, 'Van ogen op straat naar oog voor elkaar; Jacobs these en sociale veiligheid', in S. Franke and G.-J. Hospers (eds), *De levende stad: Over de hedendaagse betekenis van Jane Jacobs* (Amsterdam: SUN/Trancity, 2009), 95-106; T. Blokland and D. Ray, 'The End of Urbanism: How the Changing Spatial Structure of Cities Affected its Social Capital Potentials', in: T. Blokland and M. Savage (eds), *Networked Urbanism: Social Capital in the City* (Burlington: Ashgate, 2008), 23-40; T. Blokland and M Savage, 'Social Capital and Networked Urbanism', in: T Blokland and M. Savage (eds), *Networked Urbanism: Social Capital in the City* (Burlington: Ashgate, 2008), 1-22..

11 R. Jenkins, *Social Identity* (London: Routledge, 1996), 引自 Blokland, *Goeie buren houden zich op d'r eigen*, 67.

12 参见：A. Reijndorp, I. Nio and W. Veldhuis, *Atlas Westelijke Tuinsteden Amsterdam: De geplande en de geleefde stad* (Haarlem/The Hague: Trancity, 2008).

13 参见 M. Castells, *The Power of Identity* (Oxford: Blackwell, 1997), 60; Blokland, *Goeie buren houden zich op d'r eigen*, 17.

14 Blokland, *Goeie buren houden zich op d'r eigen*, 109-110.

15 K. Lynch, *The Image of the City* (Cambridge, MA: MIT Press, 1960), 6. 参见：H. Gans, 'The Potential Environment and the Effective Environment' (1968), in: H. Gans (ed.), *People, Plans and Politics: Essays on Poverty, Racism and Other National Urban Problems* (New York: Columbia University Press, 1994), 24-32, 27. 参见：Reijndorp, Nio and Veldhuis, *Atlas Westelijke Tuinsteden Amsterdam*.

16 更多场所感受可参见：T. Cresswell, *Place: A Short Introduction* (Malden, MA: Blackwell, 2004), 引自 T. Lindgren, *Place Blogging: Local Economies of Attention in the Network* (Boston College, 2009), 28.

17 E. Gordon, 'Towards a Theory of Networked Locality', *First Monday* 13, no. 10 (2008), 6 October 2008, http://firstmonday.org/htbin/ cgiwrap/bin/ojs/index.php/fm/article/

viewArticle/2157/2035 (2012 年 3 月 2 日登录)

18 参见 the Chicago School sociologists. 参见 H. Zorbaugh, 'The Natural Areas of the City', in: E. Burgess (ed.), *The Urban Community* (1926), 引自 J. Lin and C. Mele (eds), *The Urban Sociology Reader* (London: Routledge, 2005).

19 Lofland, *A World of Strangers*, 122.

20 同上 , 135.

21 同上 , 67.

22 同上 , 74.

23 参见 : Engelsdorp Gastelaars, *Veertig jaar territoriale binding*, 25; A. Buys and J. van der Schaar, 'De woonplaats als gemeenplaats', in: J.W. Duyvendak and M. Hurenkamp (eds), *Kiezen voor de Kudde: Lichte gemeenschappen en de nieuwe meerderheid (*Amsterdam: Van Gennep, 2004), 116-131.

24 Lupi, *Buurtbinding*, 101; 参见 : R.P. Hortelanus, *Stadsbuurten: Een studie over bewoners en beheerders in buurten met uiteenlopende reputaties* (The Hague: Vuga, 1995); E. de Wijs-Mulkens, *Wonen op stand: Lifestyles en landschappen van de culturele en economische elite* (Amsterdam: Het Spinhuis, 1999).

25 虽然这种关系在不同案例中常常发生变化，当地居民相互尊重对方的隐私，但同时 "想知道谁是他们最亲近的邻居，更希望这些邻居能和他们有些共同点" 参见 Lupi, *Buurtbinding*, 102.

26 参见 , M. van der Land, *Vluchtige verbondenheid: Stedelijke bindingen van de Rotterdamse nieuwe middenklasse* (Amsterdam: Amsterdam University Press, 2004).

27 Blokland, *Goeie buren houden zich op d'r eigen*, 204.

28 F. Grünfeld, *Habitat and Habitation: A Pilot Study* (Alphen a/d Rijn: Samson, 1970).

29 Wijs-Mulkens, *Wonen op stand*; Buys and Van der Schaar, 'De woonplaats also gemeenplaats'.

30 参见 : A. Reijndorp and S. Lohof, *Privé-terrein: Privaat beheerde woondomeinen in Nederland* (Rotterdam: NAi Uitgevers, 2006); E. McKenzie, *Privatopia* (New Haven: Yale University Press, 1996); N. Ellin (ed.), *Architecture of Fear* (New York: Princeton Architectural Press, 1997).

31 Reijndorp, *Stadswijk*, 187; 参见 : A. Reijndorp et al., *Buitenwijk: Stedelijkheid op afstand* (Rotterdam: NAi Uitgevers, 1998).

32 雷和布洛克兰德的名词 '网络城市主义' 可与之相提并论，参见 Blokland and Ray, 'The End of Urbanism', 36.

33 Reijndorp, *Stadswijk*; Lupi, *Buurtbinding, 119.*

34 B. Wellman et al., 'The Social Affordances of the Internet for Networked Individualism', *Journal of Computer-Mediated Communication* 8 (2003) no. 3, doi:10.1111/j.1083-6101.2003. tb00216.x.

35 J.W. Duyvendak and M. Hurenkamp, (eds), *Kiezen voor de kudde: Lichte gemeenschappen en de nieuwe meerderheid* (Amsterdam: Van Gennep, 2004), 16.

36 Blokland and Ray, 'The End of Urbanism'.

第三章

1 W.J. Mitchell, *Me++: The Cyborg Self and the Networked City* (Cambridge, MA: MIT Press, 2003), 112.

2 L. Shirvanee, 'Locative Viscosity: Traces of Social Histories in Public Space', *Leonardo Electronic Almanac* 14 (2006) no. 3, http:// leoalmanac.org/journal/vol_14/lea_v14_n03-04/toc.asp.

3 K. Hampton and B. Wellman, 'Neighboring in Netville: How the Internet Supports Community and Social Capital in a Wired Suburb', *City & Community* 2 (2003) no. 3, 277-

311.

4　参见案例 G.S. Mesch and Y. Levanon, 'Community Networking and Locally Based Social Ties in Two Suburban Locations', *City & Community* 2 (2003) no. 5.

5　我们在前面找到了相似的结论．

6　同上；K. Hampton and B. Wellman, 'Neighboring in Netville: How the Internet Supports Community and Social Capital in a Wired Suburb'.

7　http://pendrecht.hyves.nl/address/ (2011 年 6 月 22 日登录).

8　http://pendrecht.hyves.nl/forum/2122412/jOaU/snackbar_De_Paddestoel/ (2011 年 6 月 22 日登录).

9　http://pendrecht.hyves.nl/forum/4970290/BZNf/oud_bewoner_van_Pendrecht/ (2011 年 6 月 22 日登录).

10　http://pendrecht.hyves.nl/forum/4477112/B-Nd/Geweldig/ (2011 年 6 月 22 日登录).

11　Goffman, *The Presentation of Self in Everyday Life*. New York: The Overlook Press, 1959.

12　Boyd, 'Taken Out of Context', 108.

13　http://naturalact.hyves.nl/profile/?ga_campaign=profileDetails_ProfileBox (2011 年 6 月 22 日登录).

14　E. Gordon 以及 A. De Souza e Silva, *Net Locality: Why Location Matters in a Networked World* (Malden, MA: Wiley-Blackwell, 2011).

15　相似的概念可在以下文中找到 C. Aguiton, D. Cardon and Z. Smoreda, 'Living Maps: New Data, New Uses, New Problems', lecture for Engaging Data conference (Cambridge, MA: SENSEable City Lab, 12-13 October 2009), http://senseable.mit.ed/engagingdata/papers/ED_SI_Living_Maps.pdf.

16　"可用场所"是 TomTom 导航系统用来指明类似于加油站、博物馆、停车场或餐厅的语汇．

17　C. van 't Hof, F. Daemen and R. van Est, *Check in/Check uit: De digitalisering van de openbare ruimte* (Rotterdam: NAi Uitgevers, 2010), 213.

18　Gordon, 'Towards a Theory of Networked Locality'.

19　Ito, Okabe and Matsuda, *Personal, Portable, Pedestrian*, 15.

20　D. Okabe en M. Ito, 'Technosocial Situations: Emergent Structuring of Mobile E-mail Use', in: M. Ito, D. Okabe en M. Matsuda (red.), Personal, Portable, Pedestrian: Mobile Phones in Japanese Life (Cambridge, MA: MIT Press, 2006) 257-273. 271.

21　D. Okabe and M. Ito, 'Technosocial Situations: Emergent Structuring of Mobile E-mail Use', in: M. Ito, D. Okabe and M. Matsuda (eds) *Personal, Portable, Pedestrian: Mobile Phones in Japanese Life* (Cambridge, MA: MIT Press, 2006), 257-273, 264.

22　M. Matsuda, 'Mobile Communication and Selective Sociality', 133; 我们同样在一些其他研究者的作品中遇到了这种现象，比如 Licoppe 参考了 'Connected Presence'. C. Licoppe, ' "Connected" Presence: The Emergence of a New Repertoire for Managing Social Relationships in a Changing Communication Technoscape', *Environment and Planning D: Society and Space* 22 (2004), 135-156.

23　Matsuda, 'Mobile Communication and Selective Sociality'.

24　R. Ling, *New Tech New Ties* (Cambridge, MA: MIT Press, 2009), 160.

25　参见：Gordon and De Souza e Silva, *Net Locality*.

26　http://grindr.com/Grindr_iPhone_App/What_is_Grindr.html (2011 年 3 月 5 日登录).

27　A. Townsend, 'Life in the Real-time City: Mobile Telephones and Urban Metabolism', *Journal of Urban Technology* 7 (2000) no. 2, 85-104, 101.

28　Tholenstraat 上卖房的网页（2007 年 10 月 22 日登录）. 当 2010 年 5 月 30 日登录时，关于生活方式的描述更加简明了。

29　www.dimo.nl (2017 年 10 月 22 日登录). 2010 年 5 月 31 日，个人用户明显已经无法基于邮政编码登录到这种生活方式的描述页面上了．

30　参见：S. Baker, *The Numerati* (New York: Houghton Mifflin, 2008) and Dowd, *Applebee's America. New York: Simon & Schuster, 2006.*

31　R. Burrows and N. Gane, 'Geodemographics, Software and Class', *Sociology* 40 (2006) no. 5, 793-812, 804.

32　Hall, *Cities of Tomorrow*, 13-48.

33　http://citysense.com/citysense/php (2011 年 6 月 22 日登录).

34　http://citysense.com/citysense.php (2011 年 6 月 22 日登录).

35　Aguiton, Cardon and Smoreda, 'Living Maps'.

36　包括 Microsoft, IBM and Google.

37　Baker, *The Numerati*, 13; 相似的主题也出现在 D. Conley, *Elsewhere, U.S.A.: How We Got from the Company Man, Family Dinners, and the Affluent Society to the Home Office, BlackBerry Moms, and Economic Anxiety* (New York: Pantheon, 2009).

38　Conley, *Elsewhere, U.S.A.*

39　http://arch-os.com/

40　P. Thomas, 'The Chemist as Flaneur in Intelligent Architecture' (论文发表在 the International Symposium of Electronic Arts, Singapore, 2008), 499.

41　参见 http://www.d-toren.nl/site/

42　K. Oosterhuis, *Architecture Goes Wild* (Rotterdam: NAi Uitgevers, 2002).

第四章

1　J. Seijdel, 'Redactioneel', *Open* 11 (2006), 4.

2　M. Schuilenberg and A. de Jong, *Mediapolis* (Rotterdam: Uitgeverij 010, 2006), 61.

3　参见 http://www.situatedtechnologies.net/?q=node/75.

4　M. Shepard and A. Greenfield, *Situated Technologies Pamphlet 1: Urban Computing and its Discontents*, in: M. Shepard, O. Khan and T. Scholz (eds), *Situated Technologies Pamphlets* (New York: The Architectural League of New York, 2007), 40.

5　H. Frei and M. Bölen, *MicroPublicPlaces* (Situated Technologies Pamphlet 6), O. Khan, T. Scholz and M. Shepard (eds) (New York: The Architectural League of New York, 2010), 14.

6　参见马修·格林，伦敦咖啡馆：伦敦迷失的咖啡馆的不可思议的历史，2012 年 3 月 20 日的电报 .

7　参见 R. Boomkens, 'De continuïeit van de plek: Van de maakbare naar de mondiale stad', *Open* 15 (2008), 6-17.

8　德国原版 . *Strukturwandel der Öfentlichheit*, 发表于 1962 年，直到 1991 年被翻译成了英文 .

9　J. Habermas, 'The Public Sphere: An Encyclopedia Article' (1964), in: M.G. Durham and D.M. Kellner (eds), *Media and Cultural Studies* (Malden, MA: Blackwell 2001), 102-108; J. Habermas, *The Structural Transformation of the Public Sphere: An Inquiry into a Category of Bourgeois Society* (Cambridge, MA: MIT Press, 1991).

10　M.P. d'Entrèves, 'Hannah Arendt', http://plato.stanford.edu/archives/ fall2008/entries/ arendt/.

11　Habermas, *The Structural Transformation of the Public Sphere*, 37.

12　McQuire, S., *The Media City: Media Architecture and Urban Space*, Thousand Oaks: Sage, 2008, 35.

13　Boomkens, 'De continuïeit van de plek', 64; 参见 : Giedion, *Space, Time and Architecture*, 739 ff.

14　C. Calhoun, 'Introduction: Habermas and the Public Sphere', in: C. Calhoun (ed.), *Habermas and the Public Sphere* (Cambridge, MA: MIT Press, 1992), 1-50.

15　R. Sennett, *The Fall of Public Man* (New York: Knopff, 1977), 213.

16　同上 , 27.

17　R. Sennett, 'A Flexible City of Strangers', *Le Monde Diplomatique*, February 2001, http://

mondediplo.com/2001/02/16cities (2012 年 3 月 2 日登录).

18　Sennett, R., *The Fall of Public Man*, New York: Knopff, 1977, 296.

19　Sennett, *The Uses of Disorder*, 296.

20　Sennett, *The Fall of Public Man*, 340.

21　关于哈贝马斯公共范畴理念的批判可在这里找到，比如 N. Fraser, 'Rethinking the Public Sphere: A Contribution to the Critique of Actually Existing Democracy', in: C. Calhoun (ed.), *Habermas and the Public Sphere* (Cambridge, MA: MIT Press, 1992), 56-80.

22　Fraser, 'Rethinking the Public Sphere', 125-126.

23　A. Vidler, 'The Scenes of the Street: Transformations in Ideal and Reality 1750-1871', in: S. Anderson (ed.), *On Streets* (Cambridge MA: MIT Press, 1978); McQuire, *The Media City*, 52.

24　McQuire, *The Media City*.

25　A. Fierro, *The Glass State: The Technology of the Spectacle, Paris, 1981-1998* (Cambridge, MA: MIT Press, 2003), 24, 引自 McQuire, *The Media City*, 133.

26　R. Boomkens, *Een drempelwereld: Moderne ervaring en stedelijke openbaarheid* (Rotterdam: NAi Uitgevers, 1998).

27　Hall, *Cities of Tomorrow*, 13-87.

28　Boomkens, *Een drempelwereld*, 67.

29　Berman, *All That is Solid Melts into Air*, 154.

30　Ibid.; 参见 Boomkens, *Een drempelwereld* and McQuire, *The Media City*.

31　Berman, *All That is Solid Melts into Air*, 164.

32　同上 , 229.

33　同上 , 232.

34　S. Kracauer, *Orpheus in Paris: Offenbach and the Paris of His Time* (New York: Vienna House, 1972), 引自 McQuire, *The Media City*, 40.

35　McQuire, *The Media City*, 67.

36　Boomkens, *Een drempelwereld*, 56.

37　同上 , 111.

38　同上 , 101.

39　McQuire, *The Media City*, 69.

40　R. Boomkens, *De nieuwe wanorde: Globalisering en het einde van de maakbare samenleving* (Amsterdam: Van Gennep, 2006), 97.

41　Boomkens, *Een drempelwereld*, 277.

42　引自 McQuire, *The Media City*, 94.

43　Constant, 'Unitary Urbanism', in: M. Wigley (ed.), *Constant's New Babylon: The Hyper-Architecture of Desire* (Rotterdam: Witte de With, 1960), 引自 McQuire, *The Media City*, 93.

44　Constant, 'New Babylon – Ten Years On', lecture at Delft University of Technology, 23 May 1980, included in Wigley, *Constant's New Babylon: The Hyper-Architecture of Desire*, 232-236, 234.

45　同上 , 232.

46　Constant, 引自 McQuire, *The Media City*, 95.

47　参见：前面所述 , 94.

48　Constant, 'Unitary Urbanism', 引自 McQuire, *The Media City*, 94.

49　G. Debord, 'Report on the Construction of Situations and on the International Situationist Tendency's Conditions of Organization and Action' (1957), http://www.cddc.vt.edu/ sionline///si/report.html (2012 年 2 月 3 日登录).

50　同上

51　McQuire, *The Media City*, 96.

52　G. van Oenen, 'Babylonische maakbaarheid', *Open* 15 (2008); Constant 'New Babylon –

Ten Years On'.

53 Van Oenen, 'Babylonische maakbaarheid', 52.

54 第一版发表于 1961 年，最后一版发表于 1970 年。

55 参见 S. Sadler, *Archigram: Architecture without Architecture* 9Cambridge, MA: MIT Press, 2005.

56 Peter Cook, 引自前面所述 , 55.

57 同上 , 55.

58 P. Cook (ed.), *Archigram* (New York: Princeton Architectural Press, 1999), 39.

59 同上 , 39.

60 Sadler, *Archigram*, 123.

61 参见，N. Wiener, *The Human Use of Human Beings: Cybernetics and Society* (London: Sphere Books, 1968) and N. Wiener, *Cybernetics or Control and Communication in the Animal and the Machine*, second edition, (Cambridge, MA: MIT Press, 1965).

62 Sadler, *Archigram*, 93.

63 同上 , 73.

64 同上 , 61.

65 同上 , 69.

66 McQuire, *The Media City*, 104.

第五章

1 B. Hulsman, 'Verleid door het vliegtuigperspectief', *NRC Handelsblad* (Cultureel Supplement) 7 March 1997.

2 H. Moscoviter, 'Leve de controverses over het Schouwburgplein', *Rotterdams Dagblad* 1997 年 6 月 24 日 .

3 M. Kloos, 'Het Rotterdamse Schouwburgplein: Voorbeeld van een uitdaging', H. Hertzberger (ed.) (1977) (project documents Hertzberger practice).

4 H. Moscoviter, *Een podium tussen de hoogbouw: Een halve eeuw hunkeren naar een intiem Schouwburgplein* (Rotterdam: City Informatiecentrum, 1977), 41.

5 同上 , 21-25.

6 H. Ovink, E. Wieringa and M. Dings, *Ontwerp en politiek* (Rotterdam: Uitgeverij 010, 2009).

7 In: Kloos, 'Het Rotterdamse Schouwburgplein'.

8 参见 H. Mommaas, 'Tussen verwording en wederopstanding: Het postmoderne plein', in R.V. Maarschalkerwaart and H. Mommaas (eds), *Het Pleinenboek* (Utrecht: Hogeschool voor de Kunsten, 2003).

9 Moscoviter, *Een podium tussen de hoogbouw*, 27.

10 R. Wentholt, *De binnenstadsbeleving van Rotterdam* (Rotterdam: Ad Donker, 1968), 133.

11 Rotterdamse Kunststichting, 'Rapport Schouwburgplein'.

12 'Schouwburgplein en Weena Oost' (Rotterdam: Stadsontwikkeling Rotterdam, 1982).

13 I. van Aalst and E. Ennen, *Openbare ruimten: Tussen activiteit en attractiviteit* (Utrecht: DGVH/NETHUR, 2002).

14 R. Florida, *The Rise of the Creative Class: And How It's Transforming Work, Leisure, Community and Everyday Life* (New York: Basic Books, 2002).

15 D. Mitchell, 'The End of Public Space? People's Park, Definitions of the Public and Democracy', *Annals of the Association of American Geographers* 851 (1995) no. 1, 115.

16 DROS, 'Schouwburgplein: van tochtgat tot uitgaanscentrum' (Rotterdam: Dienstenstructuur Ruimtelijke Ordening en Stadsvernieuwing, 1984).

17 Van Aalst and Ennen, *Openbare Ruimten*, 20.

18 J. Goossens, A. Guinée and W. Oosterhoff (eds), *Buitenruimte: Ontwerp, aanleg en beheer*

van de openbare ruimte in Rotterdam (Rotterdam: Uitgeverij 010, 1995), 12.

19 同上 , 13-14.

20 Moscoviter, *Een podium tussen de hoogbouw*, 59.

21 Goossens, Guinée and Oosterhoff (eds), *Buitenruimte*, 80; Aalst and Ennen, *Openbare ruimten*, 12.

22 Goossens, Guinée and Oosterhoff (eds), *Buitenruimte*, 80.

23 Gemeente Rotterdam *Actieplan Attractieve Stad* (Rotterdam: OBR, 1998), 引自 : Van Aalst and Ennen, *Openbare ruimten*, 20.

24 H. Moscoviter, A. Geuze and P. van Beek, 'Het genot van leegte', *Grafisch Nederland*, Christmas edition 1992, 35.

25 同上 , 42.

26 同上 , 47.

27 参见 A. Geuze, 'Accelerating Darwin', in T. Avermaete, K. Havik and H. Teerds (eds), *Architectural Positions: Architecture, Modernity and the Public Sphere* (Amsterdam: SUN, 2009), 108.

28 Adriaan Geuze, 'Doors of Perception 3' 期间的讲座 , Amsterdam 1995, http://museum.doorsofperception.com/doors3/transcripts/ Geuze.html.

29 同上

30 Geuze, 'Accelerating Darwin', 108.

31 Boomkens, *De nieuwe wandorde*, 166.

32 A. Wortmann, 'Tweesporenbeleid op het Rotterdamse Schouwburgplein', *Archis* 1993, no. 4, 70-76.

33 B. Hulsman, 'Herzien', *NRC Handelsblad* 17 October 2000.

34 Engelsdorp Gastelaars and Hamers, *De nieuwe stad*; M. Hajer and A. Reijndorp, *Op zoek naar nieuw publiek domein* (Rotterdam: NAi Uitgevers, 2001).

35 M. Auge, *Non-places: Introduction to an Anthropology of Supermodernity* (London: Verso, 1995).

36 M. Sorkin (ed.), *Variations on a Theme Park: The New American City and the End of Public Space* (New York: Hill and Wang, 1992).

37 L. De Cauter, *De capsulaire beschaving: Over de stad in het tijdperk van de angst* (Rotterdam: NAi Uitgevers, 2004), 29.

38 关于 "都市" 的理论源自 M. de Sola-Morales, 'Openbare en collectieve ruimte: De verstedelijking van het prive domein als nieuwe uitdaging', *Oase* 33 (1992), 3-8.

39 Hajer and Reijndorp, *Op zoek naar nieuw publiek domein*, 57.

40 同上 , 84.

41 Hajer and Reijndorp, *Op zoek naar nieuw publiek domein*, 13.

42 同上 , 88.

第六章

1 通过 Skype 对格雷格·林赛的采访，2012 年 11 月 30 日 .

2 http://speedbird.wordpress.com/2011/11/13/wired-changeaccelerator- posts-in-convenient-single-dose-form/

3 R. Sennett, 'No One Likes a City That's Too Smart', *The Guardian* 4 December 2012.

4 对思科执行副总裁维姆·厄尔弗林克的电话采访，2012 年 12 月 18 日。

5 通过 "网真" 对思科董事总经理牟尼·克特拉普 (Munish Khetrapal) 的采访，2012 年 12 月 14 日。

6 D. Hill, 'The Street as Platform', *City of Sound* (2008), weblog.

7 同上 .

8 A. Pentland, 'Reality Mining of Mobile Communications: Toward a New Deal on Data',

in: S. Dutta and I. Mia (eds), *The Global Information Technology Report 2008-2009: Mobility in a Networked World* (Geneva: World Economic Forum/INSEAD, 2009), 75-80, 79.

9   S. Graham and S. Marvin, *Splintering Urbanism: Networked Infrastructures, Technological Mobilities and the Urban Condition* (London/New York: Routledge, 2001), 8.

10 同上 , 115.

11 S. Graham, 'Software-Sorted Geographies', *Progress in Human Geography* 29 (2005), no. 5.

12 Baker, *The Numerati*.

13 S. Graham, 'Software-Sorted Geographies'.

14 N. Thrift and S. French, 'The Automatic Production of Space', *Transactions of the Institute of British Geographers* 27 (2002) no. 3, 309-335, 331.

15 S. Graham and M. Crang, 'Sentient Cities: Ambient Intelligence and the Politics of Urban Space', *Information, Communication & Society* 10(2007) no. 6, 814.

16 参见 http://senseable.mit.edu.wikicity/rome/ for a detailed project description, including technical details.

17 http://www.rotterdamopendata.org/

18 F. Calabrese, K. Kloeckl and C. Ratti, 'WikiCity: Real-Time Location- Sensitive Tools for the City', in M. Foth (ed.), *Handbook of Research on Urban Informatics: The Practice and Promise of the Real-Time City* (Hershey/New York/London: Information Science Reference, 2008).

19 Lynch, *The Image of the City*, 109-110.

20 Galloway, 'A Brief History of the Future of Urban Computing'.

21 http://www.intheair.es/

22 B. Latour, 'From Realpolitik to Dingpolitik: An Introduction', in: B. Latour and P. Weibel (eds), *Making Things Public: Atmospheres of Democracy* (Cambridge MA: MIT Press, 2005); N. Marres, 'Zonder kwesties geen publiek', *Krisis* 2 (2006).

23 Frei and Bölen, *MicroPublicPlaces*; B. Bratton and N. Jeremijkenko, 'Suspicious Images, Latent Interfaces', in: *Situated Advocacy* (Situated Technologies Pamphlets 3), O. Khan, T. Scholz and M. Shepard (eds), (New York: The Architectural League of New York, 2008), 1-52.

24 Frei and Bölen, *MicroPublicPlaces*.

25 Bratton and Jeremijenko, 'Suspicious Images, Latent Interfaces', 8.

26 同上 , 16.

27 L. Bounegru, 'Interactive Media Artworks for Public Space: The Potential of Art to Influence Consciousness and Behaviour in Relation to Public Spaces', in: S. McQuire, M. Martin and S. Niederer (eds), *Urban Screens Reader* (Amsterdam: Institute of Network Cultures, 2009), 199-216.

28 http://www.pillowfightday.com/about (2010 年 10 月 27 日登录).

29 A. Mubi Brighenti and C. Mattiucci, 'Editing Urban Environments: Territories, Prolongations, Visibilities', in: F. Eckardt (ed.), *Media City: Situations, Practices and Encounters* (Berlin: Frank & Timme, 2008), 98; J. Nicholson, 'Flash! Mobs in the Age of Mobile Connectivity', *Fibreculture Journal* 6 (2005), http://six. fibreculturejournal.org/fcj-030-flash-mobs-in-the-age-of-mobileconnectivity/.

30 http://www.pillowfightday.com/about (2010 年 10 月 27 日登录).

31 http://www.pillowfightrotterdam.hyves.nl/ (2010 年 10 月 27 日登录).

32 H. Rheingold, *Smart Mobs: The Next Social Revolution* (Cambridge, MA: Perseus Publishing, 2002), xii.

33 那些负责维护法律秩序的人们对此表示关切：参见 Nicholson, 'Flash! Mobs in the Age of Mobile Connectivity'.

34 Rheingold, *Smart Mobs: The Next Social Revolution*, 158-160.

35　M. Castells et al., *Mobile Communication and Society: A Global Perspective* (Cambridge, MA: MIT Press, 2007), 188.

36　同上, 189.

37　同上, 188.

38　同上, 191.

39　V. Rafael, 'The Cell Phone and the Crowd: Messianic Politics in the Contemporary Philippines', *Philippine Political Science Journal* 24 (2003) no. 47, 3-36.

40　同上, 8.

41　同上, 15.

42　同上, 15-16.

43　Nicholson, 'Flash! Mobs in the Age of Mobile Connectivity'.

44　对于那些对移动媒体在自组织系统中的角色不那么乐观的批评者们来说，参见 E. Kluitenberg, 'The Tactics of Camping', *Tactical Media Files* (2011); E. Morozov, *The Net Delusion: The Dark Side of Internet Freedom* (New York: Public Affairs, 2011).

45　关于动态社会以及群体流动更多的内容可参见 N.S. Glance and B. Huberman, 'The Dynamics of Social Dilemmas', *Scientific American* 270 (1994) no. 3, 76-81: Grannovetter, 'Threshold Models of Collective Behavior', *American Journal of Sociology* 83 (1978) no. 6.

46　'Schaduwspel in Rotterdam', *Algemeen Dagblad* 3 September 2001.

47　M. McCullough, 'On Urban Markup: Frames of Reference in Location Models for Participatory Urbanism', *Leonardo Electronic Almanac* 14 (2006) no. 3/4; S. McQuire, 'The Politics of Public Space in the Media City', *First Monday* 4 (2006), http://www.firstmonday.org/issues/special1_2/mcquire/index.html. For more on urban screens see: S.McQuire, M. Martin and S. Niederer (eds), *Urban Screens Reader*, vol. 5, INC Reader (Amsterdam: Institute of Network Cultures, 2009).

48　M. Fernández, 'Illuminating Embodiment: Rafael Lozano-Hemmer's Relational Architectures', *Architectural Design* 77 (2007) no. 4, 78-87.

49　McQuire, 'The Politics of Public Space in the Media City'.

50　http://www.lozano-hemmer.com/body_movies.php

51　A. Adriaansens and J. Brouwer, 'Alien Relationships from Public Space', in: A. Mulder and J. Brouwer (eds), *Transurbanism* (Rotterdam: NAi Uitgevers, 2002), 138-159, 146.

52　Raymond Gastil and Zo Ryan, *Open: New Designs for Public Space* (New York: Princeton Architectural Press, 2003), 97.

53　B. Massumi and R. Lozano-Hemmer, 'Urban Appointments: A Possible Rendezvous with the City', in: L. Manovich (ed.), *Making Art of Databases* (Rotterdam: V2_publishing, 2003), 29.

54　同上, 30.

55　McQuire, 'The Politics of Public Space in the Media City'.

56　N. Bourriaud, *Relational Aesthetics* (Paris: Les Presses du réel, 2002).

57　Adriaansens and Brouwer, 'Alien Relationships from Public Space', 149.

58　同上

59　Sennett, *The Fall of Public Man*, 213-215.

60　S. McQuire, 'Mobility, Cosmopolitanism and Public Space in the Media City', in: S. McQuire, M. Martin and S. Niederer (eds), *Urban Screens Reader* (Amsterdam: Institute of Network Cultures, 2009), 59.

61　E. Paulos, 'Manifesto of Open Disruption and Participation', Paulos. net (2009) online.

结　语

1　Mayor of Rotterdam Pieter Oud in the foreword to *De stad der toekomst, de toekomst der stad: Een stedebouwkundige en sociaalculturele studie over de groeiende stadsgemeenschap*, (Rotterdam: Voorhoeve, 1946), 5.

2　M. Chalmers and A. Galani, 'Seamful Interweaving: Heterogeneity in the Theory and Design of Interactive Systems', in *Proceedings of the 5th Conference on Designing Interactive Systems: Processes, Practices, Methods, and Techniques* (New York: ACM, 2004), 243-252.

3　P. Antonelli et al., *Design and the Elastic Mind* (New York: The Museum of Modern Art, 2008).

参考文献 |

Aalst, I. van, and E. Ennen, *Openbare ruimten: Tussen activiteit en attractiviteit*, Utrecht: DGVH/NETHUR, 2002.

Adriaansens, A., and J. Brouwer, 'Alien Relationships from Public Space', in: A. Mulder en J. Brouwer (eds.), *Transurbanism*, Rotterdam: NAi Uitgevers, 2002, p. 138-159.

Aguiton, C., D. Cardon and Z. Smoreda, 'Living Maps: New Data, New Uses, New Problems', lezing voor conferentie 'Engaging Data', Cambridge, MA: SENSEable City Lab, 12-13 October 2009. http://senseable.mit. edu/engagingdata/papers/ED_SI_Living_Maps.pdf.

Alexander, C., 'A City is not a Tree', *Architectural Forum* 122 (1965) nr. 1, p. 58-62.

Anderiesen, G., and M. Martens, 'Continuïeit en verandering: Oude en nieuwe bewoners van de zuidelijke tuinsteden', in: A. Reijndorp and H. van der Ven (eds.), *Een reuze vooruitgang: Utopie en praktijk in de zuidelijke tuinsteden van Rotterdam*, Rotterdam: Uitgeverij 010, 1994.

Anderson, B., *Imagined Communities: Reflections on the Origin and Spread of Nationalism*, New York: Verso, 1991.

Antonelli, P. et al., *Design and the Elastic Mind*, New York: The Museum of Modern Art, New York, 2008.

Arendt, H., *The Human Condition*, Chicago: University of Chicago Press, 1958.

Auge, M., *Non-places: Introduction to an Anthropology of Supermodernity*, London: Verso, 1995.

Bahrdt, H.P., *Die moderne Grossstadt: Soziologische Uberlegungen zum Stadtbau*, Reinbeck bei Hamburg: Rowohlt, 1967.

Baker, S., *The Numerati*, New York: Houghton Mifflin, 2008.

Beck, U., *Cosmopolitan Vision*, Cambridge, UK: Polity Press, 2006.

Bell, G., and P. Dourish, 'Yesterday's Tomorrows: Notes on Ubiquitous Computing's Dominant Vision', *Personal and Ubiquitous Computing* 11 (2007) nr. 2, p. 133-143.

Berman, M., *All That is Solid Melts into Air: The Experience of Modernity*, New York: Verso, 1987.

Bijhouwer, R., 'Ruimtewerking en ritmiek: Een analyse van het stedenbouwkundige oeuvre van Lotte Stam-Beese', in: H. Damen and A. Devolder (eds.), *Lotte Stam-Beese 1903–1988: Dessau, Brno, Charkow, Moskou, Amsterdam, Rotterdam*, Rotterdam: De Hef, 1993, p. 94-95.

Blijstra, R., *Rotterdam, stad in beweging*, Amsterdam: Arbeiderspers, 1965.

Blokland, T., *Goeie buren houden zich op d'r eigen*, The Hague: Dr. Gradus Hendriks-stichting, 2005.

Blokland, T., *Het sociaal weefsel van de stad: Cohesie, netwerken en korte contacten*, The Hague: Dr. Gradus Hendriks Stichting, 2006.

Blokland, T., 'Van ogen op straat naar oog voor elkaar: Jacobs these en sociale veiligheid', in: S. Franke and G.-J. Hospers (eds.), *De levende stad: Over de hedendaagse betekenis van Jane Jacobs*, Amsterdam: SUN/Trancity, 2009, p. 95-106.

Blokland, T., and D. Ray, 'The End of Urbanism: How the Changing Spatial Structure of Cities

Affected its Social Capital Potentials', in: T. Blokland and M. Savage (eds.), *Networked Urbanism Social Capital in the City*, Burlington: Ashgate, 2008, p. 23-40.

Blokland, T., and M. Savage, 'Social Capital and Networked Urbanism', in: T. Blokland en M. Savage (eds.), *Networked Urbanism Social Capital in the City*, Burlington: Ashgate, 2008, p. 1-22.

Blum, A., 'Local Cities, Global Problems: Jane Jacobs in an Age of Global Change', in: C. Klemek (ed.), *Block by Block: Jane Jacobs and the Future of New York*, New York: Princeton Architectural Press, 2007, p. 51-53.

Boomen, M. van den, 'De stad als interface', *De Helling* spring 1996, nr. 1 (1996), http://boom.home.xs4all.nl/artikel/stad.html, accessed: 28-2- 2013.

Boomkens, R., 'De continuïeit van de plek: Van de maakbare naar de mondiale stad', *Open* (Maakbaarheid) 15 (2008), 6-17.

Boomkens, R., *De nieuwe wanorde: Globalisering en het einde van de maakbare samenleving*, Amsterdam: Van Gennep, 2006.

Boomkens, R., *Een drempelwereld: Moderne ervaring en stedelijke openbaarheid*, Rotterdam: NAi Uitgevers, 1998.

Bos, A., *De stad der toekomst, de toekomst der stad: Een stedebouwkundige en sociaal-culturele studie over de groeiende stadsgemeenschap*, Rotterdam: Voorhoeve, 1946.

Botsman, R., and R. Rogers, *What's Mine Is Yours: The Rise of Collaborative Consumption*, London: Collins, 2011.

Bounegru, L., 'Interactive Media Artworks for Public Space: The Potential of Art to Influence Consciousness and Behaviour in Relation to Public Spaces', in: S. McQuire, M. Martin and S. Niederer (eds.), *Urban Screens Reader*, Amsterdam: Institute of Network Cultures, 2009, p. 199-216.

Bourriaud, N., *Relational aesthetics*, Paris: Les Presses du réel, 2002.

Boyd, D., 'Taken Out of Context', thesis Berkeley: UC Berkeley, 2008.

Bratton, B., and N. Jeremijenko, 'Suspicious Images, Latent Interfaces', in: *Situated Advocacy* (Situated Technologies Pamphlets 3), eds. O. Khan, T. Scholz and M. Shepard, New York: The Architectural League of New York, 2008, p. 1-52.

Brink, G. van den, *Prachtwijken?! De mogelijkheden en beperkingen van Nederlandse probleemwijken*, Amsterdam: Bert Bakker, 2007.

Burrows, R., and N. Gane, 'Geodemographics, Software and Class', *Sociology* 40 (2006) nr. 5, p. 793-812.

Buys, A., and J. van der Schaar, 'De woonplaats als gemeenplaats', in: J.W. Duyvendak and M. Hurenkamp (eds.), *Kiezen voor de kudde: Lichte gemeenschappen en de nieuwe meerderheid*, Amsterdam: Van Gennep, 2004, p. 116-131.

Calabrese, F., K. Kloeckl and C. Ratti, 'WikiCity: Real-Time Location-Sensitive Tools for the City', in: M. Foth (eds.), *Handbook of Research on Urban Informatics: The Practice and Promise of the Real-Time City*, Hershey, New York/London: Information Science Reference, 2008, p. 390-413.

Calhoun, C., 'Introduction: Habermas and the Public Sphere', in: C. Calhoun (ed.), *Habermas and the Public Sphere*, Cambridge, MA: MIT Press, 1992, p. 1-50.

Castells, M., 'The Culture of Cities in the Information Age', in: I. Susser (ed.), *The Castells Reader on Cities and Social Theory*, Malden, MA: Blackwell Publishers, 2002, p. 367-389.

Castells, M., *The Power of Identity*, Oxford: Blackwell, 1997.

Castells, M. et al., *Mobile Communication and Society*, Cambridge, MA: MIT Press, 2007.

Cauter, L. De, *De capsulaire beschaving: Over de stad in het tijdperk van de angst*, Rotterdam: NAi Uitgevers, 2004.

Cauter, L. De, and M. Dehaene (eds.), *Heterotopia and the City: Public Space in a Postcivil Society*, New York: Routledge, 2008.

Christiaanse, K., 'Een smeulend vuur dat oplicht in de duisternis', in: S. Franke and G.-J. Hospers (eds.), *De levende stad: Over de hedendaagse betekenis van Jane Jacobs*, Amsterdam: SUN/Trancity, 2009, p. 21-30.

College van Burgemeester en Wethouders, 'Het nieuwe elan van Rotterdam… en zo gaan we dat doen; Collegeprogramma 2002–2006',Rotterdam: Gemeente Rotterdam, 2002.

Conley, D., *Elsewhere, U.S.A.: How We Got from the Company Man, Family Dinners, and the Affluent Society to the Home Office, BlackBerry Moms, and Economic Anxiety*, New York: Pantheon, 2009.

Constant [Nieuwenhuys], 'New Babylon – Ten Years On', lecture Faculty of Architecture, Technische Hogeschool Delft, 1980.

Cook, P. (ed.), *Archigram*, New York: Princeton Architectural Press, 1999.

Cresswell, T., *Place: A Short Introduction*, Malden, MA: Blackwell, 2004.

d'Entreves, M.P., 'Hannah Arendt', http://plato.stanford.edu/archives/ fall2008/entries/arendt/.

Davis, M., *Planet of Slums*, London: Verso, 2006.

Debord, G., 'Report on the Construction of Situations and on the International Situationist Tendency's Conditions of Organization and Action' (1957) http://www.cddc.vt.edu/sionline///si/report.html.

Deterding, S. et al., 'Gamification: Toward a Definition', in: *Proceedings of the 2011 Annual Conference Extended Abstracts on Human Factors in Computing Systems*, New York: ACM, 2011.

Dienst Volkshuisvesting, 'Onderzoek in tuinstad zuidwijk (Rotterdam) naar het oordeel van de bewoners over de nieuwe wijk', 1954.

Doorn-Jansen, M.J. van, 'Groei en gestalte van een nieuwe stadswijk: Verslag van een sociologische verkenning in Rotterdam-Zuidwijk', Utrecht: Rijksuniversiteit Utrecht, 1965.

Dourish, P., *Where the Action Is: The Foundations of Embedded Interaction*, Cambridge, MA, 2004.

Dowd, M. et al., *Applebee's America*, New York: Simon & Schuster, 2006.

DROS, 'Schouwburgplein: Van tochtgat tot uitgaanscentrum', Rotterdam: Dienstenstructuur Ruimtelijke Ordening en Stadsvernieuwing, 1984.

Duyvendak, J.W., and M. Hurenkamp (eds.), *Kiezen voor de kudde: Lichte gemeenschappen en de nieuwe meerderheid*, Amsterdam: Van Gennep, 2004.

Duyvendak, J.W., en J. Uitermark, *Sociale integratie: Straataanpak in de praktijk Ruimte maken voor straatburgerschap* (Essay Mensen Maken de Stad), Rotterdam: Gemeente Rotterdam, 2006.

Eade, J., *Living the Global City*, New York: Routledge, 1996.

Eisner, D., 'Neogeography', http://www.platial.com.

Ellin, N. (ed.), *Architecture of Fear*, New York: Princeton Architectural Press, 1997.

Engelsdorp Gastelaars, R.E. van, *Veertig jaar territoriale binding*, Amsterdam: Vossiuspers UvA, 2003.

Engelsdorp Gastelaars, R.E. van, and D. Hamers, *De nieuwe stad: Stedelijke centra als brandpunten van interactie*, Rotterdam: NAi Uitgevers, 2006.

Epstein, J., 'New York: The Prophet', *New York Review of Books* 56, nr. 13, 13 August 2009.

Es, E. van, 'Plannen Pendrecht 1948–1965', in: G. van den Brink, *Prachtwijken?! De mogelijkheden en beperkingen van Nederlandse probleemwijken*, Amsterdam: Bert Bakker, 2007, p. 225-265.

Fernandez, M., 'Illuminating Embodiment: Rafael Lozano-Hemmer's Relational Architectures', *Architectural Design* 77 (2007) nr. 4, p. 78-87.

Fierro, A., *The Glass State: The Technology of the Spectacle, Paris, 1981–1998*, Cambridge, MA: MIT Press, 2003.

Flichy, P., 'The Construction of New Digital Media', *New Media and Society* 1 (1999) nr. 1, p.

33-39.

Florida, R., *The Rise of the Creative Class: And How It's Transforming Work, Leisure, Community and Everyday Life*, New York: Basic Books, 2002.

Foucault, M., 'Of Other Spaces', *JSTOR* 16 (1986) nr. 1, p. 22-27.

Fraser, N., 'Rethinking the Public Sphere: A Contribution to the Critique of Actually Existing Democracy', in: C. Calhoun (eds.), *Habermas and the Public Sphere*, Cambridge, MA: MIT Press, 1992, p. 56-80.

Frei, H., and M. Bïlen, *MicroPublicPlaces* (Situated Technologies Pamphlets 6), eds. O. Khan, T. Scholz en M. Shepard, New York: The Architectural League of New York, 2010.

Fujimoto, K., 'The Third-Stage Paradigm: Territory Machines from the Grils' Pager Revolution to Mobile Aesthetics', in: M. Ito, D. Okabe en M. Matsuda, *Personal, Portable, Pedestrian: Mobile Phones in Japanese Life*, Cambridge, MA: MIT Press, 2006, p. 77-102.

Galloway, A., 'A Brief History of the Future of Urban Computing', thesis Ottawa: Carleton University, 2008.

Galloway, A., *Protocol: How Control Exists after Decentralization*, Cambridge, MA: MIT Press, 2006.

Gans, H., 'The Potential Environment and the Effective Environment' (1968), in: H. Gans (ed.), People, *Plans and Politics: Essays on Poverty, Racism and Other National Urban Problems*, New York: Columbia University Press, 1994, p. 24-32.

Garreau, J., *Edge City: Life on the New Frontier*, Garden City: Anchor, 1992.

Gastil, R., and Z. Ryan, *Open: New Designs for Public Space*, New York: Princeton Architectural Press, 2004.

Gaver, B., T. Dunne en E. Pacenti, 'Design: Cultural Probes', *ACM Interactions*, January-February 1999, p. 21-29.

Gemeente Rotterdam, 'Rotterdam Zuid: Zuidelijke Tuinsteden Wijkactieplan', 2003.

Geuze, A., 'Accelerating Darwin', in: T. Avermaete, K. Havik and H. Teerds (eds.), *Architectural Positions: Architecture, Modernity and the Public Sphere*, Amsterdam: SUN, 2009, p. 101-108.

Geyl, W. F., and S. Bakema-Van Borssum Waalkes, *Wij en de wijkgedachte*, Utrecht: V. en S., 1948.

Giedion, S., *Space, Time and Architecture: The Growth of a New Tradition*, Cambridge, MA: Harvard University Press, 2008.

Glance, N.S., and B. Huberman, 'The Dynamics of Social Dilemmas', *Scientific American* 270 (1994) 3, p. 76-81.

Goffman, E., *The Presentation of Self in Everyday Life*, New York: The Overlook Press, 1959.

Goldberger, P., 'Disconnected Urbanism', *Metropolismag.com* November 2003.

Goosens, J., A. Guinée and W. Oosterhoff (eds.), *Buitenruimte: Ontwerp, aanleg en beheer van de openbare ruimte in Rotterdam*, Rotterdam: NAi Uitgevers, 1995.

Gordon, E., 'Towards a Theory of Networked Locality', *First Monday* 13 (2008) nr. 10, http://firstmonday.org/htbin/cgiwrap/bin/ojs/index.php/ fm/article/viewArticle/2157/2035.

Gordon, E., and A. De Souza e Silva, Net Locality: *Why Location Matters in a Networked World*, Malden, MA: Wiley-Blackwell, 2011.

Graham, S., 'Software-Sorted Geographies', *Progress in Human Geography* 29 (2005) nr. 5, p. 562-580.

Graham, S., and M. Crang, 'Sentient Cities: Ambient Intelligence and the Politics of Urban Space', *Information, Communication & Society* 10 (2007) nr. 6, p. 789-817.

Graham, S., and S. Marvin, *Splintering Urbanism: Networked Infrastructures, Technological Mobilities and the Urban Condition*, London/New York: Routledge, 2001.

Granovetter, M., 'Threshold Models of Collective Behavior', *American Journal of Sociology* 83 (1978) nr. 6, p. 1420-1443.

Grünfeld, F., *Habitat and Habitation: A Pilot Study,* Alphen a/d Rijn: Samson, 1970.

Grünfeld, F., and L. Weima, 'Wonen in de nieuwe wijk Pendrecht (Rotterdam)', Rotterdam: Wetenschappelijk Bureau Dienst van Volkshuisvesting Rotterdam, 1958.

Haaren, V., *Constant*, Amsterdam: Meulenhof, 1966.

Habermas, J., 'The Public Sphere: An Encyclopedia Article' (1964), in: M.G. Durham en D.M. Kellner (eds.), *Media and Cultural Studies*, Malden, MA: Blackwell 2001, p. 102-108.

Habermas, J., *The Structural Transformation of the Public Sphere: An Inquiry into a Category of Bourgeois Society*, Cambridge, MA: MIT Press, 1991.

Hajer, M., and A. Reijndorp, *Op zoek naar nieuw publiek domein*, Rotterdam: NAi Uitgevers, 2001.

Hall, P., *Cities of Tomorrow*, Oxford: Blackwell, 2002.

Hampton, K., and B. Wellman, 'Neighboring in Netville: How the Internet Supports Community and Social Capital in a Wired Suburb', *City & Community* 2 (2003) nr. 3, p. 277-311.

Hebly, A., 'Op het ritme van de Horsten: Een stedenbouwkundig plan voor een buurt in Zuidwijk', in: A. Reijndorp and H. van der Ven (eds.), *Een reuze vooruitgang: Utopie en praktijk in de zuidelijke tuinsteden van Rotterdam*, Rotterdam: Uitgeverij 010, 1994.

Hendriks, F., and T. van de Wijdeven, 'Real-life Expressions of Vital Citizenship: Present-day Community Participation in Dutch City Neigh-bourhoods', paper presented at the Vital City conference, Glasgow, 2007.

Hill, D., 'The Street as Platform', in: *City of Sound*, 2008, http://www. cityofsound.com/ blog/2008/02/the-street-as-p.html.

Hof, C. van 't, F. Daemen and R. van Est, *Check in/Check uit: De digitalisering van de openbare ruimte*, Rotterdam: NAi Uitgevers, 2010.

Horst, H.M. van der, J. Kullberg and L. Deben, *Wat wijken maakt: De wording van functionele, sociale en expressieve kwaliteiten van Vreewijk, Zuidwijk en Omoord*, Utrecht: Nethur, 2002.

Hortelanus, R.P., *Stadsbuurten: Een studie over bewoners en beheerders in buurten met uiteenlopende reputatie*, The Hague: Vuga, 1995.

Hudson-Smith, A et al., *Virtual Cities: Digital Mirrors into a Recursive World* (Working Papers Series), London: UCL Centre for Advanced Spatial Analysis, 2007.

Idsinga, T., 'Het Nieuwe Bouwen in Rotterdam 1940–1960: Wat is stedelijk wonen in een open stad?', in: W. Beeren et al. (ed.), *Het Nieuwe Bouwen in Rotterdam 1920–1960*, Delft: Delft University Press, 1982, p. 108-138.

Ito, M., D. Okabe and M. Matsuda, *Personal, Portable, Pedestrian: Mobile Phones in Japanese Life*, Cambridge, MA: MIT Press, 2006.

Jacobs, J., *The Death and Life of Great American Cities*, London: Pimlico, 2000 (1961).

Jansen, B., 'De ideale woongemeenschap in naoorlogs Rotterdam', in: K. Hage and K. Zweerink (eds.), *Van Pendrecht tot Ommoord geschiedenis en toekomst van de naoorlogse wijken in Rotterdam*, Bussum: Thoth, 2005,p. 20-25.

Jenkins, R., *Social Identity*, London: Routledge, 1996.

Johnson, S., Interface Culture, San Francisco: HarperEdge, 1997.

Kloos, M., 'Het Rotterdamse Schouwburgplein: voorbeeld van een uitdaging', ed. A. Hertzberger, 1977.

Kluitenberg, E., 'The Network of Waves', *Open* (Hybride ruimte) 11 (2007), p. 6-16.

Kluitenberg, E., 'The Tactics of Camping', *Tactical Media Files*, 2011, http:// blog. tacticalmediafiles.net/?p=106.

Kracauer, S., *Orpheus in Paris: Offenbach and the Paris of His Time*, New York: Vienna House, 1972.

Kranenburg, R. van, *The Internet of Things: A Critique of Ambient Technology and the All-seeing Network of RFID*, vol. 2, Network Notebooks Amsterdam: Institute of Network

Cultures, 2007.

Land, M. van der, *Vluchtige verbondenheid: Stedelijke bindingen van de Rotterdamse nieuwe middenklasse*, Amsterdam: Amsterdam University Press, 2004.

Landa, M. De, *A New Philosophy of Society*, New York: Continuum International Publishing Group, 2006.

Lange, M. de, 'Moving Circles: Mobile Media and Playful Identities', thesis Rotterdam: Erasmus Universiteit Rotterdam, 2010.

Latour, B., 'From Realpolitik to Dingpolitik: An Introduction', in: B. Latour and P. Weibel (eds.), *Making Things Public: Atmospheres of Democracy*, Cambridge MA: MIT Press, 2005, p. 14-43.

Latour, B., en P. Weibel (eds.), *Making Things Public: Atmospheres of Democracy*, Cambridge MA: MIT Press, 2005.

Lennard, S., and H. Lennard, *Public Life in Urban Places*, Southampton, NY: Gondolier, 1984.

Licoppe, C., '"Connected" Presence: The Emergence of a New Repertoire for Managing Social Relationships in a Changing Communication Techno-scape', *Environment and Planning D: Society and Space* 22 (2004), p. 135-136.

Lin, J., and C. Mele (eds.), *The Urban Sociology Reader*, London: Routledge, 2005.

Lindgren, T., 'Place Blogging: Local Economies of Attention in the Network', Boston: Boston College, 2009.

Ling, R., *New Tech New Ties*, Cambridge, MA: MIT Press, 2009.

Livingstone, S., *Audiences and Publics: When Cultural Engagement Matters for the Public Sphere*, Portland, OR: Intellect, 2005.

Lofland, L., *The Public Realm: Exploring the City's Quintessential Social Territory*, New York: Aldine de Gruyter, 1998.

Lofland, L., *A World of Strangers: Order and Action in Urban Public Space*, New York: Basic Books, 1973.

Lupi, T., *Buurtbinding*, Amsterdam: Aksant, 2005.

Lynch, K., *The Image of the City*, Cambridge, MA: MIT Press, 1960.

Marres, N., 'Zonder kwesties geen publiek', *Krisis* 2006, nr. 2, p. 36-43.

Martin, L., 'The Grid as a Generator', in: L. March and L. Martin (eds.), *Urban space and Structures*, Cambridge, MA: Cambridge University Press, 1972, p. 6-27.

Massumi, B., and R. Lozano-Hemmer, 'Urban Appointment: A Possible Rendez-vous with the City', in: L. Manovich (ed.), *Making Art of Databases*, Rotterdam: V2_ publishing, 2003, p. 28-55.

Matsuda, M., 'Mobile Communication and Selective Sociality', in: M. Ito, D. Okabe and M. Matsuda (eds.), *Personal, Portable, Pedestrian: Mobile Phones in Japanese Life*, Cambridge, MA: MIT Press, 2006, p. 123-142.

McCullough, M., 'On Urban Markup: Frames of Reference in Location Models for Participatory Urbanism', *Leonardo Electronic Almanac* 14 (2006) nr. 3/4, http://www.leoalmanac.org/wp-content/uploads/2012/07/ On-Urban-Markup-Frames-Of-Reference-In-Location-Models-For- Participatory-Urbanism-Vol-14-No-3-July-2006-Leonardo-Electronic- Almanac.pdf.

McKenzie, E., *Privatopia*, New Haven: Yale University Press, 1996.

McQuire, S., *The Media City: Media Architecture and Urban Space*, Thousand Oaks: Sage, 2008.

McQuire, S., 'The Politics of Public Space in the Media City', *First Monday*, 2006, nr. 4, http://www.firstmonday.org/issues/special11_2/mcquire/ index.html.

McQuire, S., M. Martin en S. Niederer (eds.), *Urban Screens Reader* (INC Reader, vol. 5), Amsterdam: Institute of Network Cultures, 2009.

Mesch, G. S., and Y. Levanon, 'Community Networking and Locally Based Social Ties in Two Suburban Locations', *City & Community* 2 (2003) nr. 5, p. 335-352.

Mitchell, D., 'The End of Public Space? People's Park, Definitions of the Public and Democracy', *Annals of the Association of American Geographers* 85 (1995) nr. 1, p. 108-133.

Mitchell, W. J. Me++: *The Cyborg Self and the Networked City*, Cambridge, MA: MIT Press, 2003.

Mommaas, H., 'Tussen verwording en wederopstanding: Het postmoderne plein', in: R.V. Maarschalkerwaart and H. Mommaas (eds.), *Het Pleinenboek*, Utrecht: Hogeschool voor de Kunsten, 2003.

Morozov, E., *The Net Delusion: The Dark Side of Internet Freedom*, New York: Public Affairs, 2011.

Moscoviter, H., *Een podium tussen de hoogbouw: Een halve eeuw hunkeren naar een intiem schouwburgplein*, Rotterdam: City Informatiecentrum, 1997.

Moscoviter, H., A. Geuze and P. van Beek, 'Het genot van leegte', *Grafisch Nederland*, kerstnummer 1992.

Mubi Brighenti, A., and C. Mattiucci, 'Editing Urban Environments: Territories, Prolongations, Visibilities', in: F. Eckardt (ed.), *Media City: Situations, Practices and Encounters*, Berlijn: Frank & Timme, 2008, p. 81-106.

Musterd, S., 'Ruimtelijk beleid bevordert maatschappelijke integratie niet', *Geografie* 9 (2000) nr. 4, p. 12-13.

Musterd, S., and R. van Kampen, *De stadsbuurt: Ontwikkeling en betekenis*, Assen: Van Gorcum, 2007.

Musterd, S., W. Ostendorf and S. de Vos, 'Neighborhood Effects and Social Mobility: A Longitudinal Analysis', *Housing Studies* 18 (2003) nr. 6, p. 877-892.

Nicholson, J., 'Flash! Mobs in the Age of Mobile Connectivity', *fibreculture*, 2005, nr. 6.

Oenen, G. van, 'Babylonische maakbaarheid', *Open* (Maakbaarheid) 15 (2008).

Okabe, D., and M. Ito, 'Technosocial Situations: Emergent Structuring of Mobile E-mail Use', in: M. Ito, D. Okabe and M. Matsuda (eds.), *Personal, Portable, Pedestrian: Mobile Phones in Japanese Life*, Cambridge, MA: MIT Press, 2006, p. 257-273.

Oosterhuis, K., *Architecture Goes Wild*, Rotterdam: NAi Uitgevers, 2002.

Ostendorf, W., S. Musterd and S. de Vos, 'Social Mix and the Neighbourhood Effect: Policy Ambitions and Empirical Evidence', *Housing Studies* 16 (2001) nr. 3, p. 371-180.

Ouwehand, A., 'Wonen in de wijken van de vooruitgang: Bewoners als dragers van de identiteit van de tuinsteden', in: K. Hage and K. Zweerink (eds.), *Van Pendrecht tot Ommoord: Geschiedenis en toekomst van de naoorlogse wijken in Rotterdam*, Bussum: Thoth, 2005, p. 26-33.

Ovink, H., E. Wierenga and M. Dings, *Ontwerp en Politiek*, Rotterdam: Uitgeverij 010, 2009.

Park, R., 'The City: Suggestions for Investigation of Human Behavior in the Urban Environment' (1915), in: R. Sennett (ed.), *Classic Essays on the Culture of Cities*, New York: Appleton-Century-Crofts, 1969.

Paulos, E., 'Designing for Doubt Citizen Science and the Challenge of Change', in: *Engaging Data: First International Forum on the Application and Management of Personal Electronic Information*, 2009, http://senseable.mit.edu/engagingdata/papers/ED_SI_Designing_for_Doubt.pdf.

Paulos, E., 'Manifesto of Open Disruption and Participation', *Paulos.net*, 2009.

Pentland, A., 'Reality Mining of Mobile Communications: Toward a New Deal on Data', in: S. Dutta and I. Mia (eds.), *The Global Information Technology Report 2008–2009: Mobility in a Networked World*, Genève: World Economic Forum/INSEAD, 2009, p. 75-80.

Perry, C.A., *Housing for the Mechanical Age*, New York: Russell Sage Foundation, 1939.

Perry, C.A., 'The Neighborhood Unit' (1929), in: R. LeGates and F. Stour (eds.), *Early Urban Planning*, London: Routledge, 1998.

Pinkster, F., 'Je bent wie je kent? Buurtgebonden sociale contacten, socialisering en sociale mobiliteit in een Haagse achterstandswijk', in: S. Musterd and R. van Kampen (eds.), *De stadsbuurt: Ontwikkeling en betekenis*, Assen: Van Gorcum, 2007, p. 109-120.

Rafael, V., 'The Cell Phone and the Crowd: Messianic Politics in the Contemporary Philippines', *Public Culture* 15 (2003) nr. 3, p. 399-425.

Ree, D. van der, 'Een deel van je leven', in: *Project Zuidelijke Tuinsteden*, Rotterdam: Dienst Stedenbouw + Volkshuisvesting, 1992.

Ree, D. van der, 'Van boerenzij naar stadswijk', in: A. Reijndorp and H. van der Ven (eds.), *Een reuze vooruitgang: Utopie en praktijk in de zuidelijke tuinsteden van Rotterdam*, Rotterdam: Uitgeverij 010, 1994, p. 105-118.

Reijndorp, A., 'De sociale ambities van het naoorlogse bouwen', in: A. Reijndorp and H. van der Ven (eds.), *Een reuze vooruitgang: Utopie en praktijk in de zuidelijke tuinsteden van Rotterdam*, Rotterdam: Uitgeverij 010, 1994, p. 35-59.

Reijndorp, A., *Stadswijk: Stedenbouw en dagelijks leven*, Rotterdam: NAi Uitgevers, 2004.

Reijndorp, A., and S. Lohof, *Privé-terrein: Privaat beheerde woondomeinen in Nederland*, Rotterdam: NAi Uitgevers, 2006.

Reijndorp, A., and E. Mik, *Stad in Conflict*, Groningen: Platform Gras, 2005.

Reijndorp, A., I. Nio and W. Veldhuis, *Atlas Westelijke Tuinsteden Amster-dam: De geplande en de geleefde stad*, Haarlem/The Hague: Trancity, 2008.

Reijndorp, A., amd H. van der Ven, *Een reuze vooruitgang: Utopie en praktijk in de zuidelijke tuinsteden van Rotterdam*, Rotterdam: Uitgeverij 010, 1994.

Reijndorp, A. et al., *Buitenwijk: Stedelijkheid op afstand*, Rotterdam: NAi Uitgevers, 1998.

Rheingold, H., *Smart Mobs: The Next Social Revolution*, Cambridge, MA: Perseus Publishing, 2002.

Rotterdamse Kunststichting, 'Rapport Schouwburgplein', 1977.

Ruitenbeek, J., B. Jansen and K. Zweerink, 'De wederopbouwwijken van Rotterdam', in: K. Hage en K. Zweerink (eds.), *Van Pendrecht tot Ommoord: Geschiedenis en toekomst van de naoorlogse wijken in Rotterdam*, Bussum: Thoth, 2005, p. 78-83.

Sadler, S., *Archigram: Architecture Without Architecture*, Cambridge, MA: MIT Press, 2005.

Schilt, J., '1947–1957: Tien jaar "Opbouw"', in: W. Beeren et al. (ed.), *Het Nieuwe Bouwen in Rotterdam 1920–1960*, Delft: Delft University Press, 1982, p. 139-170.

Schilt, J., and H. Selier, 'Van de oevers van de Oder tot Krimpen aan den IJssel', in: H. Damen en A. Devolder (eds.), *Lotte Stam-Beese 1903– 1988: Dessau, Brno, Charkow, Moskou, Amsterdam, Rotterdam*, Rotterdam: De Hef, 1993, p. 10-37.

Schinkel, W., 'De nieuwe technologieën van de zelfcontrole: Van surveillance naar zelfveillance', in: M. van den Berg, M. Ham and C. Prins (eds.), *In de greep van de technologie*, Amsterdam: Van Gennep, 2008, p. 171- 189.

'Schouwburgplein en Weena Oost', Rotterdam: Stadsontwikkeling Rotterdam, 1982.

Schuilenburg, M., and A. de Jong, *Mediapolis*, Rotterdam: Uitgeverij 010, 2006.

SCP, 'Zekere banden: Sociale cohesie, veiligheid en leefbaarheid', The Hague: SCP, 2002.

Seijdel, J., 'Redactioneel', *Open* (Hybride ruimte) 11 (2006), p. 4-5.

Sennett, R., *Classic Essays on the Culture of Cities*, New York: Appleton- Century-Crofts, 1969.

Sennett, R., *The Fall of Public Man*, New York: Knopff, 1977.

Sennett, R., *The Uses of Disorder: Personal Identity and City Life* New York: Norton, 1970.

Shepard, M., and A. Greenfield, *Urban Computing and its Discontents* (Situated Technologies Pamphlets 1), eds. M. Shepard, O. Khan and T. Scholz, New York: The Architectural League of New York, 2007.

Shirvanee, L., 'Locative Viscosity: Traces of Social Histories In Public Space', *Leonardo Electronic Almanac* 14 (2006) nr. 3, http://leoalmanac.org/ journal/vol_14/lea_v14_n03-04/toc.asp.

Snels, B. (eds.), *Vrijheid als ideaal*, Amsterdam: SUN, 2005.

Soja, E. W., *Postmetropolis: Critical Studies of Cities and Regions*, Oxford/ Malden, MA: Blackwell Publishers, 2000.

Solà-Morales, M. de, 'Openbare en collectieve ruimte: De verstedelijking van het privé-domein als nieuwe uitdaging', *Oase* 33 (1992), p. 3-8.

Sorkin, M. (ed.), *Variations on a Theme Park: The New American City and the End of Public Space*, New York: Hill and Wang, 1992.

Stam-Beese, L., 'Aantekeningen over Pendrecht', Rotterdam: archief NAi Rotterdam STAB, #17.

Stam-Beese, L., 'De stad als wooncentrum', in: *Studium Generale* maart 1959.

Susser, I., Castells, M. (eds.), *The Castells Reader on Cities and Social Theory*, Malden, MA: Blackwell Publishers, 2002.

Suttles, G.D., *The Social Construction of Communities*, Chicago: University of Chicago Press, 1972.

Thomas, P., 'The Chemist as Flaneur in Intelligent Architecture', paper gepresenteerd op het International Symposium of Electronic Arts, Singapore, 2008.

Thrift, N., and S. French., 'The Automatic Production of Space', *Transactions of the Institute of British Geographers* 27 (2002) nr. 3, p. 309-335.

Townsend, A., 'Life in the Real-time City: Mobile Telephones and Urban Metabolism', *Journal of Urban Technology* 7 (2000) nr. 2, p. 85-104.

Tuters, M., and K. Varnelis, 'Beyond Locative Media: Giving Shape to the Internet of Things', *Leonardo* 39 (2006) nr. 4, p. 357-363.

Uitermark, J., and J.W. Duyvendak, 'Over insluiting en vermijding: De weg naar sociale insluiting', in: *Over insluiting en vermijding: Twee essays over segregatie en integratie* (Werkdocument 6), The Hague: Raad voor Maatschappelijke Ontwikkeling, 2004.

Velzen, van E., 'Pendrecht opnieuw bezien: Ontwerpstudies voor de vernieuwing van Pendrecht', in: A. Reijndorp en H. van der Ven, *Een reuze vooruitgang: Utopie en praktijk in de zuidelijke tuinsteden van Rotterdam*, Rotterdam: Uitgeverij 010, 1994.

Vidler, A., 'The Scenes of the Street: Transformations in Ideal and Reality 1750–1871', in: S. Anderson (ed.), *On Streets*, Cambridge MA: MIT Press, 1978.

Vogelaar, E., *Actieplan krachtwijken: Van aandachtswijk naar krachtwijk*, Ministerie van Wonen, Wijken en Integratie, The Hague, 2007.

Waal, M. de, 'From BLVD Urbanism towards MSN Urbanism: Locative Media and Urban Culture', in: F. Eckardt (ed.), *Media City*, Weimar: Bauhaus University Press, 2008, p. 383-406.

Waal, M. de, 'The Ideas and Ideals in Urban Media', in: M. Foth et al. (ed.), *From Social Butterfly to Engaged Citizen*, Cambridge, MA: MIT Press, 2012, p. 5-20.

Waal, M. de, 'Nieuw gebruik van het mobiele telefoonnetwerk: Noodzaak om nuances van privacy te onderkennen', *Open* (Voorbij privacy) 19 (2010), p. 100-109.

Waal, M. de, 'The Urban Ideals of Location-based Media', in: *Cities of Desire: An Urban Culture Exchange between Vienna and Hong Kong* (2009), p. 24-31.

Weiser, M., 'The Computer of the 21st Century', *Scientific American* 265 (1991) nr. 3, p. 94-100.

Weiser, M., and J. Seely Brown, 'Designing Calm Technology', Palo Alto: Xerox Parc, 1995.

Wellman, B., 'The Community Question: The Intimate Networks of East Yorkers', *The American Journal of Sociology* 84 (1979) nr. 5, p. 1201-1231.

Wellman, B. et al., 'The Social Affordances of the Internet for Networked Individualism', *Journal of Computer-Mediated Communication* 8 (2003) nr. 3, doi:10.1111/j.1083-6101.2003.tb00216.x.

Wentholt, R., *De binnenstadsbeleving van Rotterdam*, Rotterdam: Ad Donker, 1968.

Whyte, W.H., *The Social Life of Small Urban Spaces*, Washington, D.C.: Conservation

Foundation, 1980.

Wiener, N., *Cybernetics or Control and Communication in the Animal and the Machine*, 2nd edition, Cambridge, MA: MIT Press, 1965.

Wiener, N. *The Human Use of Human Beings: Cybernetics and Society*, London: Sphere Books, 1968.

Wijs-Mulkens, E. de, *Wonen op stand: Lifestyles en landschappen van de culturele en economische elite*, Amsterdam: Het Spinhuis, 1999.

Wirth, L., 'Urbanism as a Way of Life', *American Journal of Sociology* 44 (1938) nr. 1, p. 1-24.

Wortmann, A., 'Tweesporenbeleid op het Rotterdamse Schouwburgplein', Archis 1993, nr. 4, p. 70-76.

WRR, *Vertrouwen in de buurt* (Rapporten aan de Regering nr. 72), Amsterdam: Amsterdam University Press, 2005

Zorbaugh, H., '"The Natural Areas of the City" from Ernest W. Burgess (ed.), *The Urban Community* (1926)', in: J. Lin en C. Mele (eds.), *The Urban Sociology Reader* (London: Routledge, 2005), p. 82-88.

博客 |

Adam Greenfield's Speedbird http://speedbird.wordpress.com/
Archined http://www.archineds.nl/
BMW Guggenheim Lab http://blog.bmwguggenheimlab.org/
City of Sound (Dan Hill) http://www.cityofsound.com/blog/
Dpr-barcelona http://dprbcn.wordpress.com/
Engaging Cities http://engagingcities.com/
Monnik http://feeds.monnik.org/
Pasta & Vinegar (Nicolas Nova) http://nearfuturelaboratory.com/pastaand-vinegar/
Planetizen http://www.planetizen.com/
Polis http://www.thepolisblog.org/
Pop Up City http://popupcity.net/
Postscapes http://postscapes.com/
Project for Public Spaces http://www.pps.org/
Putting People First http://www.experientia.com/blog/
Ruimtevolk http://ruimtevolk.nl/
Shareable http://www.shareable.net/
Tactical Media Files http://www.tacticalmediafiles.net/
The Mobile City http://www.themobilecity.nl
Theatrum Mundi http://theatrum-mundi.org/
Urbanophil http://www.urbanophil.net/
Varnelis.net (Kazys Varnelis) http://varnelis.net/index
Volume http://volumeproject.org/
We Make Money Not Art http://we-make-money-not-art.com/

　　本书是我的博士论文《作为界面的城市》(*De stad als interface*)的修订版,这篇论文是我 2002 年在格罗宁根大学的哲学系完成的。毫无疑问,在此期间我深深地受益于我的两位导师勒内·布肯斯(René Boomkens)以及乔斯·范·德克(José van Dijck)。我也要感谢导师委员会的成员们以及持反对意见的人们:鲍德温·德·布鲁因(Boudewijn de Bruin)、乔斯·德·穆尔(Jos de Mul)、阿诺德·雷英多普(Arnold Reijndorp)、威廉·尤里奇奥(William Uricchio)、弗兰克·范·弗里(Frank van Vree)以及皮耶特·派伦巴格(Piet Pellenbarg)。我也对我的同事朱迪斯·维嘉(Judith Vega)和马汀·奥斯特班(Martijin Oosterbaan)深表感谢,他们以及勒内·布肯斯和我一起主导了荷兰科学研究组织(NWO)资助的项目"新媒介,公共范畴和城市文化研究"(New media, public sphere and urban culture research),他们也从开始就参与到了我的研究中。

　　对于本书的实质性内容来说,深深受益于一些作者们,我在此表示感谢;毕竟,这本书里的那些主题并非由我一人空想而来,而是基于先前大量研究者的工作发展而来。其中最核心的理念,通过观察公众的形成方式来提炼公共领域的概念,是由布鲁诺·拉托尔(Bruno Latour)以及曼纽尔·德·兰达(Manuel De Landa)的著作中推演而来的。巴尔特·斯内尔斯(Bart Snels)编撰的《自由的理想》(*Vrijheid als ideaal*)中的许多论文为书中的共和主义政治理念提供了更多的背景支持。我的许多关于公共领域的理念受到了勒内·布肯斯的强烈影响,特别是受他的一些书籍影响,包括《门槛世界》(*Een drempelwereld*)以及《新混乱》(*De nieuwe wanorde*)。同样,阿诺德·雷英多普以及马尔腾·海耶(Maarten Hajer),理查德·桑内特(Richard Sennett)的许多理念也无时不萦绕在本书的大背景中。我的本地领域的概念是基于林恩·洛兰德(Lyn Lofland)的研究;简·雅各布斯(Jane Jacobs),塔利亚·布洛克兰德(Talja Blokland)以及必须再次提到的阿诺德·雷英多普的著作在我的关于城市日常生活的理念中扮演了重要的角色。巴里·威尔曼(Barry Wellman)将"网络化个体主义"的理念介绍给我。有许多极具影响力的思想家在我之前研究过新媒介与城市的主题。尤其是霍华德·莱茵戈德（Howard Rheingold）、卡西斯·瓦内利斯（Kazys Varnelis）、马克·谢泼德（Mark Shepard）、安东尼·汤森德（Anthony Townsend）、尼古拉斯·诺瓦（Nicolas Nova）、亚当·格林菲尔德（Adam Greenfield）、丹·希尔（Dan Hill）、达纳·博伊德（Danah Boyd）、埃里克·戈登（Eric Gordon）、斯科特·麦克奎尔（Scott McQuire）、伊藤瑞子（Mimi Ito）以及马库斯·弗斯（Marcus Foth），他们的书籍、册子和博客对我颇有启发。我的关于互动性的概念建立在拉斐尔·洛扎罗－赫默（Rafael Lozano-Hemmer）以及尤斯曼·哈克（Usman Haque）的理念之上。在荷兰，理查德·罗杰斯（Richard Rogers）、格尔特·洛维克（Geert Lovink）以及埃里克·克鲁滕伯格（Eric Kluitenberg）在新媒介领域的理论著作对我来说是取之不尽的新想法的源泉。

我和米歇尔·德·兰格（Michiel de Lange）于2007年共同创立研究城市媒介与城市设计的组织"移动城市"（Mobile City），我们能在这个语境中、在本书中去探索这些主题，是我巨大的荣幸。我们之间的合作总是充满启发的。我也要将我的感谢给与那些多年来与我们共同合作的组织们，还要感谢荷兰建筑研究所出版社（NAi Publishers）的奥雷·伯曼（Ole Bouman）、琳达·弗拉森鲁德（Linda Vlassenrood）、萨斯基亚·范·斯滕（Saskia van Stein）以及欧尼·德克（Oene Dijk），虚拟平台（Virtueel Platform）的弗劳·范·斯派恩杜克（Floor van Spaendonck），雅俊（Arcam）的马埃科·贝姆（Maaike Behm）以及V2的阿莱克斯·阿德里安斯（Alex Adriaanse）对我们的信任。

我也非常感谢那些在我进行研究时慷慨地给予他们时间回答我的问题的人。在鹿特丹，weblog的博主马里奥·博施为我提供了一次关于潘德里赫特的向导之旅；潘德里赫特剧院的西斯·巴威斯（Cees Bavius）和潘德里赫特的居民一起表演了一系列精彩的戏剧，同时也让我参与了一些对话，让我对这个地区有了更深入的了解；贝恩·霍夫曼（Bien Hofman）和雷克·维斯特里克（Rieks Westrik）也带领我参观了潘德里赫特；鹿特丹市议会的亚努克·范·登·布罗克（Anoek van den Broek）、金·茨威克（Kim Zweerink）和杜奥·德布鲁因（Duco de Bruijn）也对我有非常大的帮助；德内建筑事务所（De Nijl Architecten）的恩得利·范·维尔岑（Endry van Velzen）在他的办公室接待了我，让我对潘德里赫特的历史和他的重组计划有了更深入的了解。在松岛，盖尔国际的乔纳森·索普和斯科特·索莫斯热情地欢迎了我，思科的维姆·埃尔夫林克和牟尼·科特拉普通过网真回答了我的问题。我的一些研究也在麻省理工学院的未来公民媒体中心进行，我要感谢威廉·乌里奇奥、艾伦·修恩和亨利·詹克斯在我逗留期间的热情款待。

我发现，在不同的城市中写作是最容易的，在过去的几年里，很多人给我提供了住宿，这样我就可以写我的博士论文和这本书了。我要感谢席凡宁根的卢克·范米德拉（Luuk van Middelaar）、卡斯特里克姆（Castricum）的朱思特·克柔维尔（Joost Crouwel），在阿姆斯特丹的亨克（Henk）和埃尔斯·艾尔佛斯（Els Elffers）、多德雷赫特的吉斯和玛戈特·德·瓦尔（Margot de Waal）、伦敦和阿姆斯特丹的吉克·范·戴克（Geke van Dijk）和巴斯·莱马科思（Bas Raijmakers）、巴塞罗那的特雷西·梅茨（Tracy Metz）和巴普蒂斯·布雷耶（Baptist Brayé）、布达佩斯的阿提拉·布多索（Attila Bujdoso）和梅琳达·西珀斯（Melinda Sipos）、美国马萨诸塞州沃特敦（Watertown）的曼迪·福克斯（Mandie Fox）和杰森·法因（Jason Fine）。

荷兰科学研究组织（NWO）资助了我的博士研究。荷兰创意产业基金和鹿特丹市议会为这本书的翻译和出版提供了财政援助。The Fonds Bijzondere Journalistieke Projecten 和 Lira Auteursfonds Reprorecht 资助了我去新松岛的旅行，这次旅行也产生了一篇发表于《人民报》（de Volkskrant newspaper）的文章。如果没有这些组织的慷慨援助，这本书的出版是不可能的。

我最后的感谢要留给我亲爱的安娜。感谢你在过去的几年中所做的一切——没有你，这本书将永远无法完成。

背景信息和讨论

有关城市的更多背景信息和案例，请参见: www.thecityasinterface.com

如果你想在推特上讨论这本书，建议的标签是 #cityasinterface